Detlef Horster

Jürgen Habermas

Mit einer Bibliographie
von René Görtzen

J. B. Metzlersche Verlagsbuchhandlung
Stuttgart

Die Deutsche Bibliothek – CIP-Einheitsaufnahme

Horster, Detlef:
Jürgen Habermas / Detef Horster.
– Stuttgart : Metzler, 1991
(Sammlung Metzler ; Bd. 266)
ISBN 978-3-476-10266-9
NE: GT

ISSN 0558-3667
ISBN 978-3-476-10266-9
ISBN 978-3-476-03967-5 (eBook)
DOI 10.1007/978-3-476-03967-5

SM 266

© 1991 Springer-Verlag GmbH Deutschland
Ursprünglich erschienen bei J.B. Metzlersche Verlagsbuchhandlung
und Carl Ernst Poeschel Verlag GmbH in Stuttgart 1991

Inhalt

Vorwort VII

I. Einleitung 1

II. Nationalsozialismus, Heidegger und der
    CDU-Staat 6

III. Politik als technisches Mittel der Macht-
     erhaltung, oder: Politik ohne Moral 9
     1. Student und Politik 9
     2. Strukturwandel der Öffentlichkeit 14
     3. Legitimationsprobleme im Spätkapitalismus . . 17
     4. Theorie und Praxis 18

IV. Erkenntnis ohne Moral 23
    1. Zur Logik der Sozialwissenschaften 23
    2. Theorie der Gesellschaft oder Sozialtechnologie . 27
    3. Der Universalitätsanspruch der Hermeneutik . . 30
    4. Technik und Wissenschaft als »Ideologie« . . . 33
    5. Erkenntnis und Interesse 37

V. Der Mensch erkennt, der Mensch setzt
   Normen. Wie wird der Mensch? 43
   1. Zur Rekonstruktion des Historischen Mate-
      rialismus 43
      a) Gegenstand der Untersuchung in RHM 43
      b) Die Methode der Untersuchung in RHM 45
      c) Ergebnisse der Untersuchung in RHM 45
   2. Moralentwicklung und kommunikatives Handeln;
      Moral und Sittlichkeit 53

VI. Wahrnehmungen ohne Begriffe sind blind,
    oder: Die Bedeutung der Sprache für die
    Menschwerdung 60
    1. Was heißt Universalpragmatik? 60
    2. Wahrheitstheorien 69

VII. Begriffe ohne Anschauung sind leer,
      oder: Die Bedeutung der Wirklichkeit
      (Nachmetaphysisches Denken)   80
      1. Was ist Metaphysik?   81
      2. Nachmetaphysische Vernunftauffassung . . .   82
      3. Die Aufgabe der Philosophie und ihre Stellung
         zu den Wissenschaften   85
      4. Vom Subjekt-Objekt zum Subjekt-Subjekt . .   85
      5. Nachmetaphysische Begriffsarbeit   89

VIII. Die Entdeckung der Vernunfteinheit in der
      Sprache, oder: Soziales Handeln,
      Lebenswelt und Gesellschaft (Theorie
      des kommunikativen Handelns)   92
      Einleitung   94
      1. Zwischenbetrachtung 100
      2. Zwischenbetrachtung 102
      Schlußbetrachtung 104

IX.   Politik mit Moral (Kleine politische
      Schriften I–IV; Stichworte zur »Geistigen
      Situation der Zeit«; Die Neue Unübersicht-
      lichkeit; Der philosophische Diskurs der
      Moderne; Eine Art Schadensabwicklung;
      Die nachholende Revolution) 108
      1. Protestbewegung und Hochschulreform . . . 108
      2. Politische Einmischungen seit 1977 112

X.   Sigeln und Abkürzungen 126
      1. Schriften von Habermas 126
      2. Andere Schriften 127

XI.   Bibliographie von René Görtzen 130

Personenregister 164

Vorwort

Eine so vielfältig dimensionierte Theorie wie die Habermassche läßt sich nicht in einem Handstreich erfassen. Meine bisherigen Veröffentlichungen als Rezensionen, Aufsätze in Sammelbänden und Zeitschriften, Lexikonartikel, Rundfunksendungen und eine Einführungsmonographie betrachte ich als Vorarbeiten oder Untersuchungen zu Einzelaspekten. Ich habe in dem vorliegenden Buch erstmals den hohen Anspruch einlösen wollen, die Habermassche Theorie im Ganzen in ihrer Entwicklung darzustellen. Diese läßt sich nachzeichnen, da Habermas – darin Schelling vergleichbar – die Entwicklung seiner Theorie vor den Augen der Öffentlichkeit vollzieht. Er antwortet »seinen Kritikern mit Bezugnahme auf die Weiterentwicklungen seiner eigenen Position«. (McCarthy 120)

Die Kritische Theorie will ihren Entstehungs- und Verwendungszusammenhang immer zugleich mit ihrer Darstellung explizieren. So bin ich hier verfahren. Methodisch habe ich also die Habermassche Theorie auf sich selbst angewandt.

Meine Darstellung verzichtet weitgehend auf die Auseinandersetzung mit der Sekundärliteratur, die – wie die bibliographischen Arbeiten von René Görtzen zeigen – ins Unendliche angewachsen ist. Mein Ziel war es nicht, diese Auseinandersetzung zu führen, sondern die Interpretation und kurzfassende Darstellung der Habermasschen Gedanken. Der Beurteilungsmaßstab dafür, ob dies gelungen ist, soll das Habermassche Werk selbst sein.

I. Einleitung

Meine These, die ich in diesem Buch erhärten will, ist, daß das Habermassche Werk eine einzige, groß angelegte Ethik der Moderne ist. Diese Vermutung soll nachgewiesen werden an den frühen und späteren Auseinandersetzungen mit Heidegger, an Habermas' politikwissenschaftlichen Arbeiten »Student und Politik«, »Strukturwandel der Öffentlichkeit« und »Theorie und Praxis«, in denen die vorherrschende Verfahrensweise in der Politikwissenschaft, sie ohne normativen Bezug zu betreiben, kritisiert wird. Ohne normativen Bezug arbeiteten viele sozialwissenschaftliche Theorien wie Habermas in seinen Untersuchungen »Zur Logik der Sozialwissenschaften« und in seinen Auseinandersetzungen mit dem Positivismus in »Erkenntnis und Interesse« und der Systemtheorie in »Theorie der Gesellschaft oder Sozialtechnologie« zu zeigen weiß. Habermas ist in dieser kritischen Haltung stärker an Nietzsche orientiert als so manchem Nietzsche-Apologeten lieb ist. 1968 schreibt er in seiner Nietzsche-Interpretation: »Reine Theorie, die, aller praktischen Lebensbezüge entbunden, die Strukturen der Wirklichkeit in der Weise erfaßt, daß theoretische Sätze wahr sind, wenn sie einem Ansichseienden korrespondieren, ist Schein. Denn die Akte der Erkenntnis sind in Sinnzusammenhänge eingelassen, die sich in der Lebenspraxis, im Sprechen und Handeln bedürftiger Wesen, erst konstituieren.« (KuK 224)

In seiner eigenen Theoriebildung, die aus der kritischen Haltung gegenüber traditioneller Theorie lebt, ist Habermas der alten kritischen Theorie Horkheimers und Adornos gefolgt und er wird nicht müde, den programmatischen Satz von Horkheimer zu zitieren, der die kritisierte traditionelle und die kritische Theorie voneinander scheiden soll: In der traditionellen Vorstellung von Theorie erscheine »nicht die reale gesellschaftliche Funktion der Wissenschaft, nicht was Theorie in der menschlichen Existenz, sondern bloß was sie in der abgelösten Sphäre bedeutet [. . .] Während der Fachgelehrte als Wissenschaftler die gesellschaftliche Realität mitsamt ihren Produkten für äußerlich ansieht [. . .], ist das kritische Denken durch den Versuch motiviert, die Spannung real zu überwinden.« (TuP 243)

In diesem Zitat wird angesprochen, daß die Erhellung der normativen Gehalte einer Theorie zur Theorie selbst gehört. Genau an dieser Stelle zeigt sich auch, wie sehr Habermas in der Tradition der alten Kritischen Theorie steht. Allerdings seien – sagt Habermas – die normativen Grundlagen der alten Kritischen Theorie völlig ungeklärt geblieben. Habermas will den Anspruch der alten Kritischen Theorie einlösen und ihre normative Basis bestimmen.

Wie aber kann eine Theorie ihren normativen Gehalt selbst klären? Schon 1958, in einem Lexikonartikel zur Anthropologie, beantwortet Habermas die Frage dahingehend, daß auch diejenigen, die Anthropologie betrieben, sich in ihrem eigenen Menschsein verstehen müßten. Sie würden nämlich die anthropologische Frage des Menschseins in der Weise deuten wie sie sich selbst deuteten. Sie könnten also von ihrem Gegenstand nur handeln, indem sie sich selbst in die Betrachtung mit einbezögen. Später generalisiert Habermas die Notwendigkeit der Selbstreflexion auch für andere Wissenschaften. Die Organisation der Gegenstände einer Wissenschaft hingen nicht nur von den Problemstellungen ab, die sich aus der allen Individuen gemeinsamen Lebenswelt ergäben, sondern auch von der Sozialisation und der persönlichen Lebenssituation der einzelnen Wissenschaftler. Die Notwendigkeit einer Selbstreflexion behandelt Habermas später in kritischer Abgrenzung zur Psychoanalyse in seiner Publikation »Erkenntnis und Interesse« von 1968. Damit schließt er an die abendländisch-sokratische Tradition an. Seit Sokrates muß man nämlich nicht nur sagen können, was man weiß, sondern man muß auch sagen können, wer man ist (vgl. Böhme 119). Habermas fährt dann fort, daß es auch notwendig sei, die Entstehung und die Stellung der Wissenschaft in der Gesellschaft zu reflektieren. Eine Wissenschaft müsse ihr eigenes Selbstverständnis, das durch die historische und systematische Reflexion zu ermitteln sei, methodisch mit in ihren Ansatz aufnehmen. So könne Wissenschaft auch ihre eigene normative Basis, sozusagen ihren gesellschaftlichen Auftrag, rekonstruieren, und kritisch mit ihr umgehen; denn indem sie zeigen würde, was ist, würde sie unvermeidlich auch zeigen, was sein kann. (Vgl. KuK 91)

Auf der Basis dieser Einsichten führt Habermas auch seine eben erwähnten politikwissenschaftlichen Analysen durch. Er zeigt die Diskrepanz zwischen Sein und Sollen, zwischen Verfassungsidee und Verfassungswirklichkeit.

Kontrastierend zu der vorherrschenden Tendenz in den Sozialwissenschaften, ihren normativen Bezug nicht zu reflektieren, will Habermas eine andere Art von Sozialwissenschaft entwickeln, die von der Einsicht geleitet ist, daß »in die Wahl der fundamentalen Kategorien eine vorgreifende Deutung der Gesellschaft im ganzen« mit eingehe (TuP 242) und daß »in die Grundbegriffe des theoretischen Systems [. . .] immer auch ein aus interessierten Erfahrungen stammendes Vorverständnis der gesellschaftlichen Totalität« mit einschieße. (TuP 242)

Diese Erkenntnisinteressen sind Bestandteil jeder Theorie, natürlich auch der Habermasschen selbst. Für ihn stellt sich die Frage, wie ein Erkenntnisinteresse als Bestandteil der Theorie aufgewiesen werden könne und sie dennoch den Anspruch auf Wissenschaftlichkeit nicht verliert. Diese Aporie – 1963 in »Theorie und Praxis« erkannt – ist die, die Habermas in den folgenden Jahren seiner Theorieentwicklung beschäftigen wird. Die Lösung dieser Aporie wird sein: Es muß einen wissenschaftlich-stringenten Zugang zum gesellschaftlichen Normsystem geben. Dieser wird von Habermas »Lebenswelt« genannt, welche eine umfassende Komplexität von Hintergrundüberzeugungen, zu denen nicht nur die individuellen Fertigkeiten, sondern auch die kulturellen Erbschaften gehören, enthält. Diese Normen, an denen sich die sozial Handelnden orientieren, die allgemeine Anerkennung finden und eine Bedeutungsidentität bei allen Beteiligten voraussetzen, konstituieren sich nach Habermas in der Sprache (vgl. LS 178).

In den nächsten Jahren beschäftigt er sich darum eingehend mit der Sprachtheorie, so daß ihm und seinen Lesern »über den Details das Ziel des ganzen Unternehmens aus dem Blick« geriet (TkH 1, 7). Mit seinen sprachanalytischen Ergebnissen, die dem Publikum vor allem in den siebziger Jahren vorgelegt wurden, wollte Habermas ursprünglich ja der Mißlichkeit begegnen, »daß die normativen Grundlagen der kritischen Gesellschaftstheorien völlig ungeklärt waren.« (DNU 215)

Das substantielle Ergebnis seiner sprachtheoretischen Untersuchungen schließt an die Einsicht aus »Zur Logik der Sozialwissenschaften« an, die 1976 in »Zur Rekonstruktion des Historischen Materialismus« wiederholt wird. Dort zeigt Habermas erneut im Anschluß an George Herbert Mead, daß Gesellschaften als ein Netzwerk kommunikativer Handlungen aufzufassen seien (vgl. RHM 12). Wie dies zu verstehen sei, teilt er in

3

seinem Aufsatz »Was heißt Universalpragmatik?«, ebenfalls aus dem Jahre 1976, mit.

In diesem Aufsatz kommt Habermas zu dem gesuchten Ergebnis, das in seiner fünf Jahre danach erschienenen umfangreichen Publikation »Theorie des kommunikativen Handelns« lediglich systematisch geordnet dargestellt wurde. In Auseinandersetzung mit linguistischen und pragmatischen Theorien kommt er zur Entdeckung von Geltungsansprüchen, die allen kommunikativen Handlungen zugrunde liegen. Das heißt: Jedes sprechende Subjekt thematisiert etwas aus dem Bereich der äußeren Natur, der Gesellschaft oder seiner inneren Natur. Gegen diese Bereiche grenzt es sich zugleich ab. Mit der Thematisierung erhebt jedes handelnde Subjekt einen Wahrheitsanspruch, einen Richtigkeitsanspruch und einen Wahrhaftigkeitsanspruch. Einer dieser Ansprüche kann zwar vorrangig erhoben werden, dennoch werden sie immer alle zugleich erhoben.

Diese Ergebnisse ermittelt Habermas auch in Auseinandersetzung mit der Rationalitätstheorie von Max Weber, die nach Habermas' Ansicht einen verkürzten Rationalitätsbegriff beinhalte. Demgegenüber vertritt Habermas einen an den Theorien von Durkheim und Mead orientierten Begriff unverkürzter kommunikativer Rationalität. Er sieht – sich auf Untersuchungen von Karl-Otto Apel stützend –, daß wir immer schon in Argumenten denken. Wir sind auch als einsame Denker schon in einen Interaktionszusammenhang gestellt und operieren auf der normativen Basis praktisch-ethischer Regeln. Selbst wenn ich eine wissenschaftliche Aussage mache, also einen assertorischen Satz bilde, nehme ich mit der Mitteilung den Hörer ernst, denn ich will ihn überzeugen und erwarte Gegenargumente oder Bestätigung. Insofern sind in solchen scheinbar rein objektiven Aussagen die ethischen Normen von Gleichheit und menschlicher Akzeptanz gegenwärtig. Wir sehen hier den Primat des praktischen Vernunftmoments in der Vernunfteinheit.

An diesem Ergebnis der universalpragmatischen Untersuchungen wird nun das Stück Kantianismus, das nach seiner eigenen Aussage in Habermas steckt, deutlich (vgl. KPS 530). Auch Kant teilt die Welt in drei Erkenntnisbereiche ein, die mit jeweils anderen Regeln zu erkennen sind. Diese Regeln sind in den drei Kritiken enthalten. Ebenso wie Kant behauptet Habermas die Vernunfteinheit: Zwar könne einer der Geltungsansprüche thematisch hervorgehoben werden, dennoch kommen sie in jeder Äußerung gleichzeitig ins Spiel. Kantianisch gesprochen: »Diese Ansprüche konvergieren in einem einzigen: dem der Vernünftigkeit.« (Vorstudien 194) Habermas hat einmal in einem Interview gesagt, die Vernunft solle »die Vernunftmomente, die in allen drei Kantschen Kritiken auseinandergenommen worden sind, in ihrer Einheit zeigen: Die Einheit der theoretischen Vernunft mit moralisch-praktischen Einsichten und ästhetischer Urteilskraft.« (DNU 174) In der »Theorie des kommunikativen Handelns« wird ausführlicher gezeigt, *was* Vernunft ist. Der Begriff wird mit Inhalt gefüllt.

Damit hat Habermas die normativen Voraussetzungen nicht nur seiner eigenen, sondern jeder wissenschaftlichen Erkenntnis nicht behauptet – wie der unausgewiesene Objektivitätsanspruch der Wissenschaften behauptet wird –, sondern durch Rekonstruktionen gefunden. Die Vernunft wird als grundlegend zugrundeliegender Bezugspunkte für die denkenden, handelnden und sprechenden Menschen in Alltag und Wissenschaft ausgewiesen. Der Bezugspunkt der abendländischen Wissenschaften mit Objektivitätsanspruch dagegen ist nicht ausgewiesen.

Nach diesen Ergebnissen kann es auf den ersten Blick verwundern, daß Habermas mit den politikwissenschaftlichen Analysen begonnen hat. Dies läßt sich nur erklären, wenn man sich die lebensgeschichtlichen Erfahrungen von Jürgen Habermas ansieht. Er gehört zu der Generation, deren moralisches Bewußtsein zerstört wurde und die nach 1945 neue Orientierungen suchte. Zunächst fand sie diese in der Philosophie des Existentialismus und Habermas namentlich bei Heidegger. Diese Philosophie erwies sich aber für Habermas als nicht tragfähig für die Entwicklung normativer Orientierungen. Moralisch-praktische Erwägungen lagen für Heidegger unter dem Niveau der Seinssuche und können von ihm als Produkt der Seinsvergessenheit interpretiert werden (vgl. Rorty 1989, 319). So ist es zu erklären, daß Habermas die Orientierungen in Auseinandersetzung mit dem politischen System suchte. Habermas zeigte die Abweichungen der System-Realität von den Idealen des Systems. Daraus entwickelte sich die Habermassche Philosophie, die zur Heideggerschen nicht komplementär, sondern konträr ist.

II. Nationalsozialismus, Heidegger
und der CDU-Staat

Jürgen Habermas gehört – wie gesagt – zu der Generation, von der sein sieben Jahre älterer Freund Karl-Otto Apel sagte, daß sie die »Zerstörung des moralischen Selbstbewußtseins« (Apel 1988, 371) selbst erlebt habe und die nach 1945 in dem »dumpfen Gefühl« lebte, daß alles falsch gewesen sei, für das man sich bis dahin eingesetzt habe (ebda., 374). Bei allem guten Willen habe man auch keine »normativ verbindliche Orientierung für die Rekonstruktion der eigenen geschichtlichen Situation« finden können. (ebda., 376)

Habermas, der im kleinstädtischen Gummersbacher Milieu und einem durch Anpassung an die politische Umgebung geprägten Elternhaus aufwuchs (KPS 511), erlebte das Kriegsende im Alter von 15 Jahren. Erst da konnte ihm bewußt werden, daß er in einem politisch kriminellen System gelebt hatte. (KPS 512) Im Radio hörte er Berichte über die Nürnberger Prozesse und im Kino sah er Dokumentarfilme über die Konzentrationslager. Nach eigenem Bekunden haben diese Erlebnisse Motive für Habermas' weiteres Denken herausgebildet (vgl. KPS 511). Hatte er zunächst die Hoffnung, daß grundlegende politische Änderungen eintreten würden, erlebte er statt dessen zwei große Enttäuschungen. Die eine war die Regierungsbildung von 1949. Habermas hatte es nicht für möglich gehalten, daß ein Mann wie Seebohm, der für ihn politische Kontinuität verkörperte, in das erste Kabinett eines demokratischen Staates berufen würde (Vgl. KPS 513). Die Befürchtung, daß ein wirklicher Bruch im politischen Denken nicht stattgefunden habe, wurde durch die zweite Enttäuschung noch verstärkt. Sie wurde ausgelöst durch die Veröffentlichung der Heideggerschen »Einführung in die Metaphysik« von 1953. Dies war eine Vorlesung aus dem Jahre 1935, die ohne ein Wort der Erklärung 18 Jahre später veröffentlicht wurde. In seiner Stellungnahme dazu sagte Habermas, daß inzwischen doch acht Jahre Zeit gewesen seien, sich mit dem, »was war, was wir waren« (Profile 72) auseinanderzusetzen. »Statt dessen veröffentlicht Heidegger seine inzwischen achtzehn Jahre alt gewordenen Worte von der Größe und der inneren Wahrheit des Nationalsozialismus, Worte, die zu alt geworden sind und gewiß nicht zu denen gehören, deren Verständnis uns noch bevorsteht.« (ebda.) Daß dies geschah, mußte Habermas um so mehr erschüttern als er bis dahin in der Heideggerschen Philosophie gelebt hatte (vgl. KPS 515). Erklären konnte Habermas sich das nur so, daß Heidegger bei der geschichtlichen Betrachtung der Philosophie zwar die Brüche sieht, die in der Neuzeit zum rechnenden und auf Beherrschung abzielendes Denken führt, nicht aber die gleichzeitige Entwicklung moralischen Bewußtseins, das ein Korrektiv des technisch-instrumentellen Denkens sein könnte (vgl. Profile 71). Darauf wird Habermas Jahre später unter Rückgriff auf die Theorie von Kohlberg zurückkommen. Bei der Würdigung der vernunftkritischen Arbeiten Heideggers vergißt Habermas nie, die positiven Seiten dieser Philosophie zu erwähnen (vgl. Farias 34 und Profile 70).

Heidegger widmet sich der Aufgabe, das seinsvergessene abendländische Denken noch einmal in den Anfang zurückzubringen, um einen anderen neuen Anfang zu wagen. »Der Mutige wiederholt den im vorplatonischen Griechentum gelebten Anfang unseres geistesgeschichtlichen Daseins mit dem Ja zu all dem Befremdlichen, Dunklen, Ungesicherten des wahren Anfangs.« (Profile 68 f.). Dies bringt Heidegger nach Auffassung von Habermas mit der politischen Situation von 1935 in Verbindung, denn diese sei »der Reflex einer seinsgeschichtlichen Lage, der sich seit über zweitausend Jahren vorbereitet hat und nun dem deutschen Volk eine weltgeschichtliche Mission überantwortet.« (Profile 67) Und es sei nur konsequent, daß moralische Beurteilungen unter dem Niveau von wesentlichem Denken angesehen werden müssen (vgl. Farias 29). »Konsequent ist das für eine Einschätzung, die nicht nur den eigenen Irrtum, sondern an Stelle einer moralischen Klärung, auch den ›Irrtum‹ der nationalsozialistischen Führung seinsgeschichtlich begründet.« (Profile 72). In diesem Urteil stimmt Habermas nicht nur mit Karl Löwith überein, dessen Behandlung durch Heidegger bei dessen Rombesuch (vgl. Löwith 57) Habermas nach dem Bekanntwerden im spät veröffentlichten Lebensbericht erneut betroffen machte (vgl. Farias 11). Wenn alles aus dem Seinsgeschick gedacht werden müsse, so liegt es nach Karl Löwith auch nicht fern, das »eigene ›deutsche Dasein‹ und dessen geschichtliches Schicksal [. . .] in die allgemeine Bewegung der deutschen Existenz überzuführen« (Löwith 30). Das deutsche Schicksal muß sich demnach notwendig jedem moralisch begründeten Eingriff entziehen. Heideggers geschichtlicher Rückblick läßt ihn die Konsequenz ziehen, daß der weitere Verlauf einer

schicksalhaften Notwendigkeit unterworfen ist und somit un-
abwendbar. Auch Karl-Otto Apel beurteilt die Heideggersche
Philosophie nicht anders. Für Heidegger könne es kein auf das
Leben anwendbares Prinzip der praktischen Vernunft geben,
denn es habe sich für Heidegger als ursprungsrelativ in bezug
auf das temporale Sein erwiesen (vgl. Apel 1988, 386). Normativ verbindliche Orientierungen konnte Habermas weder in der
Philosophie Heideggers noch in der bundesrepublikanischen
Wirklichkeit der Anfangsjahre finden. Ganz im Gegenteil!

Das lebensgeschichtlich motivierte Interesse Habermas' an
der Politik blieb dennoch wach. Von nun an waren Philosophie
und Politik für Habermas nicht mehr zwei verschiedene Uni-
versen, die sich kaum berührten, wie es Habermas noch vor
dem Erlebnis mit der Heideggerschen Veröffentlichung von
1953 sah (vgl. Profile 515). »Nicht mehr Lehre für Einzelne ist
die Aufgabe der Philosophie, sondern fachliche Auseinandersetzung und öffentliche Kritik.« (Gustav Seibt in FAZ vom 16.
Juni 1989). Politik und Philosophie gehören seither für Habermas zusammen. Allerdings entwickelte er einen von der herr-
schenden Meinung abweichenden Politikbegriff.

III. Politik als technisches Mittel der Machterhaltung, oder: Politik ohne Moral

Konnte Habermas normativ verbindliche Orientierungen vielleicht in der Marxschen Philosophie finden? Karl Löwith machte Habermas auf Marx aufmerksam. Das nahm Habermas zum Anlaß, das – später eingefügte – I. Kapitel des ersten Teils seiner Dissertation »Das Absolute und die Geschichte. Von der Zwiespältigkeit in Schellings Denken« von 1954 zu schreiben. Die Lektüre weiterer marxistischer Literatur folgte, u. a. »Geschichte und Klassenbewußtsein« von Georg Lukács. Aber erst durch die Aufnahme der Gedanken aus der »Dialektik der Aufklärung« von Horkheimer und Adorno wurden Habermas Perspektiven aufgezeigt, die seine Theorieentwicklung bestimmen sollten. Er erkannte, daß hier kein historisches Buch über einen Philosophen geschrieben worden war, sondern daß Horkheimer und Adorno »eine Theorie der dialektischen Entwicklung der Gegenwartsgesellschaft aufstellten und dabei aus einer marxistischen Tradition heraus denken«. (KPS 516) In gleicher Weise bezieht Habermas sich auf Kant, indem er kein Buch über Kant schreibt, sondern unter Bezugnahme auf Kant eine systematische Theorie entwickelt, in der Philosophie und Politik nicht mehr zwei getrennte Bereiche sind. Der so geartete Bezug auf Kant zeigt sich erstmals in der Veröffentlichung »Student und Politik« von 1958 und er wird sich deutlich in seinem großen Werk »Theorie des kommunikativen Handelns« von 1981 ausmachen lassen. – Der Zusammenhang von Politik und Philosophie ist schon in Habermas' ersten Veröffentlichungen in der Zeit von 1958 bis 1963 gewahrt.

1. Student und Politik

Nach Fertigstellung seiner Dissertation kam Habermas als Assistent an das Frankfurter Institut für Sozialforschung. Er erlernte das Instrumentarium der empirischen Sozialforschung. Von diesen Kenntnissen ist die erste Buchveröffentlichung »Student und Politik« geprägt, die eine Untersuchung des politischen Bewußtseins von Studenten ist. Sie wurde zusammen

9

mit Ludwig von Friedeburg, Christoph Oehler und Friedrich Weltz gefertigt. Methodisch ist Habermas auch in seinen späteren Veröffentlichungen eine gewisse empirische Präferenz eigen (vgl. Dahrendorf 482). Die genaue Bedeutung von dem, was Habermas unter »empirisch« versteht, bleibt jedoch unklar (vgl. McCarthy 157).

Viel beachtet wurde das Vorwort von Habermas in dieser Veröffentlichung mit dem Titel »Über den Begriff der politischen Beteiligung«. Dieses Vorwort wurde 1958 geschrieben, »Student und Politik« 1961 veröffentlicht. In dem Vorwort untersucht Habermas, die sich ihm darbietende gegenwärtige Gestalt des bürgerlichen Rechtsstaates. Und er betont ausdrücklich, daß sich diese Untersuchung an die »Regeln der kritischen Theorie« hält (KuK 53), womit er meint, daß ihm die »Dialektik der Aufklärung« im oben beschriebenen Sinne als Vorbild dient.

Noch ein weiterer wesentlicher Zug seiner Theorie wird in der ersten Buchpublikation deutlich: Ambivalenz zum Untersuchungsgegenstand. Habermas soll von sich gesagt haben: »Ich habe überhaupt zu nichts ein unambivalentes Verhältnis.« (Dahrendorf 479) Seine ambivalente Haltung bezieht sich auch auf den bürgerlichen Verfassungsstaat, von dem er einerseits glaubt, daß dieser in seiner von Amerikanern, Engländern und Franzosen ererbten Ausprägung eine historische Errungenschaft ist, die eine wirkliche Chance bietet (vgl. KPS 513 f.), der aber andererseits Schattenseiten, Fehler und Schwächen hat, »die gefährlich werden können«. (ebda., 517) Über diesen Widerspruch wollte Habermas sich Klarheit verschaffen. Das war der Grund für die Untersuchung in dem genannten Vorwort und in »Strukturwandel der Öffentlichkeit«, die etwa zur gleichen Zeit erfolgte. Eine Erklärung für diesen Widerspruch ist für Habermas die seit jeher bestehende Diskrepanz zwischen Verfassungswirklichkeit und geschriebener Verfassung oder Verfassungsidee (vgl. KuK 13).

Zur Verfassungsidee gehört die von Kant ausgesprochene notwendige Orientierung des Gesetzgebers an der Herstellung der menschlichen Freiheit. Gesetze müßten danach stets den Sinn haben, dazu beizutragen, die menschliche Freiheit im Staat zu realisieren (vgl. dazu Volkmann-Schluck 182). Auch Habermas, der sich in seinem Demokratieverständnis an Franz Neumann orientiert, sagt, daß der demokratische Verfassungsstaat dazu diene, die Freiheit der Menschen zu steigern und vielleicht ganz herzustellen (vgl. KuK 11).

Es wird noch eine weitere Orientierung an Kant sichtbar. Kant ist der Auffassung, daß ein Gesetz nur dann gerecht sein könne, wenn das ganze Volk diesem Gesetz zustimmen kann und es für gerecht hält (vgl. dazu Kants Schrift »Über den Gemeinspruch«, A 250). Habermas schließt sich dem an, wenn er sagt, daß die Demokratie »auf das Bewußtsein, daß die Staatsgewalt vom freien und ausdrücklichen Consensus aller Bürger getragen ist, angewiesen« sei (KuK 13).

Habermas nennt nun den Weg, der nach seiner Ansicht zu einer idealen Demokratie führt: »In dem Maße, in dem mündige Bürger unter Bedingungen einer politisch fungierenden Öffentlichkeit, durch einsichtige Delegation ihres Willens und durch wirksame Kontrolle seiner Ausführung, die Einrichtung ihres gesellschaftlichen Lebens selber in die Hand nehmen, wird personale Autorität in rationale überführt.« (KuK 12) Hier fallen schon zwei Begriffe, die für Habermas' weitere theoretische Beschäftigung große Bedeutung erhalten, nämlich Öffentlichkeit und der rationale Diskurs. Darauf werde ich später zurückkommen müssen. Hier ist entscheidend, daß Habermas, dieses Verfassungsideal zum Maßstab nehmend, darstellen kann, daß die Idee der Herrschaft des Volkes in der Verfassungswirklichkeit gänzlich in Vergessenheit geraten sei (vgl. KuK 11). Eine in Einzelheiten gehende Analyse führt Habermas zu der Einsicht, daß der Verfassungsstaat sich so gewandelt habe, daß er mit seinen Idealen in Widerstreit stehe (vgl. KuK 33). »Diese Ambivalenz prägt die Verfassungswirklichkeit.« (KuK 21) Das Volk in einem demokratischen Verfassungsstaat sei durch den Strukturwandel des Staates in eine Rolle gedrängt worden, die seine Tätigkeit als Souverän einschränke. Das Grundgesetz läßt sich gar vom Mißtrauen gegen plebiszitäre Entscheidungen leiten (vgl. KuK 49). Die Beteiligung der Bürger an politischen Entscheidungsprozessen beschränkt sich auf die Möglichkeit, das Parlament zu wählen. Mehr traue man ihm nicht zu. Die politische Mündigkeit des Bürgers sei nicht garantiert (vgl. KuK 48). In der Konsumgesellschaft sei auch für den Bürger »juristisch der Status eines Kunden vorgesehen [. . .]: der zwar am Ende die Zeche bezahlen muß, für den im übrigen aber alles derart vorbereitet ist, daß er selber nicht nur nichts zu tun braucht, sondern auch nicht mehr viel tun kann. Ausgestattet mit *diesen* Rechten und gleichwohl so gut wie ausgeschlossen von tatsächlicher politischer Mitbestimmung wird das Volk zum Objekt der Fürsorge. Es entsteht eine neue, die wohlfahrtsstaatliche Gestalt der Patrimonialität, so als hätte die Verfassung schon die Entwicklung anzeigen wollen, die verwirklichen könnte, was heute erst Tendenz ist: alles für das Volk, aber nichts durch das Volk.« (KuK 49 f.)

Der Funktionsverlust des Parlaments, in dem die Volksmeinung zum Ausdruck kommen sollte, ist nur ein Spiegel der Entwicklung des einst als souverän gedachten Volkes (vgl. KuK 51). Das Parlament sei zu einer Stätte geworden, »an der sich weisungsgebundene Parteibeauftragte treffen, um bereits getroffene Entscheidungen registrieren zu lassen«. (KuK 28) Nun nütze der Aufruf, sich in den Parteien zu engagieren auch nichts, denn auch in den Parteien sei die Mitbestimmung eingeschränkt. Sie seien nämlich zu politischen Exponenten der Interessenverbände geworden. Die Verbände seien zu einem ungeheuren Machtfaktor im Verfassungsstaat angewachsen. »Kirchen, Gewerkschaften, wirtschaftliche Interessengruppen überhaupt üben nicht nur direkten Einfluß auf die öffentliche Meinung aus; unter ihrer Patronage stehen Presse und Rundfunk, stehen ganze Verwaltungszweige; sie sind in Verwaltungsräten, Ausschüssen, Beiräten und Gutachtergremien vertreten, vom Druck auf die Personalpolitik aller Ebenen ganz zu schweigen. Ja, der Staat tritt den Verbänden Funktionen ab.« (KuK 26)

Neben den Verbänden – so ergibt die Habermassche Analyse – habe die Verwaltung die Macht im Staate übernommen. Das Parlament tritt zurück hinter die Verwaltung. »Hier fallen, im Zusammenwirken mit den Interessenverbänden, faktisch die politisch folgenreichen Entscheidungen.« (KuK 21) Die Verwaltung entzieht sich der politischen Programmatik. Unter dem »Mantel sachrationaler Anpassung an die wechselnden Situationen« ersetzt sie sinnorientierte politische Entscheidungen (KuK 23). Hier wird ein von Habermas zur gleichen Zeit für seine Marburger Antrittsvorlesung im Jahre 1961 ausgearbeitetes Thema angesprochen: das des Verhältnisses von Politik und Moral. Dieses Thema werde ich bei der Behandlung des Buches »Theorie und Praxis« ausführlicher behandeln. In »Student und Politik« heißt es dazu: »Die politischen Wissenschaften verzichten nach und nach auf eine Ableitung der Demokratie aus Prinzipien, wie sie der klassischen Sozialphilosophie und der älteren Staatsrechtslehre geläufig war; sie ersetzen den objektiven Sinn der Institutionen durch die abstrakten Bestimmungen. Statt etwa vom Grundsatz der Rechtsstaatlichkeit und der Volkssouveränität zu deduzieren, definieren sie Demokratie durch ihren tatsächlichen Apparat.« (KuK 9) Diese Diskrepanz macht Habermas in seinem 1981 erschienenen Werk »Theorie des kommunikativen Handelns« unter dem Titel »System und Lebenswelt« erneut zum Thema.

Durch die Herrschaft der Parteien, Verbände und der Verwaltung im demokratischen Verfassungsstaat wird überdies die Verfassungsidee der Gewaltenteilung unterlaufen. Die Gewaltenteilung gehört wesentlich zur Idee einer demokratischen Verfassung; in der Theorie bereits seit Aristoteles, in der Realität seit der amerikanischen Verfassung, die Vorbild für weitere Verfassungen auf dem europäischen Festland wurde. Im modernen Sozialstaat allerdings verwischen sich die Grenzen von Gesetzgebung und Verwaltung, wie Habermas zeigt. Auch die Rechtsprechung sei keine selbständige Gewalt. Sie werde durch die Richterpersonalpolitik der Parteien unterminiert. Von der klassischen Gewaltenteilung könne also nicht mehr die Rede sein.

Habermas fragt sich abschließend, was angesichts dieser Ausgangslage zu tun sei, um die Chancen zu wahren, die nach seiner Ansicht immer noch im demokratischen Verfassungsstaat lägen. Auch eine solche Fragestellung gehöre zu einer normativ ausgewiesenen Politikwissenschaft.

Habermas sieht im demokratischen Verfassungsstaat eine Gruppe, die nach seiner Ansicht außerparlamentarisch politisch wirksam werden könne. Es sind »die höheren Beamten und Angestellten, Manager und Spezialisten der großen Apparate in der Industrie, in der Verwaltung, im Verbandswesen, kurzum: die Inhaber von Positionen, deren Funktionsradius weit genug gespannt ist, um eo ipso politisch relevant zu sein, auch wenn sie nicht der eigentlich politischen Sphäre zugehören.« (KuK 57) Sie hätten sich in Deutschland allerdings lange Zeit aus großbürgerlich-konservativen Schichten rekrutiert. Da in den fünfziger Jahren schon abzusehen war, daß Bildung nicht mehr das Privileg dieser Schichten bleiben würde, sondern auch andere gesellschaftliche Gruppen an der universitären Bildung teilhaben können, hofft Habermas angesichts dieser Verschiebung auf den akademischen Nachwuchs, der vielleicht ein politisch zuverlässigeres Potential darstellen könnte.

Dazu aber muß zunächst die in gebildeten Kreisen seit Goethe und Schiller vorherrschende politische Abstinenz beseitigt werden (vgl. Negt 1984). Um zu sehen, was von dieser neuen Studentengeneration zu erwarten sei, ist die Untersuchung »Student und Politik« angestellt worden. Aufgrund dieser Untersuchung wird von Habermas die später auch in »Technik und Wissenschaft als ›Ideologie‹« (1968) erneuerte Hoffnung ausge-

sprochen: »Immerhin haben während des letzten Jahrzehnts die
Studentenschaften bei politischen Umstürzen in den Entwick-
lungsländern, typisch etwa in Ägypten; auch bei Aufständen im
sowjetischen Machtbereich, typisch in Ungarn; und noch während der letzten Monate bei der Umschichtung politischer
Machtverhältnisse in Korea, in der Türkei, in Japan eine wichtige Rolle gespielt. Diese Beispiele könnten auf den Gedanken
bringen, daß das politische Potential auch der westdeutschen
Studentenschaft mit dem Blick auf ähnliche Situationen und
mögliche Demonstrationen dieser Art untersucht werden
sollte.« (KuK 59) Ähnliche Situationen hält Habermas zu dieser
Zeit in der Bundesrepublik noch nicht für wahrscheinlich. Er
hält die Studenten als Rekrutierungspotential der funktionellen
Eliten im eben beschriebenen Sinne für wichtiger.

In dieser Untersuchung wird schon deutlich, daß es sich bei
der Habermasschen Theorie um eine normativ orientierte Sozialwissenschaft handelt. Habermas geht von der Auffassung
aus, daß jedes menschliche Handeln von Idealen geleitet wird.
In empirischen Untersuchungen zeigt sich allerdings, daß die
Praxis anders aussieht. Um das zu verdeutlichen, führe ich
stets gern das Beispiel eines Gerichtsverfahrens an. Ein Zivil-
prozeß findet nur deshalb statt, weil die Parteien sich ein ge-
rechtes Urteil und einen unparteiischen Richter erhoffen.
Wäre das nicht der Fall, dann würde niemand ein Gericht an-
rufen. Wir wissen aber durch rechtssoziologische Untersuchungen (vgl. Kaupen) als auch aus eigener Anschauung, welche Unwägbarkeiten und schichtenspezifische Voreinge-
nommenheiten einen Prozeß entscheiden. Dennoch: Gäbe es
nicht die regulative Idee von einem gerechten Prozeß, würde
kein Prozeß stattfinden.

Um nun Ideale zu verwirklichen oder sich ihnen anzunähern,
wäre es völlig sinnlos, sie missionarisch zu predigen, was Habermas der Analyse von Hobbes' Schriften entnehmen kann
(TuP 78), sondern durch eine Analyse der Realität werden Rudimente der Ideale in der Wirklichkeit aufgespürt, an die anzu-
knüpfen wäre. Das Aufspüren der Rudimente ist eine Aufgabe
für den Empiriker Habermas.

2. Strukturwandel der Öffentlichkeit

Das Motiv, diese 1962 erschienene Habilitationsschrift zu ver-
fassen, läßt sich ebenfalls lebensgeschichtlich erklären: Auch

hiermit wollte Habermas sich über die Ambivalenzen des Verfassungsstaates Klarheit verschaffen.

In diesem Werk steht der Begriff der »Öffentlichkeit« im Mittelpunkt der analytischen Betrachtung, weil er nach Habermas' Ansicht für den bürgerlichen Verfassungsstaat so zentral sei, daß sich an ihm der strukturelle Wandel der Gesellschaft explizieren lasse. Wieder im Anschluß an Immanuel Kant (vgl. seine Schrift »Was ist Aufklärung?«) unterscheidet Habermas öffentliche und private Meinung. Private Meinung zu gesellschaftlichen Fragen habe es in der Geschichte immer gegeben, öffentlich werde sie aber erst dann, wenn es ein räsonierendes Publikum gäbe. Diese Art der Öffentlichkeit habe sich gegen die Arkanpolitik der Monarchen durchgesetzt. Sie sollte die demokratische Kontrolle der Staatstätigkeit garantieren. Erst in dem Moment, in dem die Ausübung politischer Herrschaft der demokratischen Öffentlichkeitskontrolle unterstellt werde, gewinne sie auf dem Wege über die gesetzgebenden Körperschaften einen institutionalisierten Einfluß auf die Regierung. Habermas zeichnet die historische Entwicklung der Öffentlichkeit ausführlich nach: Sie begann um die Mitte des 17. Jahrhunderts in England mit der Gründung der Kaffeehäuser. Gegenstand des Räsonnements war zunächst Kunst und Literatur, erweiterte sich aber schon bald auf ökonomischen und politischen Inhalt. In Frankreich bildeten sich zur gleichen Zeit die »Salons der Damen von Welt«. »Der Salon hielt gleichsam das Monopol der Erstveröffentlichung: ein neues Opus, auch das musikalische, hatte sich zunächst vor diesem Forum zu legitimieren.« (SÖ 29) In Deutschland entstanden in dieser Zeit die gelehrten Tischgesellschaften, die aber weniger wirksam und verbreitet waren als Kaffeehaus und Salon. Dies waren die Kristallisationspunkte der Öffentlichkeit, in der eine auf Vernunft basierende öffentliche Meinung entstand. In der Öffentlichkeit setzte sich das bessere Argument durch. Die Öffentlichkeit wird zum »Organisationsprinzip des bürgerlichen Rechtsstaates mit parlamentarischer Regierungsform« (SÖ 95). Auch die im Parlament unterlegene Minderheit könnte sich erneut an die Öffentlichkeit wenden. Auf diese Weise kämen – ganz im Sinne Kants – gerechte Gesetze zustande. Der Prüfstein für gerechte Gesetze war für Kant – wie bereits gesagt – die prinzipielle Zustimmung durch das ganze Volk. Im Laufe der Zeit wird das Öffentlichkeitsprinzip auf Parlamentsverhandlungen und Gerichtsverfahren ausgedehnt. Allein die Verwaltung zeigte sich widerständig gegen das Gebot der öffentlichen Diskussion ihres Handelns.

An dieser Stelle ist nach Habermas ein Kristallisationspunkt für den Strukturwandel der Öffentlichkeit.

Aufgrund der Eigentumsverhältnisse im Kapitalismus gebe es unterschiedliche Interessen, die die jeweils betroffene Seite politisch durchzusetzen trachte, schreibt Habermas weiter. Die aus der Privatsphäre stammenden Interessenkonflikte können nicht mehr in der Privatsphäre ausgetragen werden, sondern nur mit Hilfe des Staatsinterventionismus (SÖ 173). Auf diese Weise findet eine Verschränkung von öffentlicher und privater Sphäre statt. Die Öffentlichkeit wird zu einem Feld der Interessenkonkurrenz. Öffentlich werden Kompromisse zwischen den streitenden Privatparteien geschlossen. Das Publikum wird von der Aufgabe, kritische Öffentlichkeit zu repräsentieren, »durch andere Institutionen weitgehend entlastet: einerseits durch Verbände, in denen sich die kollektiv organisierten Privatinteressen unmittelbar politische Gestalt zu geben suchen; andererseits durch Parteien, die sich, mit Organgen der öffentlichen Gewalt zusammengewachsen, gleichsam *über* der Öffentlichkeit etablieren, deren Instrument sie einst waren. Der Prozeß des politisch relevanten Machtvollzugs und Machtausübung spielt sich direkt zwischen den privaten Verwaltungen, den Verbänden, den Parteien und der öffentlichen Verwaltung ab; das Publikum als solches wird in diesen Kreislauf der Macht sporadisch und auch dann nur zu Zwecken der Akklamation einbezogen.« (SÖ 211) Öffentliche Instanz werde mehr und mehr die Verwaltung, die sich schon zu Beginn der Entwicklung gegen das Publizitätsprinzip erfolgreich wehrte. Die Entscheidungen der Exekutive stünden unter dem Vorwand des Sachverstandes und seien für den Bürger nicht durchschaubar und nicht kritisierbar. Kritik könne im übrigen mit dem Argument der Unsachlichkeit zurückgewiesen werden. So kehre die Exekutive unter dem Deckmantel einer Öffentlichkeit, die zur bloßen publicity regeneriert sei, zur Arkanpolitik zurück. Kritische Öffentlichkeit könne nach der Veränderung im Pressewesen auch nicht mehr durch Zeitungen gewährleistet werden. Sei seien unter den Einfluß des Anzeigengeschäftes geraten und die Presseagenturen seien staatlich geworden.

Zwar ließe sich Öffentlichkeit im Sinne der Aufklärung auf die tatsächlichen Verhältnisse von industriell fortgeschrittenen Massendemokratien nicht mehr anwenden. Das Modell selbst sei als normativer Anspruch dennoch lehrreich. Es sei heute »nur noch zu verwirklichen als eine Rationalisierung der sozialen und politischen Machtausübung unter der wechselseitigen

Kontrolle rivalisierender, in ihrem inneren Aufbau ebenso wie im Verkehr mit dem Staat und untereinander auf Öffentlichkeit festgelegten Organisationen.« (KuK 69)

Die Schrift fand nicht nur in akademischen Kreisen Resonanz, sondern auch bei politisch engagierten und in Parteien organisierten jungen Leuten, die in den sechziger Jahren zur Gesellschaft eine kritische Einstelllung fanden. Diese gewandelte Einstellung äußerte sich im studentischen Protest.

3. Legitimationsprobleme im Spätkapitalismus

Die historisch orientierte Analyse im »Strukturwandel der Öffentlichkeit« hat Habermas in systematischer Sicht noch einmal 1973 in dem Buch »Legitimationsprobleme im Spätkapitalismus« aufgenommen. Der zentrale Gedanke in dieser Schrift ist, daß »›Sinn‹ eine knappe und immer knapper werdende Ressource« ist (RHM 320). Dies bedeutet, daß Politik sich mehr und mehr auf reines Verwaltungshandeln beschränke und auf das Ausgleichen von privat-ökonomischen Interessen. Blieben die Staatsbürger überwiegend Privatleute, die an der individuellen Karriere und an der Harmonie der privaten Beziehungsverhältnisse ein größeres Interesse hätten, als an der Partizipation öffentlicher, sinngeleiteter Entscheidungen, dann könnten Administration und hergebrachte politische Instanzen den Legitimationsbedarf manchmal mit Mühe, oft aber mühelos decken. Krisen würden sich im Spätkapitalismus nach folgendem Muster entwickeln: die Ökonomie werde vom Staat gesteuert. Krisen würden dann zu Rationalitätskrisen, wenn der Staat nicht rational eingreife (vgl. LP, Abschn. II, Kap. 4 und 5). Aufgrund der Trennung von privatem und öffentlichem Bereich in der bürgerlichen Gesellschaft habe der Privatmann ein Interesse an der Befriedigung seiner privaten Interessen durch die öffentliche Verteilungshand. Dies kann wegen der unterschiedlichen privaten Interessen aber nicht in einer für alle zufriedenstellenden Weise geschehen, darum träten schwere und weniger schwere Legitimationskrisen auf (vgl. LP, Abschn. II, Kap. 6 und 7). »Die ökonomische Krise setzt sich unmittelbar in eine soziale Krise um.« (LP 47) Alle Legitimationsprobleme müßten sich nicht zu Krisen zuspitzen, wenn man »ein hinreichendes Maß an staatsbürgerlichem Privatismus aufrechterhält« (RHM 320).

Endgültige Beseitigung dieser Krisenpotentiale verspricht Habermas sich von der Re-Identifizierung von Individuum und Gemeinschaft. Gemessen an dieser Zielvorstellung ist er sich mit Marx einig, der 1843 formulierte: »Erst wenn der wirkliche individuelle Mensch den abstrakten Staatsbürger in sich zurücknimmt [...] ist die menschliche Emanzipation vollbracht.« (MEW 1/370)

4. Theorie und Praxis

Nach »Student und Politik« und »Strukturwandel der Öffentlichkeit« veröffentlichte Habermas 1963 das Buch, das neben »Erkenntnis und Interesse« von 1968 die größte Beachtung fand: »Theorie und Praxis«. Hier hat Habermas Aufsätze zusammengestellt, die gleichzeitig mit den beiden vorher behandelten politischen Schriften entstanden sind. Im Vorwort zur ersten Auflage schreibt er: »Die vorliegenden Arbeiten stellen einen propädeutischen Anspruch; ich betrachte sie als historische Vorstudien zu einer systematischen Untersuchung des Verhältnisses von Theorie und Praxis in den Sozialwissenschaften.« (TuP 8)

Wie ist es nun zu erklären, daß während der Beschäftigung mit dem Strukturwandel des Verfassungsstaates das Interesse an der Klärung des Verhältnisses von Theorie und Praxis bei Habermas entstand? Für Habermas führten vor der Veröffentlichung von Heideggers Schrift »Einführung in die Metaphysik« Politik und Philosophie ein Eigenleben. Es stellte sich für ihn jedoch heraus, daß philosophische Reflexionen etwas mit dem politischen Verhalten zu tun haben. Ja, am Beispiel von Heidegger bewahrheitet sich für Habermas die Einsicht Fichtes, daß die Wahl des philosophischen Systems davon abhänge, was für ein Mensch man sei (vgl. Fichte, Abschn. 5). Habermas verstärkt diese Einsicht mit den Worten: »Immer geht in die Wahl der fundamentalen Kategorien eine vorgreifende Deutung der Gesellschaft im ganzen ein.« (TuP 242) Und: »In die Grundbegriffe des theoretischen Systems schießt darum immer auch ein aus interessierter Erfahrung stammendes Vorverständnis der gesellschaftlichen Totalität ein.« (TuP 242) Hier sind Vermutungen angesprochen, die in den Schriften »Erkenntnis und Interesse« und »Technik und Wissenschaft als ›Ideologie‹« ausgeführt werden. Dabei wird Habermas nicht müde, zu betonen, daß er mit diesen Einsichten in der Tradition der Kritischen Theorie steht, wenn er – wie ich in der Einleitung schon sagte – Horkheimers Unterscheidung von traditioneller und kritischer Theorie dazu zitiert: In der traditionellen Vorstellung von Theorie erscheine »nicht die reale gesellschaftliche Funktion der Wissenschaft, nicht was Theorie in der menschlichen Existenz, sondern bloß was sie in der abgelösten Sphäre bedeutet [. . .] Während der Fachgelehrte als Wissenschaftler die gesellschaftliche Realität mitsamt ihren Produkten für äußerlich ansieht [. . .], ist das kritische Denken durch den Versuch motiviert, die Spannung real zu überwinden.« (TuP 243)

Reale Aufhebung dieser Spannung bedeutet für Habermas umgekehrt auch, daß Theorie praktisch werden muß (vgl. TuP 9). Nach seiner Beschäftigung mit dem amerikanischen Pragmatismus, vornehmlich mit George Herbert Mead, wird für Habermas dieses Wechselverhältnis klarer. Darauf werde ich später noch zurückkommen.

Habermas stieß übrigens schon früh auf die genannte Problematik. Bei der Beschäftigung mit Schelling in seiner Dissertation wurde ihm das Problem bewußt. In dem Schelling-Aufsatz in »Theorie und Praxis« zitiert Habermas Schellings folgende Einsicht: »Die Vernunftswissenschaft führt über sich hinaus und treibt zur Umkehr; diese selbst aber kann doch nicht vom Denken ausgehen. Dazu bedarf es vielmehr eines praktischen Antriebs.« (TuP 212) Die identitätsphilosophische Auflösung dieses Problems bei Schelling ist für Habermas allerdings eine Erbschaft, die auf heutiger Augenhöhe nicht mehr einzuholen sei (vgl. KPS 530).

Wenn auch das Verhältnis von Theorie und Praxis in dieser Aufsatzsammlung von 1963 für Habermas noch nicht endgültig geklärt werden kann und soll, sondern – wie es im Vorwort heißt – erst Vorstudien sind, so ist doch für ihn hier schon deutlich, daß eine in praktischer Absicht entworfene Theorie zur Anleitung der Praxis beitragen kann. Denn – was Habermas jetzt bereits weiß, später aber in »Erkenntnis und Interesse« genauer untersuchen wird – die Theorie und ihre Methode ist immer abhängig von dem Gegenstand, den sie behandelt und umgekehrt ist die Beschreibung ihres Gegenstandes immer abhängig von der Sichtweise des jeweiligen Theoretikers. Dies gilt auch für den Zusammenhang von Politik und Politikwissenschaft als einer von vielen Sozialwissenschaften (vgl. TuP 50).

Damit wendet Habermas sich nun dem in »Student und Politik« schon angesprochenen Thema von Politik und Moral zu. Diese Antinomie der Neuzeit ist ein zentraler Untersuchungsgegenstand von »Theorie und Praxis«, den Habermas mit Einsichten der Philosophie zu bewältigen sucht. Man kann sogar soweit gehen, zu sagen, daß die Frage nach dem Verhältnis von Philosophie, die als im Elfenbeinturm der Wissenschaften angesiedelt gilt, und Politik zu der Frage nach dem Verhältnis von Theorie und Praxis mutiert. Für Habermas stellt sich also jetzt die Frage, wie Philosophie politisch-praktisch werden könne. Hier wirken also immer noch Motive aus der Zeit seiner Beschäftigung mit Heideggers politischem Versagen. Habermas bedient sich dazu des Instrumentariums der Kritik, das sich – wie er in der Einleitung zur Neuausgabe von »Theorie und Praxis« sagt – von dem der Wissenschaften und der Philosophie gleichermaßen unterscheidet: »Die Wissenschaften blenden nämlich den Konstitutionszusammenhang aus und verhalten sich zu ihren Gegenstandsbereichen objektivistisch; während umgekehrt Philosophie sich ihres Ursprungs als eines Ersten ontologisch nur zu sicher war. Durch die Antizipation ihres Verwendungszusammenhangs unterscheidet sich Kritik von dem, was Horkheimer traditionelle Theorie genannt hat. Sie begreift, daß ihr Geltungsanspruch allein in gelingenden Prozessen der Aufklärung und das heißt: im praktischen Diskurs der Betroffenen eingelöst werden kann. Kritik entsagt dem kontemplativen Anspruch monologisch aufgebauter Theorie und sieht zudem, daß sich auch die bisherige Philosophie, ihrem eigenen Anspruch zum Trotz, einen kontemplativen Charakter bloß anmaßt.« (TuP 10) Die letzte Bemerkung bezieht sich vor allem auf die Heideggersche Philosophie, denn es gab zu dieser Zeit Vertreter der Heideggerschule, die den Konstitutionszusammenhang von philosophischen Reflexionen und politischem Verhalten bei Heidegger nicht sahen (vgl. Farias 1). Vermutlich gibt es sie heute noch.

Was also Philosophie auszeichnet, ist ihre reflexive Kraft (vgl. TuP 9). Auch noch Jahre später betont Habermas die subversive Kraft philosophischer Reflexion, die Fähigkeit zur »aufhellenden, kritischen, zerlegenden Analyse« (ND 46). Diese Fähigkeit macht sich Habermas bei der kritischen Betrachtung der Politikwissenschaften zunutze, so daß er festhalten kann, daß die Politikwissenschaft sich seit Machiavelli, Morus und Hobbes an der »Seite der Naturwissenschaften« etabliert (TuP 238). Der Politikwissenschaftler müsse seither zweierlei streng auseinanderhalten: »Einerseits die im Verfolg explikativer Probleme empirisch-theoretisch ermittelten Antworten auf technische Fragen; und andererseits jene im Verfolg normativer Probleme traditionell oder philosophisch erworbenen Antworten auf ethische und politische Fragen.« (TuP 240) Die Sozialwissenschaftler wollten also forschen wie die Physiker unter möglichst objektiven Bedingungen und abgelöst von Wertentscheidungen. Dies sei im antiken Griechenland noch anders gewesen: »Aristoteles ist der Überzeugung, daß sich eine Polis, die in Wahrheit diesen Namen trägt und nicht bloß so genannt wird, die Tugend ihrer Bürger angelegen sein läßt.« (TuP 53) Habermas sieht den engen Zusammenhang von Politik und Moral bei Aristoteles: Der Schluß seiner »Nikomachischen Ethik« leitet über zu seiner »Politik« und im 10. Kapitel des X. Buches der »Nikomachischen Ethik« schließt er seine Betrachtungen mit der Überlegung, daß es schwer sei für die Jugend, die richtige sittliche Anleitung zu erhalten, wenn sie nicht unter entsprechenden Gesetzen erzogen würde. Habermas zieht daraus folgenden Schluß: »Aristoteles kannte grundsätzlich keine Trennung zwischen politisch gesatzter Verfassung und dem Ethos des bürgerlichen Lebens in der Stadt. Machiavelli und Morus haben je auf ihre Weise die Scheidung von Politik und Ethik vollzogen. Die oberste Maxime der neuen Politik lautet: ›Es muß des Fürsten einziger Zweck sein, sein Leben und seine Herrschaft zu erhalten. Man wird alle Mittel, deren er sich hierzu bedient, rechtfertigen.‹« (TuP 60) Zentraler Punkt der Habermasschen Kritik an der Politikwissenschaft der Moderne ist also, daß diese Theoretiker des Politischen »die Struktur der Herrschaft aus dem ethischen Zusammenhang lösen«. (TuP 58) Damit habe sich die Politikwissenschaft »von den normativen Elementen, dem schon vergessenen Erbe der klassischen Politik, ganz gelöst« (TuP 58). Machiavelli, Morus, Hobbes und deren Nachfolger nennt Habermas die »Ingenieure der richtigen Ordnung« (TuP 50), deren Gegenstand die »Mechanik des Gesellschaftszustandes« (TuP 75) ist. Sie könnten ohne weiteres »von den Kategorien sittlichen Umgangs absehen und sich auf die Konstruktion der Umstände beschränken, unter denen die Menschen wie Naturobjekte zu einem kalkulierbaren Verhalten genötigt sind. Diese Loslösung der Politik von der Moral ersetzt die Anleitung zum guten und gerechten Leben durch die Ermöglichung des Wohllebens in einer richtig hergestellten Ordnung.« (TuP 50).

Eine solche Isolierung ist für Habermas allerdings eine »Fiktion« (TuP 240), denn für ihn ist jede Theorie, auch wenn sie sich noch so objektiv geriert, in den »gesellschaftlichen Zusammenhang« eingebunden (TuP 238). Und im Anschluß an diese Kritik stellt sich für ihn die Frage, die im Laufe der nächsten Jahre immer schärfer von ihm konturiert wird: »Wie kann das Versprechen der klassischen Politik, nämlich praktische Orientierung über das, was in gegebener Lage richtiger- und gerechterweise zu tun ist, eingelöst werden, ohne andererseits auf die wissenschaftliche Stringenz der Erkenntnis, welche die moderne Sozialphilosophie im Gegensatz zur praktischen Philosophie der Klassiker beanspurcht, zu verzichten?« (TuP 51)

Diese Frage wird in den nächsten Jahren für die Habermassche Theoriebildung – wie ich in der Einleitung bereits andeutete – zur Leitfrage. Das wird sich in seinen nächsten Veröffentlichungen zeigen. Die Antwort auf diese zentrale Frage in »Theorie und Praxis« wird sein: Es muß einen wissenschaftlich-stringenten Zugang zum gesellschaftlichen Normsystem geben. Dies wird später »Lebenswelt« genannt. Aus ihr lassen sich praktische Orientierungen mittels der Methode der Rekonstruktion heben. Der privilegierte Zugang zur »Lebenswelt« ist die Sprache. Dies wird das Ergebnis der Durchsicht sozialwissenschaftlicher Methoden sein, das Habermas 1967 in »Zur Logik der Sozialwissenschaften« vorgestellt und als weiteres Programm seiner Forschungen ausgegeben hat: »Noch ist Sprache nicht als Gespinst durchschaut, an dessen Fäden die Subjekte hängen und an ihnen zu Subjekten sich erst bilden.« (LS 240) Diese Auffassung ist ein Kristallisationspunkt für Kritik, wenn gesagt wird, daß »die neuere Sprachanalyse eine [...] eigentümliche Abstraktion von den Strukturen sozialen Handelns« sei (McCarthy 110).

Die Entwicklung der Sprache muß nun sowohl phylogenetisch wie ontogenetisch verfolgt werden, denn die »Lebenswelt« enthält für Habermas eine umfassende Komplexität von Hintergrundüberzeugungen, zu denen nicht nur die individuellen Fertigkeiten, sondern auch die kulturellen Erbschaften gehören.

IV. Erkenntnis ohne Moral

1. *Zur Logik der Sozialwissenschaften*

Die Antwort auf die zentrale Frage in »Theorie und Praxis« findet Habermas bei seiner umfassend-erschöpfenden Durcharbeitung sozialwissenschaftlicher Methoden in »Zur Logik der Sozialwissenschaften« von 1967. Sie stellte einen Selbstverständigungsprozeß für Habermas dar, wie es im Vorwort der Ausgabe in der »edition suhrkamp« von 1970 heißt. Die Gliederung dieses Literaturberichts, wie er in der Erstveröffentlichung genannt wurde, zeigt, daß Habermas zunächst einmal die Geisteswissenschaften von den Naturwissenschaften abgrenzen will, um dann eine sozialwissenschaftliche Methodendiskussion zu entfalten, die Partei ergreift für eine sinnverstehende Handlungstheorie.

Im 18. Jahrhundert haben sich die Geisteswissenschaften an den Naturwissenschaften orientiert. Das Motiv waren die überzeugenden Verfahrensweisen der Naturwissenschaften: Ihre Ergebnisse wurden allgemein anerkannt; man konnte ihre Ergebnisse antizipieren; man konnte die allgemeinen Aussagen experimentell bestätigen. Eine prinzipiell andere Methodologie konnte für die Geisteswissenschaften allerdings aus der Tradition des europäischen Humanismus erwachsen, die an den Kantschen Reflexionen über die praktische Vernunft orientiert war. Für an Fichte und Hegel Orientierte war nicht zu übersehen, daß in den Geistes- und Sozialwissenschaften das Objekt einen anderen Status hatte als in den Naturwissenschaften. Das Objekt ist hier zugleich das Subjekt. Fichte setzte das Subjekt dem anderen, dem erkennenden Subjekt als Objekt gegenüber. Der Mangel einer ausdifferenzierten Intersubjektivität wurde schon von Schelling an Fichte kritisiert und Habermas bezeichnet diesen Mangel als Grenze der Subjektphilosophie (vgl. ND 200). Im Gegensatz zu Fichte bemerkte auch Hegel den intersubjektiven Zusammenhang.

Die Hegelsche Auffassung lebte fort zunächst in der Tradition der Hermeneutik, die im vorigen Jahrhundert von Dilthey begründet wurde. Das Motiv des hermeneutischen Entwurfes von Dilthey war folgendes: Die Objekte in den Geistes- und Sozialwissenschaften können sich selbst reflektieren. Für die Erkenntnis des Sinnes einer Handlung ergibt sich für den sozialwissenschaftlichen Forscher die Konsequenz: Er erkennt den Sinn der Handlungen von Menschen, die er beobachtet, dadurch, daß er den Sinn der eigenen Handlung in ähnlicher Lage sich vorstellen kann, denn er teilt mit den anderen den gleichen Sinnhorizont. Er erkennt nun in einem Akt von Selbstreflexion – und darin liegt das Wechselverhältnis, das der Naturforscher entbehren muß – die eigenen Sinnstrukturen um so besser, je mehr er sie bei den anderen Menschen erkennt. Dies schlägt dann wiederum zum Vorteil dadurch aus, daß er die Sinnstrukturen bei den anderen besser erkennt usw. Der sozialwissenschaftliche Forscher versteht von innen heraus, was dem Naturforscher verwehrt ist. Max Weber übernimmt diese Einsicht und entfaltet die Unterscheidung von Natur- und Sozialwissenschaften in seinem Werk »Wirtschaft und Gesellschaft« so: »Wir sind ja bei ›sozialen Gebilden‹ (im Gegensatz zu ›Organismen‹) in der Lage: *über* die bloße Feststellung von funktionellen Zusammenhängen und Regeln (›Gesetzen‹) *hinaus* etwas aller ›Naturwissenschaft‹ (im Sinne der Aufstellung von Kausalregeln für Geschehnisse und Gebilde und der ›Erklärung‹ der Einzelgeschehnisse daraus) ewig Unzugängliches zu leisten: eben das ›Verstehen‹ des Verhaltens der beteiligten *Einzelnen*, während wir das Verhalten z. B. von Zellen *nicht* ›verstehen‹, sondern nur funktionell erfassen und dann nach *Regeln* seines Ablaufs feststellen können.« (Weber 7) Das Verhalten des Einzelnen kann nach Max Weber, auf den Habermas sich – wenn auch in teilweiser Abgrenzung – stützt, sozialwissenschaftlich nur angemessen verstanden werden mit Bezugnahme auf Ziele und Werte, an denen sich dieser Einzelne in seinem Handeln orientiert (vgl. LS 158). »Soziales Handeln«, führt Habermas in Anlehnung an Max Weber fort, »ist eine Befolgung von Normen. Handlungsbestimmende Normen sind kollektive Verhaltenserwartungen. Diese Erwartungen sind ein für das institutionalisierte Handeln relevanter Ausschnitt der kulturellen Überlieferung. Diese ist ein Zusammenhang von Symbolen, der das umgangssprachlich artikulierte Weltbild einer sozialen Gruppe und damit den Rahmen für mögliche Kommunikationen in dieser Gruppe festlegt.« (LS 160) Diese Normen, an denen sich die sozial Handelnden orientieren, die damit allgemeine Anerkennung finden und eine Bedeutungsidentität bei allen Beteiligten voraussetzen, konstituieren sich nach Habermas in den Grenzen der Sprache (vgl. LS 178). »Wenn Handeln so an Intentionen gebunden ist, daß es aus Sätzen, die diese Intentionen zum Ausdruck bringen, abgeleitet werden kann, gilt auch umgekehrt die These: daß ein Subjekt nur die Handlungen ausführen kann, deren Intention es grundsätzlich beschreiben kann. Die Grenzen des Handelns sind durch den Spielraum möglicher Beschreibungen bestimmt. Dieser ist festgelegt durch die Strukturen der Sprache, in der sich das Selbstverständnis und die Weltauffassung einer sozialen Gruppe artikuliert. Also sind die Grenzen des Handelns durch die Grenzen der Sprache gezogen.« (LS 180) Wenn diese Voraussetzung angenommen wird, dann muß Habermas konsequent weiterfragen, um Antwort auf seine zentrale Frage zu bekommen und eine der Antwort entsprechende Methodologie auszuarbeiten, wie denn eine Theorie des kommunikativen Handelns möglich sei. Für Habermas kristallisiert sich im Rahmen dieser Methodenuntersuchung folgende Antwort heraus: »Wenn wir soziales Handeln als ein Handeln unter geltenden Normen begreifen, müssen sich Theorien des Handelns auf Zusammenhänge von Normen beziehen, die den Ablauf von Interaktionen gestatten. Da Normen zunächst in der Form von Symbolen gegeben sind, liegt es nahe, die Systeme des Handelns aus Bedingungen der sprachlichen Kommunikation abzuleiten. Wo Grenzen der Sprache Grenzen des Handelns definieren, legen die Strukturen der Sprache die Kanäle für mögliche Interaktionen fest.« (LS 184)

Nun stellt sich des weiteren die Frage, wie eine solche Theorie entworfen werden könnte. Bedarf es dazu einer empirischen Forschung – womit wir auf ein schon angesprochenes Thema zurückkommen – oder muß sie transzendentalphilosophisch entworfen werden? Habermas antwortet darauf »weder – noch« oder »beides zugleich«, was ihm von dem Pragmatisten Richard Rorty als Inkonsequenz ausgelegt wird (vgl. Rorty, 1978, 138 ff.). Habermas führt das »Sowohl-als-Auch« folgendermaßen aus: »Allgemeine Theorien dieser Art müssen von Grundannahmen ausgehen, die sich weder auf den empirischen Zusammenhang beobachtbarer Ereignisse allein, noch ausschließlich auf den logischen Zusammenhang von symbolisiertem Sinn erstrecken. Denn geltende Normen sind einerseits institutionalisierte Sinnzusammenhänge, die in Variabeln beobachtbaren Verhaltens nicht zureichend ausgedrückt werden können; andererseits haben sie aber nicht die Form reiner Maximen strategischen Handelns, aus denen mögliche Entscheidungen deduziert werden könnten. Die geforderten Theorien müssen Annahmen über den empirischen Zusammenhang geltender

Normen gestatten. Dieser Zusammenhang geht einerseits über den subjektiv vermeinten Sinn derjenigen, die unter Normen handeln, hinaus; als eine reale Verknüpfung von Normen teilt er aber mit diesen das Moment des Sinnhaften. Der Zusammenhang ist von den handelnden Subjekten nicht intendiert und gleichwohl intentional [. . .] Deshalb wird von einer Soziologie, die ihre Tatsachen nicht objektivistisch auf die Ebene von Naturereignissen projiziert, eine empirische Analyse in transzendentaler Einstellung verlangt.« (LS 185 und 230) Die transzendentale Einstellung, die sozusagen das normative Meßverfahren für die empirischen Daten darstellt, findet Habermas bei der Untersuchung der Lebenswelt. Lebenswelt beschreibt Habermas in dieser Studie von 1967 als mehrdimensionales Bezugssystem »des Hier und Dort, des Vertrauten und des Fremden, der Erinnerten, Gegenwärtigen und Erwarteten. Ich finde mich in diesen Koordinaten der Lebensgeschichte vor, unter Zeitgenossen und inmitten von Traditionen, die uns von unseren Vorfahren überliefert sind und die wir an Nachfahren weitergeben. Als Kinder wachsen wir in diese Traditionen hinein, um aus ihnen unseren individuellen Lebensplan mit spezifischen Erwartungen, auf der Grundlage akkumulierter Erfahrungen und perspektivistisch aufgestockter und ausgelesener Erinnerungen, zu bestreiten. Das Alltagswissen, das uns die Tradition an die Hand gibt, stattet uns mit Interpretationen für Personen und Ereignisse aus, die in unserer unmittelbaren oder potentiellen Reichweite sind.« (LS 228) Nun ist dieses komplexe Gebilde, das Habermas Lebenswelt nennt und das ihm die normative Grundlage sozialwissenschaftlicher Forschung eröffnen soll, schwer zu erfassen. Für Habermas gibt es nur einen privilegierten Zugang, der sich aus den vorhergehend referierten Ergebnissen von selbst ergibt. Denn, wenn die Sprache die Grenze unseres Handelns darstellt, dann muß uns die Sprachanalyse hier weiterbringen: »Die transzendentalen Regeln, nach denen Lebenswelten strukturiert sind, werden jetzt sprachanalytisch greifbar in den Regeln von Kommunikationsprozessen.« (LS 240 f.) Dieser Zugang ist dem transzendentalen Rahmen der Kantischen Bewußtseinsphilosophie nachgebildet: »Die logische Form dieser Sprache legt a priori die Bedingungen möglicher Aussagen über Sachverhalte fest. Sachverhalte sind, wenn sie existieren, Tatsachen; der Inbegriff aller Tatsachen ist die Welt, kantisch gesprochen: Die Welt der Erscheinungen. Den Kategorien der Anschauung und des Verstandes als den transzendentalen Bedingungen der Objektivität möglicher Erfahrung und Erkenntnis entspricht die Syntax der wissenschaftlichen Universalsprache, die die Muster festlegt und die Grenzen umschreibt, innerhalb derer empirisch sinnvolle Aussagen über das, was der Fall ist, a priori möglich sind.« (LS 243)

Ein solches Theorieprogramm ergibt sich aus der distinkten Abgrenzung der Sozialwissenschaften von den Naturwissenschaften wie Habermas am Ende seiner Untersuchungen in »Zur Logik der Sozialwissenschaften« noch einmal, auf seinen Ausgangspunkt zurückkommend, formuliert: »Ein durch Normen gesteuertes Handeln ist nicht dasselbe wie ein durch Naturgesetze determiniertes und entsprechend vorhersagbares Verhalten. Eine Norm kann durchbrochen werden, ein Naturgesetz prinzipiell nicht. Im Hinblick auf die leitende Norm kann eine Handlung fehlerhaft oder korrekt sein; ein Naturgesetz wird durch fehlerhafte Prognosen widerlegt.« (LS 252 f.)

2. Theorie der Gesellschaft oder Sozialtechnologie

Diese grundlegende Unterscheidung zwischen Natur- und Sozialwissenschaften führt Habermas auch zur Kritik an den objektivistisch orientierten Sozialwissenschaften wie Systemtheorie und Positivismus. Beide Richtungen standen in »Zur Logik der Sozialwissenschaften« zur Kritik. Eingehend unterzieht Habermas den Positivismus in »Erkenntnis und Interesse« der Kritik. Die Systemtheorie in der von Niklas Luhmann präsentierten Gestalt wird in dem Band »Theorie der Gesellschaft oder Sozialtechnologie« kritisiert. Mit ihr setzt Habermas sich 1985 noch einmal im »Philosophischen Diskurs der Moderne« (vgl. PDM 436 ff.) auseinander. Habermas ist allerdings der Auffassung, daß er die Kritik ansatzweise schon in »Theorie und Praxis« vorgenommen habe, dort in der Gestalt von kybernetischen Erklärungsmodellen (GS 145), die die Fiktion hegen, man könne Entscheidungen Maschinensystemen übertragen (vgl. TuP 326 f.). In einem Aufsatz, der der Neuausgabe von »Theorie und Praxis« beigegeben wurde, spricht Habermas vom »kybernetischen Traum einer gleichsam instinktiven Selbststabilisierung« (TuP 356) und er nennt hier den analytischen Ausgangspunkt systemischer Gesellschaftstheorie: »Wissenschaft, Technik, Industrie, Militär und Verwaltung (sind) heute Elemente, die sich wechselseitig stabilisieren und deren Interdependenz wächst. Die Erzeugung technisch verwertbaren Wissens, die Entwicklung der Technik, die industrielle und militärische Verwertung der Techniken und eine umfassende Administration aller gesellschaftlichen Bereiche, der privaten wie der öffentlichen, wachsen heute, so erscheint es, zu einem krisenfesten und dauerhaften expansiven System zusammen, angesichts dessen subjektive Freiheit und autonome Zwecksetzung zur Bedeutungslosigkeit herabgesetzt sind. Die *konservative Deutung des technischen Fortschritts* knüpft an diesen Tatbestand an.« (TuP 341) Und da Luhmann später selbst erklärt, daß, wer an dem Humanitätsanliegen festhalte, ein Gegner der Systemtheorie sein müsse (vgl. Luhmann 92), ist es – nachdem wir sahen, daß Habermas' Anliegen die gesellschaftliche Emanzipation ist – kein Wunder, daß Habermas ein Gegner der Systemtheorie ist.

Eine Systemtheorie folgere aus ihrer Sichtweise, daß die Gesellschaft ein »anonymes Regelsystem« darstellt (vgl. Vorstudien 27). Nach eigenem Selbstverständnis erklärt die Systemtheorie das Funktionieren einer Gesellschaft als einen geordneten Zusammenhang menschlicher Handlungen. Das sieht eine Handlungstheorie nicht anders. Für die Systemtheorie ergibt sich die Stabilität eines solchen Zusammenhangs aber nicht aus dem Handeln sozialer Subjekte, sondern nur innerhalb eines übergeordneten Beziehungsgefüges. »Die Systemtheorie . . . hat daher keine Verwendung für den Subjektbegriff. Sie ersetzt ihn durch den Begriff des selbst referentiellen Systems«, dessen Monade das Individuum zwar ist, das aber erst »durch das System selbst konstituiert« wird (Luhmann 51). Das systemtheoretische Modell wird laut Habermas aus der Naturwissenschaft auf die Sozialwissenschaft übertragen: »Die Reproduktion jedes einzelnen Organismus scheint Zweckmäßigkeit ohne Zwecktätigkeit, also einen objektiv-intentionalen Zusammenhang zu verbürgen. Nach diesem Vorbild lassen sich Systeme als organisierte Einheiten auffassen, die sich bei wechselnden Umgebungen selbstregulativ in einem definierten Zustand erhalten. Das adaptive Verhalten der selbstgeregelten Systeme läßt sich auch als instrumentelles Handeln deuten; aber die Annahme eines handelnden Subjekts ist überflüssig.« (LS 187) Die Subjekte seien deshalb überflüssig, weil sich nach systemtheoretischer Annahme jedes gesellschaftliche System, wenn es aus den Fugen gerät, sich immer wieder in Abgrenzung zur Umwelt dynamisch selbst reguliert und sich als System neu, wenn auch mit veränderten Parametern, einstellt (vgl. Luhmann Kap. 5). Diesen Vorgang beschreibt Luhmann später mit dem Begriff »Autopoiesis« (Luhmann 60). Solche Parameter kann es aber in einem gesellschaftlichen System nicht so geben wie in einem technischen Regelkreislauf oder einem biologischen System, meint Habermas. Sie müßten auf dem Wege der politischen Willensbildung gefunden werden (vgl. LS 195). Das würde aber eine sinnvermittelnde Kommunikation erfordern. Luhmann will zwar den Begriff »Sinn« dem systemtheoretischen Modell adaptieren (vgl. GS 171 ff.), Habermas wirft Luhmann darin aber Inkonsequenz vor: »Entweder wird eine Kategorie von ›Sinn‹ zugelassen, die zur Explikation der sinnhaften Strukturen von Handlungssystemen ausreicht, dann wird der grundbegriffliche Rahmen kompatibel, dann kann dieser Begriff nicht die spezifische Beweislast tragen, die eine nicht-objektivistische Begriffsstrategie ihm aufbürden muß.« (GS 182) Sinn bildet sich in der Interaktion als identische Bedeutung der Handelnden und ist an umgangssprachliche Kommunikation gebunden (vgl. GS 194/195). Sinn soll dem menschlichen Handeln nach Max Weber ein Höchstmaß von Evidenz verleihen (vgl. Weber 2). In der umgangssprachlichen Kommunikation sind Geltungsansprüche enthalten, die in ihr nicht mitthematisiert werden. Sie können aber in Diskursen metakommunikativ thematisiert werden. Die Diskurse sind auf die Explikation von Sinnzusammenhängen gerichtet (vgl. GS 200). Darauf werde ich später zurückkommen. Sinn entsteht also in der Kommunikation und ist konstitutiv für die Gesellschaft, während Luhmann ihm individuellen Charakter zuweist (vgl. GS 40). Kommunikatives Handeln steht nach Habermas, weil in ihm Geltungsansprüche stets enthalten sind, in virulenter Abhängigkeit von sinnexplizierenden Diskursen. Diskurse sind aber so etwas wie Gegensysteme, wenn man den Systembegriff der Systemtheorie zugrunde legt. Darum gibt es laut Habermas nur die Alternative für Luhmann, entweder die unverkürzte Kategorie Sinn preiszugeben oder den Bezugsrahmen der Systemtheorie (vgl. GS 202).

Habermas sieht zwar auch, daß sich in unserer Gesellschaft Systeme bilden, sozusagen zur Handlungsentlastung (vgl. TkH 2, 395, 418, 452, 455), aber die kommunikative Lebenswelt ist vorgängig und umfassender. Darum kommt Habermas schon in »Theorie und Praxis« zu folgender Einsicht: »Es empfiehlt sich, auf der analytischen Ebene zwei Elemente zu unterscheiden: den institutionellen Rahmen eines Gesellschaftssystems oder die soziale Lebenswelt, und, darin gleichsam eingebettet, die technisch fortschreitenden Systeme. [. . .] Unsere Frage heißt nun: Wie wirken diese technisch fortschreitenden Systeme auf den institutionellen Rahmen zurück, in den sie eingebettet sind? Wie ändern sich beispielsweise Familiensysteme und Rechtsordnungen im Gefolge von Änderungen der Produktionsweise, wie ändern sich Kulturpraktiken und Herrschaftsverbände im Gefolge von Änderungen der Techniken gewaltsamer Selbstbehauptung? Wir wissen wenig genug über diese empirischen Zusammenhänge.« (TuP 350)

In vereinfachender, allerdings verständnisfördernder Verkürzung, kann man sagen, daß die Systemtheorie ihren Ausgangspunkt von den übergeordneten Systemen nimmt, die Handlungstheorie dagegen von den Individuen. Diese Polarisierung vermeidet Habermas später durch einen stärkeren Bezug auf die Theorie von George Herbert Mead, der eine Komplementarität der Entwicklung von Individuum und Gesellschaft sieht.

3. Der Universalitätsanspruch der Hermeneutik

Die Vermutung liegt nahe, daß das Motiv für die Auseinandersetzung mit Gadamer darin zu suchen ist, daß Habermas in »Wahrheit und Methode« eine Reihe von Ideen fand, »die in seinen früheren Formulierungen der kritischen Gesellschaftstheorie zentral gewesen waren, ohne daß sie dort jedoch befriedigend entwickelt worden wären.« (McCarthy, 203) Man denke an den am Anfang des vorliegenden Buches erwähnten Anthropologie-Artikel. Es erscheint mir auch möglich zu sein, daß Habermas durch Gadamer auf den amerikanischen Pragmatismus aufmerksam wurde, der in Habermas' weiterer Theorieentwicklung eine so zentrale Rolle spielen sollte. Gadamer stützt sich in seinem Wahrheitsaufsatz von 1957 auf Einsichten des amerikanischen Pragmatismus (vgl. Gadamer, 53). Die erste kritische Betrachtung des Werkes von Gadamer ist in »Zur Logik der Sozialwissenschaften« enthalten. Die Stellungnahmen und Erwiderungen von Proponent und Opponent finden sich in dem Sammelband »Hermeneutik und Ideologiekritik« von 1971.

Zustimmen konnte Habermas den Erkenntnissen Gadamers, daß eine objektive Sichtweise unmöglich ist. Immer gehen die lebensweltlichen Gehalte, die Habermas ausführlich in der »Theorie des kommunikativen Handelns« analysiert, in menschliche Erkenntnis ein. Dies wird keineswegs als negativ angesehen, weder von Gadamer noch von Habermas. Der sogenannte hermeneutische Zirkel macht ja das Sinnverstehen in den Sozialwissenschaften allererst möglicht, wie das oben dargestellte Diltheysche Motiv des hermeneutischen Entwurfs illustrieren konnte. Darüber hinaus kann der Interpret im Verlaufe seiner interpretierenden Tätigkeit seiner Vorurteile gewahr werden. Wenn das der Fall ist, ist die Ehrlichkeit des Eingeständnisses solcher kulturell und entwicklungsgeschichtlich bedingten Vorurteile die Gewähr dafür, daß man zu Aussagen mit einem höheren Wahrheitsgehalt kommt als dies der Fall wäre, wenn man blind von der Möglichkeit objektiver Erkenntnis ausginge. »Wenn der Sozialwissenschaftler nicht blind vorgehen will, muß er berücksichtigen, daß sein Begriffsapparat von einem Vorverständnis abhängig ist, das in seiner eigenen soziokulturellen Situation wurzelt. Er muß ein hermeneutisches und historisches Selbstbewußtsein erlangen.« (McCarthy, 205) Im hermeneutischen Verstehen wird ein weiteres Motiv deutlich, das für eine Theorie des kommunikativen Handelns von Bedeutung ist: Im Erkenntnisprozeß geht es nicht mehr allein um die zu erkennende Sache, die von jedem Beobachter anders gesehen werden kann, sondern auch um die Interpretationsleistungen verschiedener Personen mit unterschiedlichem Verstehenshorizont. Man muß also für die Verstehenshintergründe der anderen Offenheit bewahren, wofür die kommunikative Auseinandersetzung Voraussetzung ist.

Soweit kann Habermas die methodischen Argumente der Hermeneutik teilen. Der zentrale Satz seiner Kritik lautet: »Gadamer verkennt die Kraft der Reflexion.« (LS 303) Welche zentrale Bedeutung die Reflexion für Habermas hat, werden wir noch bei der Interpretation von »Erkenntnis und Interesse« erfahren: Sie allein nämlich habe emanzipatorische Kraft. Habermas hat darum vor allem Bedenken in Bezug auf die konservativen Folgerungen und die rückblickende Traditionsverhaftung der Hermeneutik (vgl. McCarthy 208). Diese Bedenken formuliert Habermas auch noch Jahre später: »Wir können uns unsere Traditionen nicht aussuchen, aber wir können wissen, daß es an uns liegt, *wie* wir sie fortsetzen. Gadamer denkt in dieser Hinsicht zu konservativ. Jede Traditionsfortsetzung ist nämlich selektiv, und genau diese Selektivität muß heute durch den Filter der Kritik, einer willentlichen Aneignung der Geschichte, wenn Sie wollen: des Sündenbewußtseins, hindurch.« (DNR 155 f.) Aber auch in anderer Hinsicht ist der Universalitätsanspruch

31

der Hermeneutik in ihrer »grundlegenden Bedeutung für unser gesamtes Weltverständnis« – wie Gadamer sagt (HI 57) – für Habermas nicht haltbar.

Der hermeneutische Ansatz müsse in dreifacher Hinsicht ergänzt werden: Durch Ideologiekritik, durch eine Analyse von sozialen Systemen und durch Geschichtsphilosophie. Dies hält Habermas deshalb für notwendig, weil die Sprache ideologisch sein könne, und weil die Analyse der sozialen Systeme sich nicht allein aus einer Sprachanalyse ergebe (Habermas vermittelt beides schrittweise in der »Theorie des kommunikativen Handelns«, wie wir noch sehen werden) und weil die Gewordenheit der lebensweltlichen Bedingungen von Verstehen durch eine Geschichtsphilosophie dargelegt werden könne.

In seiner Replik geht Gadamer auf die einzelnen Punkte der Kritik ein. Habermas überschätze die Kraft der Reflexion und stelle einen zu abstrakten Gegensatz von Tradition und Reflexion dar (vgl. HI 78). Für Gadamer sei auch die Sprache nicht eine Dimension des gesellschaftlichen Lebens neben anderen, sondern habe zentrale Bedeutung, ein »universales Medium« (HI 289). Außerdem sei die Reflexion nichts, was dem Verstehen entgegengesetzt sei, sondern jedes Verstehen enthalte schon die Reflexion, die Habermas noch besonders betont (vgl. HI 74).

Nun finden sich in der Antwort von Gadamer sicher einige Argumente, denen Habermas nicht ohne weiteres begegnen kann, weil z. B. auch für seine Theorie die Sprache die Bedeutung eines universalen Mediums hat. Allerdings wird eine Einsicht Habermas' durch die Antworten von Gadamer nicht revidiert werden: Die Hermeneutik könne nicht die einzige Grundlage für eine »Theorie des kommunikativen Handelns« sein. Habermas bestreitet weiterhin ihren Universalitätsanspruch. Wir werden später sehen, daß die Hermeneutik zwar in seine Untersuchung integriert ist und eine wichtige Rolle spielt, daß aber die Sprechakttheorie vermittelt ist mit einer Theorie der Lebenswelt und über diese mit einer Theorie der Gesellschaft. Was Habermas weiterhin gegenüber Gadamer und auch später in der »Theorie des kommunikativen Handelns« betont, ist die notwendige Weiterentwicklung der Tradition: »Die Hermeneutik stößt gleichsam von innen an die Wände des Traditionszusammenhangs.« (LS 307) Dies führt notwendig zu »einer Dauerrevision verflüssigter Traditionen« (DNR 88), so daß der universelle Anspruch, den die Tradition in einer hermeneutischen Theorie erhebt, abgewiesen werden muß. Eine Revision wird dann nötig sein, wenn der traditionelle Interpretationsrahmen nicht mehr ausreicht. Als Beispiel: Für die naturwissenschaftlich-technische Entwicklung auf dem Gebiet der Genforschung reicht unser ethisch-moralisches Fassungsvermögen nicht mehr aus. Die ethisch-moralische Tradition ist mit dieser Neuentwicklung überfordert. Habermas formuliert das in der »Theorie des kommunikativen Handelns« so: Die neu auftretende Situation bedarf einer Verständigung über Verantwortung und Sittlichkeit. Die Verständigungsbasis wird allerdings nicht mehr gedeckt von unserem traditionellen Wissensvorrat. Die herkömmlichen Deutungsschemata versagen, wir müßten neue entwickeln. Mit dem Gefälle von technisch-naturwissenschaftlichem und ethisch-moralischem Wissen wird die »Ressource ›Sinn‹ immer knapper« (TkH 2, 213). »Es dringt mehr und mehr ins Bewußtsein der Bevölkerung, daß die noch so geheiligten Traditionen nichts Naturwüchsiges sind, sondern darauf warten, geprüft, angeeignet und *selektiv* fortgesetzt zu werden . . . Es wächst das Bewußtsein der moralisch-politischen Autonomie: daß wir selbst es sind, die über die Normen unseres Zusammenlebens im Lichte strittiger Prinzipien zu entscheiden haben.« (DNR 88)

Die Auseinandersetzung mit Gadamer und die früher schon erwähnten mit Max Weber und Niklas Luhmann ist ebenso wie die nun folgende mit Karl Marx in »Technik und Wissenschaft als ›Ideologie‹« ein Beispiel dafür, wie Habermas seine Theorie in der Auseinandersetzung mit anderen Theoretikern Schritt für Schritt entwickelt.

4. Technik und Wissenschaft als »Ideologie«

Diese 1968 erschienene Veröffentlichung ist eine Sammlung von Aufsätzen mit unterschiedlichen Themen. Das, was der Titel verspricht, läßt sich in der umfangreichsten Studie mit demselben Titel wie der Buchtitel lesen. Diese Abhandlung ist eine Auseinandersetzung mit Herbert Marcuse. Sie ist Herbert Marcuse zum 70. Geburtstag gewidmet. In dieser Untersuchung setzt sich Habermas mit dem Begriff der Ideologie auseinander, einem zentralen Begriff der Aufklärung, der erstmals von A. Destutt de Tracy programmatisch verwendet und von Marx im Sinne einer Ideologiekritik aufgegriffen und ausgeführt wurde. Habermas bezieht sich in seinen Ausführungen auf Max Weber, den er gegen Marcuse verteidigt, denn er sieht wie Weber die Rationalisierungstendenz abendländischer Kultur mit der gleichzeitigen Entzauberung mythischer Weltbilder einhergehen. Diese Entzauberung traditioneller Weltbilder geschehe mittels Ideologiekritik, die auf wissenschaftlicher Argumentation basiere. Da seit dem Ende des 19. Jahrhunderts die kapitalistische Arbeitsproduktivität systematisch mittels Einführung neuer Techniken gesteigert werde und dies nur durch Verwissenschaftlichung der Technik geschehen könne, würden Technik und Wissenschaft selbst in den Dienst kapitalistischer Produktion gestellt. »So werden Technik und Wissenschaft zur ersten Produktivkraft.« (TWI 79) Wissenschaftliche Beweisführungen verschleierten dahinterstehende Interessen und würden selbst zur Ideologie. Wissenschaft werde zum Fetisch derart, daß das Interesse an moralisch-praktischen Fragen und das Interesse an gesellschaftlicher Entwicklung und Emanzipation nicht mehr thematisiert werde. Fortschritt um des Fortschritts willen und Profitmaximierung sind die nicht mehr eigens reflektierten Interessen, die wissenschaftlich legitimiert würden. Soweit stimmt Habermas der Rationalisierungsthese von Max Weber zu. Nach Habermas' Ansicht habe Max Weber aber einen verkürzten Begriff von Rationalität. Und an dieser Stelle ist der Punkt erreicht, der im Zentrum der Diskussion um dieses Buch stand. Nicht die These, daß Technik und Wissenschaft auf neue Weise ideologisch seien, regte das Publikum 1968 auf. Auf dem Höhepunkt der Studentenbewegung entrüstete man sich über die von Habermas vorgetragene Kritik an Marx. Habermas bezeichnet sich seit der Zeit seiner Dissertation als Marxisten (vgl. KPS 516). Seither konnten die Marxisten in Habermas einen der ihren sehen. Umso wütender war die Auseinandersetzung um seine »Abweichung« in »Technik und Wissenschaft als ›Ideologie‹«. Was hatte Habermas gemacht? In dem ersten Aufsatz »Arbeit und Interaktion. Bemermerkungen zu Hegels Jenenser ›Philosophie des Geistes‹«, der für die 1967 erschienene Festschrift für Karl Löwith geschrieben worden war, liest man, daß Marx den Bildungsprozeß der Menschengattung aus den Gesetzen der Reproduktion des gesellschaftlichen Lebens rekonstruieren wolle. Marx habe aber zu kurz gegriffen, denn seine Darlegungen zeigten, daß er »nicht eigentlich den Zusammenhang von Interaktion und Arbeit expliziert, sondern unter dem unspezifischen Titel der gesellschaftlichen Praxis eins auf das andere reduziert, nämlich kommunikatives Handeln auf instrumentales zurückführt [. . .]

Dieses instrumentale Handeln wird zum Paradigma für Hervorbringungen aller Kategorien; alles löst sich in die Selbstbewegung der Produktion auf [. . .] Gleichwohl besteht ein Zusammenhang zwischen beiden Momenten. Weder die *Jenenser Realphilosophie* noch die *Deutsche Ideologie* haben ihn befriedigend geklärt.« (TWI 45–47) Und in der Tat ist in der Marxschen Theorie ein eigentümlicher Widerspruch: Einerseits ist im »Kommunistischen Manifest« und in den späteren Schriften zur Pariser Kommune von der Möglichkeit emanzipatorischer Praxis die Rede. Andererseits erhärten Marx' Untersuchungen zur Politischen Ökonomie und insbesondere »Das Kapital« die Thesen von der Reduzierung des Menschen auf instrumentelles Handeln und sein damit verbundenes Schicksal in dem »Gehäuse der Hörigkeit« (wie es später Max Weber formulieren wird) unentrinnbar gefangen zu sein. Habermas will auf der Basis seiner Einschätzung der Marxschen Theorie den Zusammenhang zwischen Arbeit und Interaktion oder – wie er synonym auch sagt – den Zusammenhang von instrumentalem und kommunikativem Handeln klären. Dies ist ein Vorhaben, das in »Technik und Wissenschaft als ›Ideologie‹« seinen programmatischen Anfang nimmt und 13 Jahre später in der »Theorie des kommunikativen Handelns« seinen vorläufigen Abschluß findet.

Die Unterscheidung von Arbeit und Interaktion, die grundlegend für sein ganzes Werk blieb und die zurückgeht auf seine strikte Unterscheidung von Natur- und Gesellschaftswissenschaften in »Zur Logik der Sozialwissenschaften«, wurde erstmals in »Technik und Wissenschaft als ›Ideologie‹« vorgenommen. Hier konnte Habermas schon sagen, daß Arbeit und Interaktion nicht in einem Verhältnis von Basis und Überbau zueinander stünden, so wie Marx es formuliert habe. Die Interaktion sei nicht der Reflex der kapitalistischen Produktion. »Unter dem Titel ›Interaktion‹ will er gesellschaftliche Verhältnisse zwischen kommunikationsfähigen Individuen thematisieren. Unter dem Titel ›Arbeit‹ will Habermas den Prozeß der Emanzipation von Natur, den Zuwachs der Produktivkräfte in Abhängigkeit von der Entwicklung technisch verwertbaren Wissens und dessen Anwendung thematisieren.« (McCarthy 48) Habermas zeigt wie schon im »Strukturwandel der Öffentlichkeit«, daß »der institutionelle Rahmen der Gesellschaft seit dem Ende des 19. Jahrhunderts repolitisiert« wurde (TWI 75), so daß dem Subjekt die Rolle des emanzipierten Gestalters zukäme. Hier beginnt in Ansätzen auch schon Habermas' Auseinandersetzung mit der »Systemforschung« (TWI 82), die später – wie oben gesehen – namentlich mit Niklas Luhmann fortgesetzt wird und an dessen Theorie er mißbilligt, daß sie die Gesellschaft als ein sich selbst regulierendes System ohne Subjekt einführe. Freilich sieht auch Habermas, daß die Systemgefangenschaft nur schwer zu überwinden sei. Er verspricht sich aber von der Schüler- und Studentenbewegung einen emanzipierten Impuls: »Das Maß des gesellschaftlichen Reichtums, den ein industriell entfalteter Kapitalismus hervorbringt, und die technischen wie organisatorischen Bedingungen, unter denen dieser Reichtum produziert wird, machen es immer schwieriger, die Statuszuweisungen auch nur subjektiv überzeugend an den Mechanismus der Bewertung individueller Leistungen zu binden. Auf lange Sicht könnte deshalb der Studenten- und Schülerprotest diese brüchig werdende Leistungsideologie dauerhaft zerstören und damit die ohnehin fragile, allein durch Entpolitisierung abgedeckte Legitimationsgrundlage des Spätkapitalismus zum Einsturz bringen.« (TWI 103)

In diesem Band ist als letzter Aufsatz die Frankfurter Antrittsvorlesung von Habermas aus dem Jahre 1965 mit dem Titel »Erkenntnis und Interesse« abgedruckt. Sie enthält Thesen, die in dem 1968 erschienenen Buch mit demselben Titel ausgeführt sind. Einen Zusammenhang mit der Diskussion um die ideologischen Wissenschaften im Kapitalismus stellt diese Antrittsvorlesung insofern dar, als hier die Aufgabe einer kritisch orientierten Wissenschaft angesprochen wird, die der ideologischen entgegengesetzt werden müsse. Beide Wissenschaftsrichtungen unterschieden sich durch die in den kritisch orientierten Wissenschaften enthaltene Selbstreflexion: »Selbstreflexion ist von einem emanzipatorischen Erkenntnisinteresse bestimmt. Die kritisch orientierten Wissenschaften teilen es mit der Philosophie.« (TWI 159) Selbstreflexion innerhalb der Wissenschaften anzuregen sei Aufgabe der Philosophie in der heutigen Zeit. Philosophie hätte stets erneut den Bezug zu thematisieren, der der Einzelwissenschaft verlorengegangen sei: Ihre geschichtliche Gewordenheit und ihre lebensweltliche Eingebundenheit. Dies könne freilich nicht durch eine ontologische Philosophie thematisiert werden, die »selber einem Objektivismus unterliege.« (TWI 159) Diese Haltung des Philosophen zu den Einzelwissenschaften zeigte Habermas schon früher, in dem genannten Anthropologie-Artikel ebenso wie in »Theorie und Praxis« wie auch später im ersten Aufsatz des 1983 erschienenen Buches »Moralbewußtsein und kommunikatives Han-

deln«. Dort empfiehlt er dem Philosophen die Platzhalterrolle
in den Einzelwissenschaften. Er solle das Bewußtsein für die
»allgemeinen Grundlagen der Rationalität« (MB 23) wach halten. Das Modell einer in dieser Weise kritisch orientierten Wissenschaft sieht Habermas in der Psychoanalyse. Das wird in
dem Buch »Erkenntnis und Interesse« ausgeführt.

5. *Erkenntnis und Interesse*

Diese erkenntniskritische Schrift wurde ebenfalls 1968 publiziert und entstand im Klima des »Positivismusstreites der deutschen Soziologie«, der seinen Ausgang von der Tübinger Ar-
beitstagung der Deutschen Gesellschaft für Soziologie mit den
beiden Referaten von Adorno und Popper im Oktober 1961
nahm. In dieser Diskussionsatmosphäre gediehen sowohl die
Überlegungen für »Erkenntnis und Interesse« wie für die –
ebenfalls erwähnte – Frankfurter Antrittsvorlesung mit demselben Titel. Die radikale Frage, die die Forschungen von Habermas motivierte, erinnert an das Cartesianische Zweifeln: Mit
welchem Recht wird eigentlich sowohl in Wissenschaft wie im
Alltag der Anspruch objektiver Gültigkeit von Urteilen erhoben? Zur Beantwortung dieser Frage bezieht sich Habermas in
seiner Antrittsvorlesung auf Edmund Husserl: »Mit Husserl
nennen wir eine Einstellung, die theoretische Aussagen naiv auf
Sachverhalte bezieht, objektivistisch. Sie unterstellt die Beziehungen zwischen empirischen Größen, die in theoretischen
Aussagen dargestellt werden, als ein Ansichseiendes; zugleich
unterschlägt sie den transzendentalen Rahmen, innerhalb dessen sich der Sinn solcher Aussagen erst bildet. Sobald die Aussagen relativ zu dem vorgängig eingesetzten Bezugssystem verstanden werden, zerfällt der objektivistische Schein und gibt
den Blick auf ein erkenntnisleitendes Interesse frei.« (TWI 155)
Habermas meint damit, daß wir in Versuchung seien, die erkenntnisleitenden Interessen so zu interpretieren, als würden
sie einem für sich bestehenden Erkenntnisapparat »überge-
stülpt, um präjudizierend in einen Erkenntnisprozeß eigenen
Rechts einzugreifen« (EI 258); so selbstverständlich sei in unserer Kultur schon der Glaube an eine objektive Erkenntnis geworden. Im 20. Jahrhundert, in dem der Glaube an Objektivität
schon ein Anachronismus sein sollte, muß Habermas mit aller
Eindringlichkeit zeigen, daß jeder Forschungsprozeß seinen

Objektbereich nach den erkenntnisleitenden Interessen organisiert, die dem Lebensprozeß entspringen. Die erkenntnisleitenden Interessen entspringen – so wird Habermas es später in der »Theorie des kommunikativen Handelns« formulieren – der Lebenswelt. In dieser Hinsicht ist Habermas an Nietzsche orientiert. Im Erscheinungsjahr von »Erkenntnis und Interesse« veröffentlicht Habermas Nietzsches »Erkenntnistheoretische Schriften«. Im Nachwort stimmt er der Nietzscheschen Überzeugung zu, daß es keine Erkenntnis geben könne, die nicht auf ein Interesse zurückzuführen sei: »Reine Theorie [. . .] aller praktischen Lebensbezüge entbunden [. . .] ist Schein. Denn die Akte der Erkenntnis sind in Sinnzusammenhänge eingelassen, die sich in der Lebenspraxis, im Sprechen und Handeln bedürftiger Wesen, erst konstituieren.« (KuK 244) Habermas zieht für seine Erkenntniskritik also eine Reihe von Kronzeugen aus der Philosophiegeschichte heran.

Der Autor reduziert die einzelnen Erkenntnisinteressen zunächst auf zwei grundlegende. In den empirisch-analytischen Wissenschaften liege ein technisches Erkenntnisinteresse zugrunde. In den historisch-hermeneutischen liege ein praktisches Interesse zugrunde. In beiden Wissenschaftszweigen würden Untersuchungen ausgelöst durch Störungen des routinierten Umgangs entweder mit der Natur oder mit anderen Personen. Beide Forschungsprozesse zielten auf Wiederherstellung unproblematischer Verhaltensweisen. Diese Interessen bestimmten die Blickrichtung, unter der die Wirklichkeit wissenschaftlich objektiviert und damit der Erfahrung allererst zugänglich gemacht werden könne. Hier wird der starke Einfluß des Pragmatismus (William James, John Dewey, Charles S. Peirce und besonders George H. Mead) auf die Habermassche Philosophie deutlich. Habermas hat wesentlich dazu beigetragen, daß diese Philosophen in der Bundesrepublik bekannt wurden, denn er sieht, daß von ihnen emanzipatorische Impulse auf die bundesrepublikanische Kultur ausgehen können (vgl. DNU 54). Ein Kapitel in »Erkenntnis und Interesse« ist der ausführlichen Erörterung der Peirceschen Philosophie gewidmet (vgl. dazu auch McCarthy 78). Vertreter der pragmatischen Richtung würden so formulieren: Der problematisch gewordene Umgang mit der Welt und den in ihr lebenden Menschen motiviert zur Forschung. Gingen wir täglich ohne Probleme durch eine Tür, wären wir nicht veranlaßt, uns diese Tür näher anzusehen. Erst wenn wir die Klinke betätigten und die Tür öffnete sich nicht, wären wir veranlaßt, näher hinzusehen.

Ebenso ergebe sich jeder Forschungsprozeß aus der Alltäglichkeit.

Trotz der Unterschiede, die man bei den Philosophen des amerikanischen Pragmatismus sehen muß (vgl. Martens 42), stimmen alle in der Einsicht überein, daß Denken kein Selbstzweck ist, sondern ein »Problemlösen, das nicht von unserem subjektiven Wollen, sondern von der unabhängigen, wenn auch gemeinsam interpretierten Realität abhängt und nur nach bestimmten Regeln erfolgen kann [. . .] Denken ist kein Selbstzweck, sondern notwendiges Mittel zur Lebensbewältigung.« (ebda 17 und 51) Und Charles Sanders Peirce sagt: »Es muß ein wirklicher und lebendiger Zweifel da sein, ohne ihn ist jede Diskussion wertlos.« (Peirce 158)

Für William James hat die theoretische Reflexion überhaupt nur dann einen Sinn, wenn sich durch sie praktisch etwas verändert. Er stellt vor jede philosophische Reflexion die folgende Frage: »In welcher Beziehung wäre die Welt anders, wenn diese oder jene Alternative wahr wäre? Wenn ich nichts finden kann, das anders würde, dann hat die Alternative keinen Sinn [. . .] Es ist erstaunlich, zu sehen, wie viele philosophische Kontroversen in dem Augenblick zur Bedeutungslosigkeit herabsinken, wo Sie dieselben dieser einfachen Probe unterwerfen, indem Sie nach den konkreten Konsequenzen fragen.« (James 29 ff.) Bertolt Brecht hat dieses pragmatische Prinzip in seinen »Geschichten vom Herrn Keuner« plastisch gemacht: »Einer fragte Herrn K., ob es einen Gott gäbe. Herr K. sagte: ›Ich rate dir, nachzudenken, ob dein Verhalten je nach der Antwort auf diese Frage sich ändern würde. Würde es sich nicht ändern, dann können wir die Frage fallenlassen.« (Brecht 380)

Die Beantwortung der genannten pragmatischen Frage, gibt uns einen Hinweis auf die praktische Relevanz von theoretischen Reflexionen. Um es noch einmal deutlich zu sagen: »Diese Fragen haben Sinn, wenn wir ihnen Sinn geben – d. h. wenn von ihrer Beantwortung irgend etwas weiteres abhängt.« (Rorty 1981, 219)

Allerdings ist die Frage, wie denn die philosophischen Reflexionen praktisch werden können, dadurch nicht beantwortet. Ich will eine Antwort versuchen: Der Anlaß für jede Reflexion ist der problematisch gewordene Umgang mit alltäglichen Selbstverständlichkeiten. Auf der Basis einer solchen Problematisierung abstrahieren wir in der philosophischen Reflexion soweit, daß wir zu abstrakten Bestimmungen kommen. Diese wiederum strukturieren unsere Wahrnehmungen und Handlungen. Peirce erzählt das eindrucksvolle Beispiel, wie sein kleiner Bruder in einer Gefahrensituation in für alle Beteiligten überraschend schneller Weise richtig handelte. Der kleine Bruder – so stellte sich auf Nachfragen heraus – hat sich am vorhergehenden Tag ganz allgemein überlegt, wie es in solchen Situationen richtig wäre zu handeln (vgl. Peirce 320 f.). Allgemeinheit ist für Peirce »ein unerläßlicher Bestandteil der Realität«. (Peirce 448).

William James faßt diesen Sachverhalt noch differenzierter in folgende Wort: Das Abstrakt-Allgemeine ist für die Menschen etwas, »wonach sie ihr Leben ändern, und wenn sie ihr Leben ändern, so rufen sie damit in den Teilen der Außenwelt, die von ihnen abhängen, Veränderungen hervor.« (James 170) »Wissen ist nicht«, wie John Dewey sagt (Dewey 113), »etwas Abgesondertes und Selbstgenügsames, sondern gehört in den Prozeß hinein, durch den sich das Leben erhält und entwickelt.« William James verbindet diese Auffassung mit einer Kritik am Rationalismus: »Der große Fehler des Rationalismus besteht darin, daß er abstrakte Prinzipien als Letztes ansieht, in dessen bewundernder Betrachtung unser Intellekt rührend verweilen mag.« (James 58) Mit der hier von James kritisierten Tradition nun hat Habermas ernsthaft gebrochen und sich am amerikanischen Pragmatismus orientiert (vgl. DNR 33).

»Erkenntnis und Interesse« stellt sich demnach zwei Aufgaben. Einerseits sollen Erkenntnisinteressen freigelegt und scheinbar objektive Erkenntnis destruiert werden, denn Erkenntnis läßt sich nicht von einem realen Interessen- und damit Entstehungszusammenhang lösen. Andererseits soll das Erkenntnisinteresse einer von Habermas im Anschluß an die Kritische Theorie Horkheimers und Adornos neu zu begründenden *kritischen* Wissenschaft offen gelegt werden: Das Interesse einer kritischen Wissenschaft sei das Interesse an Emanzipation. Habermas unterstellt der vernünftigen kritischen Reflexion – wie er schon gegen Gadamer ausführte – emanzipative Kraft, »die das Subjekt in dem Maße, als es sich in seiner Entstehungsgeschichte transparent wird, an sich erfährt« (EI 244). Diese Auffassung unterscheidet Habermas nicht nur von Gadamer, sondern auch von der alten Kritischen Theorie Horkheimers und Adornos, wie Helmut Dubiel plausibel darzustellen weiß (vgl. Z 515). Das Modell für eine kritische Theorie dieser Art sieht Habermas in der Psychoanalyse, in der Forschung und Selbstreflexion gleichzeitig stattfänden. Vernünftige kritische Reflexion setze allerdings einen Vernunftbegriff voraus, der noch zu explizieren sei. Der von Habermas zugrunde gelegte Vernunftbegriff soll nicht durch Setzung anderen gegenübergestellt werden, sondern er soll aus der Lebenswelt rekonstruiert werden. Diese Arbeit der Rekonstruktion kommt erst 13 Jahre nach Erscheinen von »Erkenntnis und Interesse« in der Schrift »Theorie des kommunikativen Handelns« zum Abschluß. Freilich war Habermas in den dazwischenliegenden 13 Jahren über die minutiöse Forschung im Bereich der Sprachtheorie »das Ziel des ganzen Unternehmens aus dem Blick« geraten (TkH 1, 7). Im Mittelpunkt steht in jenem Buch der durch Rekonstruktion aus der Lebenswelt gefundene Vernunftbegriff, der die normative Basis einer kritischen Gesellschaftstheorie bildet. Diese normative Basis wurde in »Erkenntnis und Interesse« noch gesucht.

Obwohl Habermas Freud in »Erkenntnis und Interesse« ausführlich kritisiert, bildet das Modell der Psychoanalyse die Basis seiner später entwickelten Diskurstheorie. Freud selbst sei auf seine Verfahrensweise durch die Kritik an Breuer gekommen. Breuers Patientinnen seien rückfällig geworden, weil sie hypnotisiert wurden und bei ihnen der Prozeß der Selbstreflexion gefehlt habe. »Die hypnotische Freisetzung des Unbewußten kann, weil sie Bewußtseinsvorgänge nur manipuliert und nicht dem Subjekt selbst überantwortet, die Erinnerungsschranken nicht definitiv durchbrechen« (EI 306), sagt Habermas. Freud habe das erkannt und die Kategorien seiner Theorie, der Psychoanalyse, im Prozeß der Reflexion und Selbstreflexion in der Analysesituation entwickelt, d. h. im Gespräch zwischen Patient und Arzt. Dennoch habe Freud – entgegen seiner anfänglichen Überzeugung – diese Kategorien verobjektiviert. Der Maßstab der Habermasschen Kritik an Freud wird vom amerikanischen Pragmatismus bereitgestellt, wie auch hier unschwer zu erkennen ist. Die Kritik von Habermas hat innerhalb der Psychoanalyse zu einer selbstkritischen Diskussion von einiger Bedeutung geführt.

Aus dem Freudschen Modell der »Theoriebildung im Rahmen der Selbstreflexion« entwickelte Habermas – wie gesagt – seine Diskurstheorie. Im Diskurs fänden die Teilnehmer auf der Basis plausibel gemachter Erfahrungen zu einem Konsens (in der Psychoanalyse nennt man ihn Hypothese). Ein im Diskurs gefundener Konsens (oder in der Psychoanalyse die Hypothese) müsse mit der Erfahrungswirklichkeit konfrontiert werden. Die Erfahrungen müßten durch den möglichen Wechsel der Diskursebenen auch der Selbstreflexion ausgesetzt sein. Das

41

geschehe durch abgestuftes Fragen einzelner Diskursteilnehmer auf verschiedenen Diskursebenen etwa derart: Wie komme ich zu meiner Aussage: mit welchem Inhalt ist der Begriff bei mir gefüllt, mit dem ich die Aussage formuliert habe; wie kam ich selbst, lebensgeschichtlich, zu diesem Begriff?

Das Freudsche Modell war für die Kategorienfindung der Habermasschen Gesellschaftstheorie wegweisend. In der kritischen Auseinandersetzung mit anderen Theoretikern und gleichzeitiger Konfrontation der entwickelten Kategorien mit der gesellschaftlichen Realität fand Habermas den in der Lebenswelt und dem dazugehörigen Kommunikationssystem enthaltenen Vernunftbegriff, so wie er in der »Theorie des kommunikativen Handelns« dargestellt ist.

Auch bei Marx sieht Habermas ähnliche Tendenzen zum Objektivismus wie bei Freud. Sie sind aber anderen Ursprungs und divergierender Ausprägung. Hier in »Erkenntnis und Interesse« führt Habermas die Marx-Kritik, die in »Technik und Wissenschaft als ›Ideologie‹« in Ansätzen vorgetragen wurde, aus. Habermas zeigt, daß Marx die beiden verschiedenen Gebiete möglicher Erkenntnis, die menschliche Gesellschaft und die Natur, mit Hilfe des Begriffs Arbeit synthetisiere und sich dann ausschließlich naturwissenschaftlicher Forschungsweise bediene. Durch die Reduktion der Erkenntnis auf das Produktionshandeln des Menschen falle bei Marx die »Reflexion auf die Bedingungen der Möglichkeit von Kompetenzen des erkennenden, sprechenden und handelnden Subjekts« (EI 411) der Gesellschaft völlig heraus. Dadurch werde die Unterscheidung von instrumentellem Handeln gegenüber der Natur und kommunikativem Handeln in der Gesellschaft aufgehoben. Diese Unterscheidung könne man nur aufrechterhalten, indem man die beiden komplementären Gebiete möglicher Erkenntnis differenziere. Habermas plädiert wie schon in »Zur Logik der Sozialwissenschaften« und in »Technik und Wissenschaft als ›Ideologie‹« dafür, daß man diese beiden Erkenntnisbereiche strikt trenne.

»Erkenntnis und Interesse« ist neben »Theorie und Praxis« (1963) die Publikation von Habermas, die die größte Beachtung fand, was darauf zurückzuführen ist, daß sie nicht nur Philosophen ansprach, sondern verschiedenen einzelwissenschaftlichen Diskussionen Impulse gab.

V. Der Mensch erkennt, der Mensch setzt Normen. Wie wird der Mensch?

1. Zur Rekonstruktion des Historischen Materialismus

a) Gegenstand der Untersuchung in RHM

1976 erschien die Schrift »Zur Rekonstruktion des Historischen Materialismus«. In den Aufsätzen dieser Sammlung wird die Marx-Kritik, die wir aus »Technik und Wissenschaft als ›Ideologie‹« und »Erkenntnis und Interesse« bereits kennen, nur noch implizit aufgenommen. Wir finden sie in Formulierungen wie: »Die Regeln des kommunikativen Handelns entwickeln sich wohl in Reaktion auf Veränderungen im Bereich des instrumentellen und strategischen Handelns, aber sie folgen dabei *einer eigenen Logik*.« (RHM 163) Habermas stellt also den Eigensinn des im Marxismus sogenannten Überbaus heraus (vgl. dazu auch DNR 87). Diesen Eigensinn zu untersuchen ist das Interesse bei den Forschungen, die zu diesen Aufsätzen geführt haben. Es handelt sich in »Zur Rekonstruktion . . .« im wesentlichen um evolutionstheoretische und entwicklungspsychologische Untersuchungen. Forschungen zu diesem Thema gehen auch ganz wesentlich in die »Theorie des kommunikativen Handelns« von 1981 ein.

Welchen Status haben diese Forschungen in der Theorie von Habermas? Die evolutionstheoretischen und entwicklungspsychologischen Analysen lösen die Ansprüche ein, die eine kritische Theorie der Gesellschaft an sich selbst stellt. Diese Ansprüche hat Habermas ja im Anschluß an Horkheimer für sich selbst übernommen. In der Einleitung zur Neuausgabe von »Theorie und Praxis« heißt es schon 1971 programmatisch: »Der Historische Materialismus will eine Erklärung der sozialen Evolution leisten, die so umfassend ist, daß sie sich auch noch sowohl auf den Entstehungs- wie auf den Verwendungszusammenhang der Theorie selber erstreckt.« (TuP 9) Nach Habermas' Auffassung hat der Historische Materialismus diese selbst gestellte Aufgabe nur unzureichend erfüllt. Das Moment der Selbstreflexion der Theorie fehlt dort, es tritt zugunsten eines Geschichtsobjektivismus (vgl. RHM 10) zurück. Außerdem herrsche Unklarheit über die normativen Grundlagen der

Marxschen Theorie (vgl. RHM 10). – Wenn Habermas nun seine Theorie des kommunikativen Handelns entwickelt, will er diese Defizite von vornherein vermeiden. Er will selbstreflexiv den Entstehungszusammenhang, aber auch den Verwendungszusammenhang seiner Theorie, der Theorie eines Aufklärers, freilegen, indem er seine Erkenntnisinteressen nennt, die ja den Objektbereich der Theorie festlegen.

Kritisch Stellung beziehend zu den Defiziten der Marxschen Theorie nimmt Habermas diese Aufgabe in Angriff: »Während Marx die evolutionär folgenreichen Lernvorgänge, die die epochalen Entwicklungsschübe auslösen, in der Dimension des objektivierenden Denkens, des technischen und organisatorischen Wissens, des instrumentellen und strategischen Handelns, kurz: der *Produktivkräfte* lokalisiert hat, gibt es inzwischen gute Gründe für die Annahme, daß auch in der Dimension der moralischen Einsicht, des praktischen Wissens, des kommunikativen Handelns und der konsensuellen Regelung von Handlungskonflikten Lernvorgänge stattfinden, die sich in reiferen Formen der sozialen Integration, in neuen *Produktionsverhältnissen* niederschlagen und ihrerseits erst den Einsatz neuer Produktivkräfte möglich machen. [. . .] Kultur bleibt (zwar) ein Überbauphänomen, auch wenn sie beim Übergang zu neuen Entwicklungsniveaus eine Rolle zu spielen scheint, die prominenter ist als viele Marxisten bisher angenommen haben. Diese ›Prominenz‹ erklärt den Beitrag, den die Kommunikationstheorie nach meiner Auffassung für einen erneuerten Historischen Materialismus leisten kann.« (RHM 12) Für Habermas ist die Gesellschaft ein Netzwerk kommunikativer Handlungen (vgl. RHM 12), das bei der Entwicklung der Gesellschaft eine entscheidende Rolle spielt. Der Kernbereich dieser kommunikativen Intersubjektivität sind Recht und Moral (vgl. RHM 13). Darüber hinaus gehören ihr aber auch die kognitive Entwicklung im Bereich der Ontogenese, die von Piaget am »geistreichsten« erklärt worden sei (KuK 144) und die Weltbildentwicklung im Bereich der Phylogenese an, ebenso wie die Entwicklung der Ich-Identität im Bereich der Ontogenese und die Entwicklung kollektiver Identitäten im Bereich der Phylogenese. Beide Gebiete seien aber nicht annähernd so gut untersucht wie die Entwicklung von Rechts- und Moralvorstellungen (vgl. RHM 30).

b) Die Methode der Untersuchung in RHM

Habermas ist überzeugt von einer homologen Entwicklung im Bereich der Phylogenese und der Ontogenese. »Die kognitivistische Entwicklungspsychologie hat für die Ontogenese verschiedene Stufen des moralischen Bewußtseins nachgewiesen, die im einzelnen als präkonventionelle, konventionelle und postkonventionelle Muster der Problemlösung beschrieben werden. Dieselben Muster kehren in der sozialen Evolution der Rechts- und Moralvorstellung wieder. Die ontogenetischen Modelle sind gewiß besser analysiert und bestätigt als ihre sozial-evolutionären Gegenstücke. Daß sich aber in der Gattungsgeschichte homologe Bewußtseinsstrukturen finden, kann nicht überraschen, wenn man bedenkt, daß die sprachlich hergestellte Intersubjektivität der Verständigung die gattungsgeschichtliche Innovation anzeigt, die die Ebene soziokulturellen Lernens erst ermöglicht hat. Auf dieser Ebene sind die Reproduktion der Gesellschaft und die Sozialisation der Gesellschaftsmitglieder zwei Aspekte desselben Vorgangs; sie sind abhängig von denselben Strukturen.« (RHM 13)

Dieses Wechselverhältnis deutet sich für Habermas schon in den beiden Schriften an, die als Vorarbeiten für die Untersuchungen in »Zur Rekonstruktion . . .« gedeutet werden können. Es handelt sich um die Schrift »Stichworte zur Theorie der Sozialisation« aus dem Jahre 1968 und »Notizen zum Begriff der Rollenkompetenz« von 1972. Beide Schriften wurden wiederabgedruckt in »Kultur und Kritik«. In der Schrift zur Rollenkompetenz heißt es, daß Habermas einerseits für die Theorie der Ich-Entwickung aus der Phylogenese noch Evidenzen sammeln wollte (KuK 205), andererseits lernt Habermas aus der Ontogenese für die Evolutionstheorie (vgl. RHM 92 ff., 173, 175)

Habermas spricht sich allerdings für Vorsicht aus, um diese Parallelisierung nicht zu weit zu treiben, denn ihr seien Grenzen gesetzt (vgl. RHM 16, 25)

c) Ergebnisse der Untersuchung in RHM

Folgende These wird vom Autor aufgestellt: *Ziel jeder Sozialisation ist die Entwicklung eines stabilen Ich. Wie diese Entwicklung verläuft, läßt sich am ehesten an der Entwicklung der Moralvorstellungen der Kinder ablesen.* (vgl. RHM 74)

Diese Hypothese wurde gebildet aus für Habermas überzeugenden Ergebnissen in den Theorien von Piaget, Kohlberg, Sullivan, Erikson, Mead und Goffman. Habermas hat aus diesen Theorien die Bedingungen, unter denen sich das Ich entwickelt, zusammengefaßt. Sie lassen sich auch zusammenfassen, weil die Modelle dieser Theoretiker in wesentlichen Punkten übereinstimmen.

Zunächst, was ist Ich-Identität? »In der Identität des Ich drückt sich das paradoxe Verhältnis aus, daß das Ich als Person überhaupt mit allen anderen Personen gleich, aber als Individuum von allen anderen Individuen schlechthin verschieden ist. Daher kann sich die Ich-Identität in der Fähigkeit des Erwachsenen bewähren, in Konfliktlagen neue Identitäten aufzubauen und diese mit den überwundenen älteren Identitäten in Einklang zu bringen, um sich und seine Interaktionen unter Anleitung allgemeiner Prinzipien und Verfahrensweisen in einer einzigartigen Lebensgeschichte zu organisieren.« (RHM 85)

Jede Ich-Identität entwickelt sich unter bestimmten Bedingungen. Diese Bedingungen, die von den genannten Entwicklungspsychologen erforscht wurden, hat Habermas wie folgt zusammengefaßt:

»1) Die Sprach- und Handlungsfähigkeit des erwachsenen Subjekts ist das Ergebnis der Integration von Reifungs- und Lernprozessen, deren Zusammenspiel wir noch nicht hinreichend durchschauen. Wir können die kognitive von der sprachlichen und der psychosexuellen oder motivationalen Entwicklung unterscheiden. Diese motivationale Entwicklung scheint eng mit dem Erwerb einer interaktiven Kompetenz, also der Fähigkeit, an Interaktionen (Handlungen und Diskursen) teilzunehmen, zusammenzuhängen.

  2) Der Bildungsprozeß sprach- und handlungsfähiger Subjekte durchläuft eine irreversible Folge diskreter und zunehmend komplexer Entwicklungsstufen, wobei keine Stufe übersprungen werden kann und jede höhere Stufe im Sinne eines rational nachkonstruierbaren Entwicklungsmusters die vorangehende ›impliziert‹ [. . .]

  3) Der Bildungsprozeß vollzieht sich nicht nur diskontinuierlich, sondern in der Regel krisenhaft. Der Lösung von stufenspezifischen Entwicklungsproblemen geht eine Phase der Entstrukturierung, und teilweise der Regression

voraus. Die Erfahrung der produktiven Auflösung einer Krise, d. h. der Überwindung der Gefahren pathologischer Entwicklungspfade, ist Bedingung für die Bewältigung späterer Krisen [. . .]

4) Die Entwicklungsrichtung des Bildungsprozesses ist durch zunehmende Autonomie gekennzeichnet. Damit meine ich die Unabhängigkeit, die das Ich durch erfolgreiche Problemlösungen und durch wachsende Problemlösungsfähigkeiten im Umgang

    a) mit der Realität der äußeren Natur und einer unter strategischen Gesichtspunkten kontrollierbaren Gesellschaft,

    b) mit der nicht vergegenständlichten symbolischen Struktur einer teilweise verinnerlichten Kultur und Gesellschaft und

    c) mit der internen Natur der kulturell interpretierten Bedürfnisse, der kommunikativ nicht verfügbaren Antriebe und des Leibes erwirbt.

5) Die Identität des Ich bezeichnet die Kompetenz eines sprach- und handlungsfähigen Subjekts, bestimmten Konsistenzforderungen zu genügen. Eine vorläufige Formulierung Eriksons lautet: ›Das Gefühl der Ich-Identität ist das angesammelte Vertrauen darauf, daß der Einheitlichkeit und Kontinuität, die man in den Augen anderer hat, eine Fähigkeit entspricht, eine innere Einheit und Kontinuität aufrechtzuerhalten.‹ [. . .] Die Identität wird durch *Vergesellschaftung* erzeugt, d. h. dadurch, daß sich der Heranwachsende über die Aneignung symbolischer Allgemeinheiten in ein bestimmtes soziales System erst einmal integriert, während sie später durch *Individuierung,* d. h. gerade durch eine wachsende Unabhängigkeit gegenüber sozialen Systemen gesichert und entfaltet wird.

6) Ein wichtiger Mechanismus des Lernens ist die Umsetzung äußerer Strukturen in innere.« (RHM 67/68)

Hiermit hat Habermas die Bedingungen der Ich-Entwicklung genannt. Damit ist aber noch nicht gesagt, wie man diese Entwicklung feststellen kann. Es besteht die Hypothese, »daß die Moralentwicklung ein Teil der für die Ich-Identität entscheidenden Persönlichkeitsentwicklung darstellt.« (RHM 74) Ich-Identität bedeutet, daß man einerseits mit allen anderen der Gesellschaft gleich ist und *mit ihnen kommunizieren und interagieren kann,* d. h. die gesellschaftlichen Moralvorstellungen kennt und teilt, andererseits aber auch die Fähigkeit hat, *sich als unverwechselbares Individuum im Netz moralischer Normen zur Geltung bringen zu können*. Ich-Identität ist also nicht erreicht, wenn nur die Normen der Gesellschaft gekannt und als allgemein geltend anerkannt werden. Dann bleibt man dem bestehenden Normensystem gegenüber unfrei. Ich-Identität ist erst dann erlangt, wenn das Ich seine innere Natur nicht von dem Normensystem fern hält, sondern seine inneren Bedürfnisse im Normengeflecht der Gesellschaft zur Geltung bringen kann.

Die Entwicklung zur Ich-Identität läßt sich an der Entwicklung der Moralvorstellungen ablesen. Es gibt nach Kohlberg drei Stufen der Entwicklung: die präkonventionelle Ebene, die konventionelle Ebene und die postkonventionelle Ebene.

Auf der präkonventionellen Ebene reagiert das Kind bereits auf kulturelle Regeln. Doch es versteht sie als Maßstäbe für lustbetonte Konsequenzen (Bestrafung, Belohnung) oder im Sinne der physischen Macht von Personen, die diese Regeln zur Geltung bringen (Eltern und Lehrer).

Auf der konventionellen Ebene werden die Regeln als Selbstzweck einer Gruppe gewertet ohne Berücksichtigung der Konsequenzen. Die Haltung ist geprägt durch Unterstützung, Rechtfertigung und Aufrechterhaltung der Ordnung. Es besteht eine Identifikation mit den Personen oder Gruppen, die als Träger dieser Ordnung gelten.

Die postkonventionelle Ebene ist die Ebene, auf die es Habermas ankommt. Hier zeigt sich, daß unabhängig von Konsequenzen und Identifikationen mit Gruppen oder Personen ein Bemühen besteht, moralische Werte und Normen zu bestimmen.

»Jeder Einzelne soll monologisch die Verallgemeinerung der jeweiligen Norm prüfen. Das entspricht Kohlbergs Stufe 6 (conscience orientation). Erst auf der Stufe einer universalen Sprachethik können auch die Bedürfnisinterpretationen selber, also das, was jeder Einzelne als seine ›wahren‹ Interessen verstehen und vertreten und vertreten zu sollen glaubt, Gegenstand des praktischen Diskurses werden.« (RHM 84/85)

Gegenüber Kohlberg führt Habermas eine Stufe 7 ein. Es ist die Stufe, auf der die Normen nicht mehr monologisch, sondern diskursiv überprüft werden. Beide Schemata, das Kohlbergsche und das Habermassche werden hier wiedergegeben (RHM 75 und 83).

Erläuterung der Stufen des moralischen Bewußtseins (Kohlberg)

Kognitive Voraussetzungen	Stufen des moralischen Bewußtseins	Idee des guten und gerechten Lebens	Sanktionen	Geltungsbereich
IIa Konkret-operationales Denken	1. punishment-obedience orientation	Lustmaximierung durch Gehorsam	Strafe (Entzug von physischen Belohnungen)	natürliche und soziale Umwelt (nicht differenziert)
	2. instrumental hedonism	Lustmaximierung durch Äquivalententausch		
IIb Konkret-operationales Denken	3. good-boy orientation	Konkrete Sittlichkeit befriedigender Interaktionen	Scham (Entzug von Liebe und sozialer Anerkennung)	Gruppe der primären Bezugspersonen
	4. law and order orientation	Konkrete Sittlichkeit eines eingelebten Normensystems		Angehörige des politischen Verbandes
III Formal-operationales Denken	5. social-contractual legalism	staatsbürgerliche Freiheit und öffentl. Wohlfahrt	Schuld (Reaktion des Gewissens)	Rechtsgenossen überhaupt
	6. ethical-principled orientation	moralische Freiheit		Privatleute überhaupt

Rollenkompetenz und Stufen des moralischen Bewußtseins (*Habermas*)

Alters-stufen	Niveau der Kommunikation		Reziprozitäts-forderung	Stufen des moralischen Bewußtseins	Idee des guten Lebens	Geltungs-bereich	Philosophische Rekonstruk-tionen	Alters-stufen
I	Handlungen und Handlungs-folgen	generalisierte Lust/Unlust	unvoll-ständige Reziprozität	1	Lustmaximierung/ Unlustvermeidung durch Gehorsam	natürliche und soziale Umwelt		IIa
I	Handlungen und Handlungs-folgen	generalisierte Lust/Unlust	voll-ständige Reziprozität	2	dto. durch Austausch von Äquivalenten	natürliche und soziale Umwelt	Naiver Hedonismus	IIa
II	Rollen	Kulturell interpretierte Bedürfnisse	unvoll-ständige Reziprozität	3	Konkrete Sittlichkeit primärer Gruppen	Gruppe der primären Bezugspersonen		IIb
II	Normen-systeme	(konkrete Pflichten)	Reziprozität	4	Konkrete Sittlichkeit sekundärer Gruppen	Angehörige des poli-tischen Verbandes	Konkretes Ordnungs-denken	IIb
III	Prin-zipien	universalis. Lust/Unlust (Nutzen)	voll-ständige Reziprozität	5	staatsbürgerl. Freiheiten öff. Wohlfahrt	alle Rechtsgenossen	Rationales Naturrecht	III
III	Prin-zipien	universalis. Pflichten	voll-ständige Reziprozität	6	moralische Freiheit	alle Menschen als Privatpersonen	Forma-listische Ethik	III
III	Prin-zipien	universalis. Bedürfnisin-terpretationen		7	moralische und politische Freiheit	alle als Mitglieder einer fiktiven Weltgesellschaft	Universale Sprachethik	III

Wie mit gezielten Fragen die Einstellung zum Normensystem geprüft werden kann, haben die Mitarbeiter von Habermas Rainer Döbert und Gertrud Nunner-Winkler (Adoleszenzkrise und Identitätsbildung, Frankfurt 1975) gezeigt. Hier Beispiele für alle drei Ebenen (I = InterviewerIn, VP = Versuchsperson)

Präkonventionelle Ebene
I.:   »Muß man sich an ein Gesetz halten, wenn man es nicht richtig findet?

VP: Ja, das kommt auf die Umstände an, ich meine, wie soll ich das sagen, es gibt Gesetze, an die muß man sich halten, weil eben die Strafen oder Repressalien, oder wie man das nennen will, daß die eben so sind . . .«

Konventionelle Ebene
I.:   »Finden Sie den § 218 richtig?
VP: In der heutigen Zeit wohl nicht mehr.
I.:   In der heutigen Zeit wohl nicht mehr?
VP: Ja, ich weiß, es klingt etwas komisch, aber jeder ist da wohl heute so aufgeklärt und auch die Medizin so weit fortgeschritten, daß da keine Bedenken mehr meiner Meinung nach vorherrschen.«

Postkonventionelle Ebene
Die Frage zielte auf die Möglichkeit der Kriegsdienstverweigerung an einen Offiziersanwärter:
VP: »Wenn ich den Kriegsdienst verweigert hätte, hätte ich mich selbst in meiner Persönlichkeit belogen, weil ich von der Existenz der Bundeswehr überzeugt bin.«
(Alle Zitate S. 123–125)

Diese Fragen wurden an Kriegsdienstverweigerer und an Offiziersanwärter gestellt, also an eine ältere Altersgruppe. Hieran zeigt sich, daß die Entwicklung der Ich-Identität nicht altersmäßig kontinuierlich abläuft, sondern einen Zusammenhang mit der unverwechselbaren Biographie des Individuums hat.

Habermas wendet nun die Ergebnisse seiner bisherigen Untersuchungen im Bereich der Ontogenese auf den Bereich der Phylogenese an. Er hatte zunächst von drei Entwicklungsbereichen innerhalb der Erlangung der interaktiven Kompetenz gesprochen. Dabei bildet die Entwicklung des Moralbewußtseins den Kern, der mit der Entwicklung des Ich und der Gruppenidentität verwoben ist. Angewendet auf die Evolutionstheorie ergeben sich drei entsprechende Bereiche:

»a) allgemeine Handlungsstrukturen;
b) Weltbildstrukturen, soweit sie für Recht und Moral bestimmend sind,
und
c) Strukturen des *institutionalisierten* Rechts und der *bindenden* Moralvorstellungen.

Neolithische Gesellschaften: a) *konventionell* strukturiertes Handlungssystem (die symbolische Realität ist nach Handlungs- und Normebenen abgestuft); b) mythische Weltbilder, noch unmittelbar mit dem Handlungssystem verschränkt (mit *konventionellen* Lösungsmustern für moralische Handlungskonflikte); c) rechtliche Konfliktregelung unter *präkonventionellen* Gesichtspunkten (Bewertung der Handlungsfolgen, Kompensation des entstandenen Schadens, Wiederherstellung des status quo ante).

Frühe Hochkulturen: a) *konventionell* strukturiertes Handlungssystem; b) ein von Handlungssystem abgehobenes mythisches Weltbild, das Legitimationsfunktion für Inhaber von Herrschaftspositionen übernimmt; c) Konfliktregelung unter Gesichtspunkten einer *konventionellen*, an die rechtsprechende oder Gerechtigkeit repräsentierende Herrscherfigur gebundene Moral (Bewertung nach Handlungsintentionen, Übergang von Vergeltung zu Strafe, von Solidar- zu Individualhaftung).

Entwickelte Hochkulturen: a) *konventionell* strukturiertes Handlungssystem; b) Bruch mit dem mythischen Denken, Ausbildung rationalisierter Weltbilder (mit *postkonventionellen* Rechts- und Moralvorstellungen); c) Konfliktregelung unter Gesichtspunkten einer von der Bezugsperson des Herrschers abgelösten konventionellen Moral (ausgebautes System der Rechtsprechung, traditionsabhängiges, aber systematisiertes Recht).

Moderne: a) *postkonventionell* strukturierte Handlungsbereiche: Ausdifferenzierung eines universalistisch geregelten Bereichs strategischen Handelns (kapitalistischer Betrieb, bürgerliches Privatrecht). Ansätze zu einer prinzipiell begründeten politischen Willensbildung (formale Demokratie); b) *universalistisch* durchgebildete Legitimationsdoktrinen (rationales Naturrecht); c) Konfliktregelung unter Gesichtspunkten einer strikten *Trennung von Legalität und Moralität;* allgemeines, formales und durchrationalisiertes Recht, prinzipiengeleitete Privatmoral.« (RHM 172/173)

Karl-Otto Apel, der an diesem Gegenstand ebenso interessiert ist wie Habermas und der mit ihm gemeinsam diesen Untersuchungsgegenstand erforschte, kommt zu einem ähnlichen Ergebnis, das hier als Zusammenfassung des Bisherigen wiedergegeben wird:

»Stimmt die hypothetische Annahme, dann müßte es uns gelingen, analog zur ontogenetischen Moralentwicklung, folgende zwei Reifungskrisen in der Geschichte der Menschheit zu ermitteln:

1. Reifungskrise: Übergang von der vorkonventionellen zur konventionellen Moral
2. Reifungskrise: Übergang von der konventionellen zur nachkonventionellen Moral

[...]

Wenn überhaupt eine Analogie zwischen der ontogenetischen und der phylogenetischen Moralentwicklung unterstellt werden kann, dann haben wir es bei den sozial- und geistesgeschichtlichen Aufklärungsbewegungen seit der griechischen Sophistik mit der Erscheinung dessen zu tun, was wir als ›Adoleszenzkrise der Menschheit‹ bezeichnen könnten. Und es ist gewiß nicht anzunehmen, daß die Probleme und Schwierigkeiten des – noch heute keineswegs abgeschlossenen – Übergangs der Menschheit zur nachkonventionellen Moral geringer oder unkomplizierter waren, als es die Probleme der Adoleszenzkrise der einzelnen Menschen noch heute sind.« (Apel 1980, 28 f)

2. »Moralentwicklung und kommunikatives Handeln« und »Moral und Sittlichkeit«

Da »Recht und Moral den Kernbereich« (RHM 13) des kommunikativen Handelns bilden, will ich hier gleich auf die Bedeutung der eben referierten Untersuchungen für eine Diskursethik hinweisen. Diese Untersuchungen legt Habermas in seinem 1983 erschienenen Band »Moralbewußtsein und kommunikatives Handeln« dem Titelaufsatz zugrunde. Auch nach Erscheinen dieser Publikation widmet Habermas sich in verschiedenen Aufsätzen u. a. in »Moral und Sittlichkeit« von 1985 dem Thema »Moral« und bestätigt damit auch die Ausgangshypothese meiner hier vorliegenden Monographie. Ich komme zusammenfassend noch einmal auf die Untersuchungsergebnisse in »Zur Rekonstruktion . . .« zurück. Wir erinnern uns:

53

Ziel jeder Sozialisation ist die Entwicklung eines stabilen, autonomen Ich. Was bedeutet diese Ich-Identität? Habermas gibt darauf folgende Antwort: »In der Identität des Ich drückt sich das paradoxe Verhältnis aus, daß das Ich als Person überhaupt mit allen anderen Personen gleich, aber als Individuum von allen anderen Individuen schlechthin verschieden ist.« (RHM 85) Bis zur Erreichung einer solchen Identität durchläuft nach dem genannten Schema von Kohlberg jeder Mensch drei Stufen. Im Durchgang durch eine solche Entwicklung ist die stabile Ich-Identität nicht schon dadurch erreicht, daß die Normen der Gesellschaft bloß anerkannt werden (wobei es nach Kohlberg verschiedene Gründe für die Anerkennung gibt), sondern das stabile Ich weist sich dadurch aus, daß es sich mit seinen eigenen individuellen Bedürfnissen in die gesellschaftliche Normdiskussion einbringen kann, denn »solange sich das Ich von seiner inneren Natur abschnürt und die Dependenz von Bedürfnissen, die auf angemessene Interpretationen noch warten, verleugnet, bleibt die noch so sehr durch Prinzipien geleitete Freiheit gegenüber bestehenden Normensystemen in Wahrheit unfrei.« (RHM 74) Wir haben gesehen, daß ein in dieser Weise stabiles Ich mit den anderen der Gesellschaft soweit gleich ist, daß es mit ihnen kommunizieren und interagieren, sich aber gleichzeitig als unverwechselbares Individuum und eben mit seinen ureigenen Bedürfnissen zur Geltung bringen kann. Eine so geartete Auffassung von einem stabilen Ich kann Habermas nur auf der Basis der Einsichten von George Herbert Mead entwickeln, die ich in einer für unseren Zusammenhang angemessenen Kürze referieren will.

Die Entwicklung jedes einzelnen Menschen in einer Gesellschaft beschreibt Mead als einen Prozeß der Orientierung an anderen. Das Individuum ist zunächst ein anderes bevor es es selbst wird. Als selbstgewordenes Individuum kann es als generalisierter Anderer auch zu sich selbst Stellung nehmen. So bewertet es auch seine sozialen Handlungen von der Warte der sozialen Ganzheit aus. Der einzelne Mensch ist immer zugleich auch das Ganze und dennoch davon immer ein wenig verschieden. Diese Differenz kann als Kreativitätsspielraum bezeichnet werden. Mead sagt weiter: »Zusammen bilden sie eine Persönlichkeit, wie sie in der gesellschaftlichen Erfahrung erscheint. Die Identität ist im wesentlichen ein gesellschaftlicher Prozeß, der aus diesen beiden unterscheidbaren Phasen besteht. Gäbe es diese beiden Phasen nicht, so gäbe es keine bewußte Verantwortung und auch keine neuen Erfahrungen.« (Mead 221) Habermas schließt daran an und erläutert:

»Sprach- und handlungsfähige Subjekte werden [. . .] als Individuen allein dadurch konstituiert, daß sie als Mitglieder einer jeweils besonderen Sprachgemeinschaft in eine intersubjektiv geteilte Lebenswelt hineinwachsen. In kommunikativen Bildungsprozessen bilden und erhalten sich die Identität des Einzelnen und die des Kollektivs *gleichursprünglich*. Mit dem System der Personalpronomina ist nämlich in den verständigungsorientierten Sprachgebrauch der sozialisatorischen Interaktion ein unnachgiebiger Zwang zur Individuierung eingebaut; über dasselbe Medium der Alltagssprache kommt aber zugleich die vergesellschaftende Intersubjektivität zum Zuge.« (MuS 1043) Auch in der Kommunikation drückt sich die Paradoxie aus, daß das Ich mit allen anderen gleich und dennoch von ihnen verschieden ist.

Bevor ich nun zur Habermasschen Diskursethik komme, füge ich einen kleinen Exkurs zur Humboldtschen Sprachphilosophie ein, weil ich der Auffassung bin, daß dadurch die Konzeption von Habermas, die sich auf die Philosophie von Mead stützt, klarer wird. Von Wilhelm von Humboldt sagte Habermas 1986, daß er die Meadsche Pointe schon hundert Jahre vorher entdeckt habe (vgl. Entgegnung 332).

In einem Brief an Schiller teilt Humboldt mit, daß durch die Sprache die Gegenstände der Welt, aber auch die Bildung des eigenen Selbst erfolge: »Die Sprache ist [. . .] das Mittel, durch welches der Mensch zugleich sich selbst und die Welt bildet oder vielmehr seiner dadurch bewußt wird, daß er eine Welt von sich abscheidet.« (Schiller 207) Denken ist nach Humboldts Auffassung ohne Sprache nicht möglich. Für ihn ist »das Sprechen eine notwendige Bedingung des Denkens« (VI, 155). »Der Mensch spricht sogar in Gedanken, nur mit einem Andren, oder mit sich, wie mit einem Andren.« (VI, 25) Wir können gar nicht anders als in sprachlich-argumentativer Weise denken. Und: »Zwischen Denkkraft und Denkkraft [. . .] giebt es keine andre Vermittlerin, als die Sprache.« (VI, 26) Sprache nun ist ein Verhältnis zwischen mindestens zwei Menschen: »Die Sprache muss nothwendig [. . .] zweien angehören« (VI, 180) oder »die Sprache richtet ferner den in Worte gefassten Gedanken immer an einen Andren, äusserlich wirklich vorhanden oder im Geiste gedachten.« (VI, 346) Und darum ist Sprache ein soziales Verhältnis, denn sie »entwickelt sich [. . .] nur gesellschaftlich« (VI, 155). »Im Menschen [. . .] ist das Denken wesentlich an gesellschaftliches Daseyn gebunden.« (VI, 160) Und man müsse betonen, meint Humboldt, »wie gering eigentlich die Kraft des Einzelnen gegen die Macht der Sprache ist.« (VI, 182) Dennoch ist der Mensch Individuum. Er hat eine unverwechselbare kontingente Geschichte, die ihn von jedem anderen Menschen unterscheidet. Auch dies läßt sich an jedem Sprachsystem ablesen. Wie Habermas erläuterte, vereinzelt die Sprache über das System der Personalpronomina. Dieselbe Sprache vergesellschaftet aber im gleichen Zuge. »Uno actu vergesellschaftet und individuiert« sie (Entgegnung 332). Die Sprache »verbindet, indem sie vereinzelt« (VI, 125), sagt Wilhelm von Humboldt. Hierin liege aber auch die Ursache für die Schwierigkeit der Verständigung. Da wir alle die gleiche Sprache sprechen, gehen wir davon aus, daß wir uns verstehen. Doch hat das Sprachsystem eines jeden einzelnen Menschen eine eigene Geschichte und jeder einzelne Satz, den jemand äußert, sei ein Satz aus einem individuellen Sprachgefüge, das so mit niemandem geteilt werde. »Alles Verstehen ist daher immer zugleich ein Nichtverstehen.« (VI, 183)

Die abstrakt-allgemeinen Normen und die Schwierigkeit der Vermittlung mit dem Einzelnen in einer deontologischen Ethik wird abgelöst durch einen durchaus erfaßbaren Interaktionszusammenhang, den Habermas unter Rückgriff auf Humboldt und Mead ermittelt.

Das führt uns zum Konzept der »Diskursethik«: Als Argumentationsteilnehmer in einem Normendiskurs »wird jeder auf sich gestellt und bleibt doch in einem universalen Zusammenhang eingebettet [. . .] Das diskursiv erzielte Einverständnis hängt gleichzeitig ab von dem nicht-substituierbaren ›Ja‹ oder ›Nein‹ eines jeden Einzelnen wie auch von der Überwindung seiner egozentrischen Perspektive. Ohne die uneingeschränkte individuelle Freiheit der Stellungnahme zu kritisierbaren Geltungsansprüchen kann eine faktisch erzielte Zustimmung nicht wahrhaft allgemein sein; ohne die solidarische Einfühlung eines jeden in die Lage aller anderen wird es zu einer Lösung, die allgemeine Zustimmung verdient, gar nicht erst kommen können. Das Verfahren diskursiver Willensbildung trägt dem inneren Zusammenhang beider Aspekte Rechnung – der Autonomie unvertretbarer Individuen und ihrer Einbettung in intersubjektiv geteilte Lebensformen. Die gleichen Rechte der Individuen und die gleichmäßige Achtung ihrer persönlichen Würde werden von einem Netz interpersonaler Beziehungen und reziproker Anerkennungsverhältnisse getragen. Andererseits bemißt sich die Qualität des Zusammenlebens nicht nur am Grad der Solidarität und dem Stand der Wohlfahrt, sondern auch daran, wie weit die Interessen eines jeden Einzelnen im allgemeinen Interesse *gleichmäßig* berücksichtigt werden.« (MuS 1046 und vgl. DNR 111 und 121)

In der Diskursethik finden Bedürfnisse eines jeden Einzelnen Berücksichtigung (vgl. dazu auch DNR 142 ff.). Hier ist der Kritik Hegels und Schillers an Kant Rechnung getragen, der nach Meinung seiner Kritiker den Wert einer sittlichen Handlung lediglich darin sähe, daß sie aus Pflicht geschähe, was bedeute, daß man aus Achtung vor dem Sittengesetz und in Unterwerfung unter dieses Gesetz mit Ausschluß individueller Bedürfnisse und Neigungen handle. Insofern hat die individuelle Freiheit in der Diskursethik ein noch stärkeres Recht als bei Kant.

Dennoch handelt es sich bei der Formulierung des Grundsatzes der Diskursethik um eine Formulierung, die sich an den Kategorischen Imperativ Kants anlehnt und auch dessen starken Anspruch hat, nämlich universell zu gelten. Diese universale Geltung wird dadurch erlangt, daß das Moralprinzip auf das Verfahren der moralischen Argumentation – wie im später zu erörternden praktischen Diskurs (vgl. Kap. IV, 2) – bezogen wird. Die Diskursethik »stellt den Grundsatz auf: daß nur diejenigen Normen Geltung beanspruchen dürfen, die die Zustimmung aller Betroffenen als Teilnehmer eines praktischen Diskurses finden könnten. Zugleich wird der Kategorische Imperativ zu einem Universalisierungsgrundsatz herabgestuft, der in praktischen Diskursen die Rolle einer Argumentationsregel übernimmt: bei gültigen Normen müssen Ergebnisse und Nebenfolgen, die sich aus einer allgemeinen Befolgung für die Befriedigung der Interessen eines jeden ergeben, von allen zwanglos akzeptiert werden können.« (MuS 1041) Oder anders formuliert heißt der Grundsatz der Diskursethik: Nur solche Normen können allgemeine Anerkennung und somit gesellschaftliche Gültigkeit erlangen, deren Folgen alle Betroffenen tragen wollen, ganz gleich, ob sie nun im einen Fall die Norm aktiv anwenden oder zu einer anderen Zeit von der Anwendung passiv betroffen werden.

Später wird die Frage, was denn im Zusammenhang der Diskursethik Universalismus bedeute, nicht nur verfahrensbezogen-formal, sondern inhaltlich beantwortet: »Daß man die eigene Existenzform an den legitimen Ansprüchen anderer Lebensformen relativiert, daß man den Fremden und den Anderen mit allen ihren Idiosynkrasien und Unverständlichkeiten die gleichen Rechte zugesteht, daß man sich nicht auf die Verallgemeinerung der eigenen Identität versteift, daß man gerade nicht das davon Abweichende ausgrenzt, daß die Toleranzbereiche unendlich viel größer werden müssen, als sie es heute sind – alles das heißt moralischer Universalismus.« (DNR 153)

Demnach hängt die Freiheit des Einzelnen im Zusammenleben mit anderen von der Verwirklichung der Freiheit aller vergesellschafteten Individuen ab. Insofern »unterscheidet sich das diskursive Verfahren von einem Moralprinzip, das wie der Kategorische Imperativ von Haus aus auf eine monologische Anwendung zugeschnitten ist.« (DNR 111)

Intelligibles und Sinnliches, Freiheit des Einzelnen und Freiheit aller wird nicht mehr in zwei Bereiche getrennt. Weiter sind universale Geltung der Norm und partikulare Grundlage für die Entstehung der Norm nicht zwei verschiedene Bereiche: »Jede universalistische Moral ist auf *entgegenkommende* Lebensformen angewiesen. Sie bedarf einer gewissen Übereinstimmung mit Sozialisations- und Erziehungspraktiken, welche in den Heranwachsenden stark internalisierte Gewissenskontrollen anlegen und verhältnismäßig abstrakte Ich-Identitäten fördern. Eine universalistische Moral bedarf auch einer gewissen Übereinstimmung mit solchen politischen und gesellschaftlichen Institutionen, in denen postkonventionelle Rechts- und Moralvorstellungen bereits verkörpert sind [. . .] Andererseits ist die schrittweise Verkörperung von moralischen Grundsätzen in konkreten Lebensformen nicht eine Sache, die man wie Hegel dem Gang des absoluten Geistes anvertrauen dürfte. Sie verdankt sich in erster Linie den kollektiven Anstrengungen und Opfern sozialer und politischer Bewegungen [. . .] Überall wo die bestehenden Verhältnisse für Forderungen einer universalistischen Moral der pure Hohn sind, verwandeln sich moralische Fragen in Fragen der politischen Ethik.« (MuS 1049–1051 und vgl. DNR 112)

Die diskursethischen Überlegungen zusammenfassend, kommt man zu dem Ergebnis, daß die *Wirklichkeit der Freiheit darin besteht, daß das autonome und zugleich sozialisierte Individuum sich mit seinen Bedürfnissen und Neigungen in ein bestehendes Normengefüge einbringen kann und auch Gehör findet.* Dies ist auf der Basis der genannten diskursiven Verfahrensregeln möglich.

An diese Überlegungen knüpft Habermas auch wieder 1990 an, und er gibt hierbei einen Ausblick auf seine in den neunziger Jahren zu erwartenden Arbeiten, die der Rechtsphilosophie gewidmet sein werden. Die Richtung deutet sich in Arbeitshypothesen an, die formuliert werden in Auseinandersetzung mit dem fundamentalistischen Normativismus von Höffe, der sich mit seiner an Kants deontologischen Ethik orientierten Auffassung, »den Weg zu einer intersubjektivistischen Auffassung, die Einsichten eines G. H. Mead aufnimmt«, verstelle (DNR 78).

Seine in der Diskursethik entfaltete Auffassung wendet Habermas auch auf die staatlichen Rechtsverhältnisse an, indem er gegen Höffe folgende Überlegungen ins Feld führt: »Weil der Gesetzgebungspraxis selbst eine vernünftige Struktur eingeschrieben ist, braucht die herrschaftslegitimierende Vernunft dem souveränen Willen des Volkes nicht vor- und übergeordnet zu werden« (DNR 80), etwa in der Person eines unparteiischen Richters oder idealen Beobachters. Damit verfehle Höffe – so Habermas – »die diskursethische Pointe, daß eine strittige Praxis oder Regel nur dann gültig ist, wenn sie die Zustimmung der Betroffenen *selber* finden könnte – nämlich unter solchen Diskursbedingungen, die alle Teilnehmer nötigen, auch die Perspektive eines jeden anderen einzunehmen [. . .] Allein aus dieser Perspektive einer höherstufigen Intersubjektivität, die den Zugang zum intuitiven Wissen der Beteiligten nicht abschneidet und deren Ja-/Nein-Stellungnahmen nicht präjudiziert, läßt sich unparteilich beurteilen, was *gleichermaßen gut* für alle ist.« (DNR 74) – Eine Auffassung also, die Habermas dreißig Jahre früher schon in »Student und Politik« (vgl. KuK 13) – wie weiter oben erörtert – vertreten hat.

Nach Habermas' Auffassung bilden Recht und Moral zwar den Kernbereich (vgl. RHM 13) des kommunikativen Handelns, sie können aber allein nicht zur Erforschung seiner Strukturen herangezogen werden. Eine systematische Analyse der Sprache bedarf weitergehender Untersuchungen, denen Habermas sich in den siebziger Jahren, in denen auch die eben dargestellten evolutionstheoretischen und entwicklungspsychologischen Analysen entstanden, mit ganzer Intensität zuwendet. Die Ergebnisse liegen vor allem in den beiden großen nun zu besprechenden Aufsätzen vor, die wie kaum andere Arbeiten von ihm internationale Resonanz und Beachtung fanden.

VI. Wahrnehmungen ohne Begriffe sind blind, oder: Die Bedeutung der Sprache für die Menschwerdung

1. Was heißt Universalpragmatik?

In seiner Auseinandersetzung mit der Systemtheorie Luhmanns und dort besonders in dem Aufsatz »Vorbereitende Bemerkungen zu einer Theorie der kommunikativen Kompetenz« (GS 101–141) und in der Auseinandersetzung mit Gadamers Hermeneutikauffassung legte Habermas schon – wie Gadamer bemerkte – »das breite Fundament« (HI 303) für die später zu entwickelnde Theorie des kommunikativen Handelns. Die Ansätze, die sich hier finden, sind in den zwei Aufsätzen weitergeführt worden, die den substantiellen Kern der Habermasschen Theorie überhaupt enthalten. Es sind die Aufsätze »Wahrheitstheorien« von 1972 und »Was heißt Universalpragmatik?« von 1976. In beiden Aufsätzen ist das, was den systematischen Gehalt der späteren »Theorie des kommunikativen Handelns« von 1981 ausmacht, entwickelt.

Wir finden bereits in dem Aufsatz »Vorbereitende Bemerkungen . . .« kurze Erörterungen zur Sprechakttheorie und zur Klassifizierung der Sprechakte, zur Diskurstheorie, zur Konsensustheorie der Wahrheit und Ausführungen zur idealen Sprechsituation. Diese Theorieelemente werden in den beiden Aufsätzen von 1972 und 1976 ausführlich erörtert.

In dem Aufsatz »Was heißt Universalpragmatik?« lesen wir am Anfang einige Vorbemerkungen zur Methode der Rekonstruktion, die Habermas in »Zur Logik der Sozialwissenschaften« in Abgrenzung zu anderen sozialwissenschaftlichen Methoden gefunden hatte. Was er dort noch in Ergänzung zur empirischen Forschung »transzendentalphilosophische Reflexion« nannte, wird jetzt »rationale Rekonstruktion« genannt. Was ist der Gegenstand rationaler Rekonstruktion? »Während Kritik sich auf Partikulares richtet, behandeln Rekonstruktionen anonyme Regelsysteme, denen jedes Subjekt folgen kann, sofern es die erforderlichen Kompetenzen erworben hat.« (McCarthy 120)

Rekonstruktionen beziehen sich immer auf ein vortheoretisches Wissen allgemeiner Art (vgl. Vorstudien 370), also auf ein Wissen, das in praktischer Umsetzung nicht eigens thematisiert wird. Beispielsweise verhalten wir uns im Alltag anderen Menschen gegenüber nach den kulturell-gesellschaftlichen Regeln, ohne sie in diesem Moment, in dem wir sie anwenden, zu wissen. Oder wir bilden grammatikalisch richtige Sätze, ohne daß wir die grammatikalischen Regeln in diesem Augenblick vor Augen haben. Ja, es kann sein, daß wir diese grammatikalische Regel, nach der wir verfahren, gar nicht formulieren können. Zur Verdeutlichung will ich ein hübsches Beispiel von Paul Lorenzen bringen, das sich auf die formale Logik bezieht: »Schon fünfjährige Kinder schließen mit der größten Bequemlichkeit. Liest man etwa einem Kinde aus der Speisekarte in einem Restaurant vor, es könne Eis oder Schokolade bekommen, und fügt der Kellner dann hinzu, Eis könne es heute leider nicht bekommen, so schließt das Kind bestimmt sofort, also könne es Schokolade bekommen.« (Lorenzen 9) So können wir alle – nicht nur fünfjährige Kinder – logisch schließen, ohne die Regeln der formalen Logik zu kennen. Die Regeln der formalen Logik sind das vortheoretische Wissen für unser alltägliches logisches Schließen, das wir wie das fünfjährige Kind vollziehen. Auf ein solches vortheoretisches Wissen beziehen sich Rekonstruktionen. Was bedeutet es aber nun, daß diese Regeln von Habermas als allgemeine ausgezeichnet werden? Habermas spricht davon, daß sich Rekonstruktionen auf ein universelles Können beziehen. Das bedeutet, daß sie sich *nicht* beziehen »auf besondere Kompetenzen einzelner Gruppen (z. B. die Fähigkeit, Sätze in einem niederdeutschen Dialekt zu äußern oder Probleme der Schwerionenphysik zu lösen) oder gar auf die Fähigkeit bestimmter Individuen (z. B. in der Mitte des 20. Jahrhunderts noch einen vorbildlichen Entwicklungsroman zu schreiben).« (Vorstudien 370) Nein, die Rekonstruktion bezieht sich auf ein allgemeines vortheoretisches Wissen, das wir alle gleichermaßen haben. Auf dieser Basis ruhen unsere theoretischen Äußerungen und unsere praktischen Interaktionen. Dieses zu rekonstruierende vortheoretische Wissen unterscheidet sich von dem durch Kant rekonstruierten transzendentalen Rahmen, in dem unsere Wahrnehmung und unser Denken stattfinden, dadurch, daß die universalpragmatische Rekonstruktion »als hypothetischer Vorschlag betrachtet (wird), der anhand neuer Erfahrungen getestet werden kann.« (Vorstudien 380) Auch Schnädelbach spricht in diesem Zusammenhang im Anschluß an Gilbert Ryle sehr treffend von einem »Belastungstest« (Schnädelbach 1985, 502). Halten die rekonstruierten Begriffe und Kategorien dieses vortheoretischen Systems neuen

Erfahrungen nicht stand, müssen sie erneut geprüft werden. Demnach wird ein ständiger Wechsel zwischen Begriffsarbeit und Erfahrung gefordert. In diesem Punkt unterscheiden sich die Theorien von Habermas und Apel, worauf ich weiter unten im Kapitel VII eingehen werde.

Welches allgemeine vortheoretische Regelsystem will Habermas rekonstruieren? »Die Universalpragmatik hat die Aufgabe, universale Bedingungen möglicher Verständigung zu identifizieren und nachzukonstruieren. In anderen Zusammenhängen sprcht man auch von ›allgemeinen Kommunikationsvoraussetzungen‹; ich spreche lieber von allgemeinen Voraussetzungen kommunikativen Handelns.« (Vorstudien 353)

Bevor ich mich dem Habermasschen Untersuchungsgegenstand im einzelnen zuwende, will ich die Frage beantworten, mit welchem Ziel Habermas diese Analyse vornimmt. Dies deshalb, um der Gefahr zu entgehen, die Habermas später erst in der »Theorie des kommunikativen Handelns« sieht und anspricht: Es wird allzuleicht möglich, daß über den »Details das Ziel der ganzen Untersuchung aus dem Blick« gerät (TkH 1, 7).

Ausgangspunkt für Habermas ist die im Zusammenhang der Arbeiten an »Erkenntnis und Interesse« gewonnene Einsicht, daß es keine objektive Erkenntnis geben kann. Mit dieser Einsicht steht Habermas in einer Reihe ehrenwerter Philosophen der Neuzeit, mit Descartes, Kant, Nietzsche (wie in der Einleitung erwähnt) und Husserl. Mit letzterem verbindet ihn das Bemühen, gleichzeitig mit der genannten Einsicht nicht das Prädikat »wissenschaftlich« aufs Spiel zu setzen. Es müsse – so Habermas im Geiste Husserls – eine Erkenntnis geben, die nicht unreflektiert den Objektivitätsanspruch, der im 20. Jahrhundert, spätestens nach dem Ersten Weltkrieg, zum Anachronismus wurde, übernimmt, die aber dennoch den Anspruch auf Wissenschaftlichkeit erheben darf. Auch diese Aporie fand in der Einleitung schon Erwähnung.

Zunächst nun zu Husserl. Wie kommt jemand angesichts der Übermacht und des Erfolgs wissenschaftlicher Erkenntnisweise, die dem Objektivitätsideal verpflichtet ist, zu solcher Frage- und Aufgabenstellung? Die biographische Situation von Husserl läßt dieses Bemühen plausibel werden. Gadamer beschrieb diese Situation so: »Man muß sich die philosophische Situation in Deutschland nach dem Ersten Weltkrieg vergegenwärtigen. Es war das Ende eines Zeitalters, des Zeitalters des Liberalismus, des uneingeschränkten Fortschrittsglaubens und der unbestrittenen Führung der Wissenschaft im Kulturleben das in den Materialschlachten des Ersten Weltkrieges unterging. Daß die junge Generation, die nach dem Kriege an die Universitäten zurückkehrte, von diesen Werten nicht mehr überzeugt sein konnte, zeigte sich auch in der Philosophie. Die am Faktum der Wissenschaft orientierte Neukantianische Philosophie, die die deutschen Katheder beherrschte, hatte bei uns Jungen an Glaubwürdigkeit verloren.« (FAZ vom 17. Mai 1989, S. 3 N) Husserl war nicht einer der Jungen. Er war der Lehrer Heideggers und Heidegger wiederum der Lehrer Gadamers. Aber immerhin hatten diese Zweifel auch diesen alten Mann ergriffen. Auch er hatte die Einsicht, daß über die Wissenschaften ein neues Nachdenken einsetzen müsse. 1935 spricht Husserl vor dem Wiener Kulturbund und sagt dort: »In irgendeiner Einstellung lebt die Menschheit [. . .] in ihrer historischen Lage immer.« (Husserl 326) Daraus ergäben sich die natürlichen Interessen der Menschen. Und diese könnten sie durch keine Umstellung verlieren, das hieße nämlich für jeden Menschen, daß er aufhören müsse zu leben. Der Wissenschaftler stelle seine Fragen auf dem Boden seiner durch seine Kultur geprägten Einstellung. Und diese Einstellung müsse erforscht werden: »Es muß [. . .] ganz systematisch nach jenen Selbstverständlichkeiten zurückgefragt werden, welche [. . .] für alle Wissenschaftler einen verschwiegenen, in seinen tieferen Mittelbarkeiten verschlossenen Grund ihrer Erkenntnisleistungen bilden. Es gilt dann in weiterer Folge eine systematische Erschließung der in diesem Grund lebendig waltenden und in ihm sedimentierten Intentionalität.« (Husserl 118) Husserl will die »wirklich apodiktische Gewißheit«, den »universalen Boden« erforschen, der »letztlich als der apodiktisch notwendige und letzte Boden aller wissenschaftlichen Objektivität erweisbar ist und sie verständlich macht [. . .] Hier muß die Quelle aller letzten Erkenntnisbegriffe sein«, sagt Husserl. (Husserl 117) Es geht ihm nicht darum, den Objektivitätsanspruch wissenschaftlicher Forschung alternativlos fallen zu lassen, sondern es geht ihm darum, den Objektivitätsanspruch besser zu verstehen. Wenn wir den subjektiven Hintergrund unserer Aussagen reflektieren, dann könnte das zu noch gesicherteren Wahrheiten führen, als wir sie haben, wenn wir einfach die Objektivität unserer Aussagen – man muß sagen »fälschlich« – immer nur annahmen. Dieses unhinterfragte Wissen – so nimmt Habermas den Faden von Husserl auf – besteht aus individuellen Fertigkeiten, aus intuitivem Wissen und aus sozial eingeübten Praktiken nicht weniger als aus Hintergrundüberzeugungen (vgl. Vorstudien 593). Dies alles ist in der »Lebenswelt« enthalten, ein Begriff, den Habermas von Husserl übernimmt. Sie gilt es zu erforschen, will man die normative Basis für eine sozialwissenschaftliche Theorie freilegen, was Habermas' erklärte Absicht ist. Die Lebenswelt läßt sich nicht so leicht analysieren wie Habermas durch die nicht zu einem Ergebnis gebrachten Bemühungen Husserls wußte.

An dieser Stelle kamen Habermas die Einsichten des späten Wittgenstein zu Hilfe. Wittgenstein hatte die Erkenntnis, daß die Grenze *meiner* Sprache auch die Grenze *meiner* Welt ist. Es gibt darum keine der Sprache vorgängige Logik. Die Vorgegebenheit und die Nichthintergehbarkeit der Sprache zeigt sich in ihrem sozialen Gebrauch. Hier wird eine eigentümliche Widersprüchlichkeit in der Wittgensteinschen Vermutung deutlich, daß das Soziale die vorgängige Logik der Sprache sein könnte. Gibt es also doch eine der Sprache vorgängige Logik?

Diese Widersprüchlichkeit wird in der Theorie von George Herbert Mead aufgelöst, die für die Entwicklung der Habermasschen Philosophie von nicht zu unterschätzender Bedeutung ist. Mead argumentiert in seiner Theorie des symbolisch vermittelnden Interaktionismus so: Nach der durch gestenvermittelnde Interaktion vergesellschafteten Welt setzt sich mit der symbolisch vermittelnden Interaktion eine ganz neue Gesellschaftsstruktur durch, die die Gleichheit aller Interaktionsteilnehmer zur Voraussetzung hat. Die Symbole müssen deshalb für alle Interaktionsteilnehmer dieselbe Bedeutung haben. Das ist in der Menschheitsentwicklung der Punkt, an dem sprachliche Symbole entstehen. Über die Sprache bilden sich die Gesellschaftsstrukturen heraus, weil in ihr enthalten ist, was für den Aufbau einer Gesellschaft und der damit verbundenen funktionierenden Interaktion der Gesellschaftsmitglieder notwendig ist: Gewohnheiten, kulturelle Überlieferungen, selbstverständliche moralische Grundsätze und Hintergrundüberzeugungen, technische Fertigkeiten. All das ist wie selbstverständlich vorhanden, wird allerdings in Verständigungsprozessen nicht explizit formuliert. Habermas faßt im Anschluß an Mead *Gesellschaften* als ein *Netzwerk kommunikativer Handlungen* auf. (Vgl. RHM 12)

Nachdem die Zielbestimmung Habermasscher Theorieentwicklung vergegenwärtigt wurde, können wir auf den Aufsatz »Was heißt Universalpragmatik?« zurückkommen, in dem an diesen Sachverhalt, daß Gesellschaften ein Netzwerk kommunikativer Handlungen sind, angeschlossen wird. Habermas schreibt: »Jede explizit performative Äußerung *stellt* in gewisser Weise eine Interaktionsbeziehung zwischen mindestens zwei sprach- und handlungsfähigen Subjekten zugleich *her* und *dar* [. . .] Die generative Kraft besteht [. . .] darin, daß der Sprecher in Ausführung eines Sprechaktes auf den Hörer derart einwirkt, daß dieser mit ihm eine interpersonale Beziehung aufnehmen kann [. . .] Kommunikative Handlungen sind, gleichviel ob sie eine explizit sprachliche Form annehmen oder nicht, auf einen Kontext von Handlungsnormen und Werten bezogen. Ohne den normativen Hintergrund von Routinen, Rollen, soziokulturell eingeübten Lebensformen, kurz: Konventionen, bliebe die einzelne Handlung unbestimmt. Alle kommunikativen Handlungen erfüllen oder verletzen normativ festgeschriebene soziale Erwartungen und Konventionen.« (Vorstudien 397 f.) Dieser Zusammenhang von Sprache und Lebenswelt oder von Sprache mit dem normativen Hintergrund von Erkenntnisleistungen wird nicht immer sichtbar: »Gerade weil *Sprache* [. . .] im Vollzug unserer kommunikativen Handlungen und Expressionen in einer eigentümlichen Halbtranszendenz verharrt, präsentiert sie sich dem Sprecher und dem Handelnden (vorbewußt) als ein Realitätsausschnitt sui generis.« (Vorstudien 438)

Der Zusammenhang von Sprache mit der normativen Basis jeder Erkenntnis wird von Luciano Mecacci in einem eindrucksvollen Erlebnis recht plastisch gemacht. Er widmet sein Buch »Das einzigartige Gehirn« vier Freunden, die blind und taubstumm zur Welt kamen und im Jahr 1975 in Moskau ihr Psychologiestudium abgeschlossen haben. Anhand der Geschichte dieser vier Menschen kann der Autor zeigen, daß nicht die visuelle und akustische Wahrnehmung der Ausgangspunkt für jede Erkenntnis ist, wie die Empiristen das in den vergangenen Jahrhunderten geglaubt hatten. Mecacci schreibt: »Die vier Psychologiestudenten hatten ebenso wie andere Menschen eine höhere Form des Denkens entwickelt, allerdings ohne die Vermittlung der Sinnesorgane. Die praktisch einzige Vermittlung besteht in der Kommunikation mit einem anderen Menschen, durch welche der blinde Taubstumme sich Informationen über die Außenwelt verschafft [. . .] Die geistige Entwicklung vollzieht sich bei diesen wie bei normalen Kindern durch die Interaktion mit einem anderen Menschen, sei dieser nun ein Angehöriger, ein Lehrer oder ein Gleichaltriger, also durch soziale Kontakte.« (Mecacci 142 f.)

Die Universalpragmatik nun will rekonstruierend zeigen, daß und wie in jeder einzelnen Sprechhandlung das gesellschaftliche Normsystem, ohne daß es explizit gemacht wird, aktualisiert wird. Das Element jeder Sprechhandlung ist der Sprechakt, der einen illokutiven und einen propositionalen Bestandteil hat. Diese Differenzierung geht auf Austin zurück, dessen Bedeutung für die Entwicklung der Universalpragmatik von Habermas unterstrichen wird (vgl. Vorstudien 362): »Austin beginnt sich von einer Ontologie zu lösen, die ausschließlich auf die objektive Welt als Gesamtheit existierender Sachverhalte zugeschnitten ist und die Auszeichnung des assertorischen Satzes sowie der propositionalen Wahrheit zur Folge hat. Mit seinem Begriff des illokutionären Aktes öffnet er der Sprachanalyse das *ganze* Spektrum der Rede.« (Entgegnung 357). Jeder assertorische Satz, den jemand äußert, ist an jemand, an einen Hörer gerichtet. Insofern ist er in einen Interaktionszusammenhang eingebettet, der immer schon eine normative Basis hat, die in der kommunikativen Handlung erfüllt oder verletzt wird. Jeder assertorische Satz hat einen propositionalen Teil, in dem die Aussage enthalten ist, die den Geltungsanspruch der Wahrheit impliziert. Außerdem hat er einen illokutiven Teil, der ihn in den Interaktionszusammenhang einbettet. »Der illokutive Akt legt den Verwendungssinn des propositionalen Gehalts fest.« (Vorstudien 406) Wenn z. B. der propositionale Aussagebestandteil mein morgiges Kommen ist, so kann dieser mit unterschiedlichen illokutären Akten gekoppelt werden: Als einfache Mitteilung: Ich teile Dir mit, daß ich morgen komme. Als Versicherung: Du kannst ganz sicher sein, daß ich morgen komme. Als Expression: Ich hoffe, daß ich morgen kommen kann. Als Versprechen: Ich verspreche Dir, daß ich morgen komme.

Der propositionale Gehalt eines Satzes ist immer derselbe: Ich komme morgen. Jeder der Beispielsätze hat hingegen einen anderen Verwendungssinn. Es gibt für ein und dieselbe Aussage »beliebig viele kontextabhängige Verwendungsweisen«. (Entgegnung 257)

»Illokutiv verstehen wir den (annehmbaren) Versuch, eine interpersonale Beziehung herzustellen; wir verstehen einen spezifischen Weltbezug, *in* den wir eintreten, sofern wir uns *dazu* verstehen können, das als seriös vorausgesetzte Angebot eines Sprechers anzunehmen. Prädikativ verstehen wir hingegen den propositionalen Gehalt einer Äußerung; wir verstehen, wie es sich in einem Gegenstand im Rahmen der für Sprecher und Hörer gemeinsam konstituierten Welt verhält [. . .] Das prädikative

Verstehen führt zu einer Verständigung *über etwas* (in der Welt), während das illokutive Verstehen eine Verständigung anderer Art herbeiführt – eine Verständigung *zu etwas*, nämlich zur Aufnahme einer interpersonalen Beziehung (die ein Weltbezug *ist*) [. . .] Gesprächsteilnehmer [. . .] müssen [. . .] auf beiden Ebenen gleichzeitig kommunizieren: Sie müssen die Kommunikation eines Inhalts mit der Metakommunikation über den Verwendungssinn des kommunizierten Inhalts vereinigen.« (Vorstudien 407)

Nun geht Habermas von der Idealform eines Sprechaktes aus, der ausdifferenziert, sprachlich, institutionell ungebunden, explizit und kontextunabhängig ist. Meist sind Sprechhandlungen nicht ausdifferenziert, z. B. wenn ich ein Taxi heranwinke oder auf miserable Schulnoten mit dem verzweifelten Blick eines Vaters reagiere. In diesen Handlungen wird nur »an den propositionalen Gehalt der vorausgesetzten Norm erinnert.« (Vorstudien 401) Er ist aber implizit darin enthalten. Oder es gibt institutionell gebundene Sprechhandlungen, in denen der normative Sinn verkürzt zum Ausdruck kommt und vollkommen nur mit Kenntnis der Institution zu verstehen ist. Die Aussage »Ich taufe dich auf den Namen Heinrich« ist verstehbar nur aufgrund der Kenntnis der Institution Taufe mit ihren vielfältigen Verweisungen. Habermas geht von der Idealform eines Sprechaktes aus, der freilich in der Alltagskommunikation nicht allzu häufig vorkommt.

In Auseinandersetzung mit der Theorie von Austin und anderen linguistischen und pragmatischen Theorien (Vorstudien 409 ff.) kommt Habermas zur Entdeckung von Geltungsansprüchen, die allen kommunikativen Handlungen zugrunde liegen. In seinem Aufsatz »Vorbereitende Bemerkungen . . .« von 1972 leitet Habermas die Geltungsansprüche aus den vier Klassen der Sprechakte her (vgl. GS 111 f.). Es sind dies die Kommunikativa, in denen der Anspruch der Verständlichkeit enthalten ist. Der Geltungsanspruch der Wahrheit ist in den Konstativa enthalten und der der Richtigkeit in den Regulativa. Der Geltungsanspruch der Wahrhaftigkeit ist in den Repräsentativa enthalten. So kommt Habermas durch die Einteilung der Sprechakte in vier Klassen zu vier Geltungsansprüchen, die in allen kommunikativen Handlungen enthalten sind. Die Verständlichkeit ist für Habermas allerdings kein Geltungsanspruch, sondern sie ist Voraussetzung für jede gelingende Kommunikation. Das führt uns zu folgendem Ergebnis: »Ein Kommunikationsteilnehmer handelt nur unter der Bedingung verständigungsorientiert, daß er unter Verwendung verständlicher Sätze mit seinen Sprechakten drei Geltungsansprüche auf eine akzeptable Weise erhebt: er beansprucht Wahrheit für einen ausgesagten bzw. für die Existenzpräsuppositionen eines erwähnten propositionalen Gehalts; sodann Richtigkeit (bzw. Angemessenheit) für Normen (bzw. Werte), die eine performativ herzustellende interpersonale Beziehung im gegebenen Kontext rechtfertigen; schließlich Wahrhaftigkeit für die geäußerten Erlebnisse. Zwar können einzelne Geltungsansprüche thematisch hervorgehoben werden, wobei die Wahrheit des Aussageinhalts im kognitiven, die Richtigkeit (bzw. Angemessenheit) der interpersonalen Beziehung im interaktiven und die Wahrhaftigkeit des Sprechers im expressiven Sprachgebrauch im Vordergrund steht; in jeder Äußerung kommt aber das System aller vier Geltungsansprüche ins Spiel – diese sind universal, d. h. sie müssen stets *gleichzeitig* erhoben und als berechtigt anerkannt werden, obwohl sie nicht alle zugleich thematisch sein können. Die Universalität der in der Redestruktur eingelassenen Geltungsansprüche läßt sich vielleicht mit Hinweisen auf den systematischen Ort der Sprache erläutern. Sprache ist das Medium, durch das Sprecher und Hörer ihre Abgrenzungsleistungen realisieren. Das Subjekt grenzt sich (a) gegen eine Umwelt ab, die es in der Einstellung eines Beobachters vergegenständlicht, (b) gegen eine Umwelt, die es in der performativen Einstellung eines Beteiligten erfährt; es grenzt sich (c) gegen seine eigene Subjektivität ab und schließlich (d) gegen das Medium der Sprache selber. Ich habe für diese Realitätsbereiche die etwas willkürlich gewählten Terme: äußere Natur, Gesellschaft, innere Natur und Sprache vorgeschlagen.« (Vorstudien 436 f.)

An diesem Ergebnis der universalpragmatischen Untersuchungen von Habermas tritt das Stück Kantianismus, das nach seiner eigenen Aussage in ihm steckt (vgl. KPS 530), zutage, denn auch Kant teilte die Welt in drei Erkenntnisbereiche ein, die mit jeweils anderen Regeln zu erkennen sind.

Habermas hat die normative Voraussetzung jeder wissenschaftlichen Erkenntnis durch Rekonstruktion gefunden. Die Vernunft wird als grundlegend zugrundeliegender Bezugspunkt für die denkenden, handelnden und sprechenden Menschen in Alltag und Wissenschaft ausgewiesen.

Ich will mich im nächsten Kapitel dem Verfahren zuwenden, mit dem in Diskursen die Geltungsansprüche, die in ihrer Gesamtheit den Anspruch der Vernünftigkeit ausmachen, eingelöst werden. Zuvor will ich das Ergebnis von Habermas' Suche nach der Methode einer Kritischen Theorie in den bis hierher besprochenen Werken, die in den eineinhalb Jahrzehnten zwischen 1961 und 1976 veröffentlicht wurden, so zusammenfassen: »Die kritische Gesellschaftstheorie ist empirisch, ohne daß sie auf empirisch-analytische Wissenschaft reduzierbar wäre; sie ist philosophisch, aber im Sinne der Kritik und nicht der Ursprungsphilosophie; sie ist historistisch, ohne historisch zu sein; und sie ist praktisch: nicht in dem Sinne, daß sie über ein technologisches Potential verfügt, sondern daß sie an Aufklärung und Emanzipation orientiert ist.« (McCarthy 148)

2. Wahrheitstheorien

Wie wir gesehen haben, ist Wahrheit für Habermas ein Geltungsanspruch, der einem konstativen Sprechakt zugrunde liegt (Vorstudien 135). In seinem Wahrheitsaufsatz orientiert sich Habermas an der Argumentationstheorie von Stephen Toulmin, der wie Habermas davon ausgeht, daß der Wahrheitsanspruch in Handlungszusammenhängen problematisiert und in Diskursen eingelöst werden kann. »Wenn die Wahrheit des propositionalen Gehaltes einer Äußerung problematisch ist, stellen wir die Fragen des Typs: Verhält es sich so, wie du sagst? Warum verhält es sich so und nicht anders? Diesen Fragen begegnen wir mit Behauptungen und Erklärungen.« (Vorstudien 138). Toulmin führt das weiter: »Wenn die Behauptung nicht völlig unkontrolliert und unverantwortlich gemacht wurde, haben wir normalerweise einige Tatsachen zur Hand, auf die wir zu ihrer Stützung verweisen können.« (Toulmin 88). Dies ist in der Regel noch auf der Ebene des kommunikativen Handelns möglich: Der Sprecher kann beispielsweise seine Aussage »Morgen kommt meine Mutter« auf die Frage hin »Woher weißt du das?« mit der Erklärung stützen »Sie hat eben angerufen«. Die Kommunikation könnte nun, nachdem der Wahrheitsanspruch der Aussage gesichert ist, fortgesetzt werden.

Alleine aufgrund dieser Ausführungen wird offenbar, daß die Begründung einer Behauptung nur den Zweck hat, andere von ihrer Wahrheit zu überzeugen. Insofern ist Wahrheit immer schon ein Geltungsanspruch, der in interpersonalen Zusammenhängen erhoben wird. Wahrheit ist ein sprachliches Phänomen, das von Objektivität, einem Wahrnehmungsphänomen unterschieden werden muß (vgl. Vorstudien 151 ff., vgl. auch Kamlah/Lorenzen 187). Dies läßt sich bereits durch die Ergebnisse der Philosophie im antiken Griechenland belegen. Die Philosophen im antiken Griechenland waren der Auffassung, daß die Wahrheit in der Sache, die betrachtet wurde, liegt. Sie sagten z. B., daß sich an einer schönen Rose, an einem schönen Menschen oder an einem anderen schönen Gegenstand auch das Schöne selbst zeige. Dies sei das Wesentliche an einer schönen Sache. Dieses Wesentliche sei das Wahre. Wir nennen eine solche Wahrheitsauffassung die ontologische. Sie wurde in der Scholastik zur sogenannten Korrespondenztheorie der Wahrheit (adaequatio rei et intellectus) entwickelt. Aber eine solche Wahrheitstheorie ist zugleich immer schon eine Konsensustheorie der Wahrheit gewesen, die nicht eine Entdeckung der neueren Sprachphilosophie ist, denn schon bei Sokrates und ebenso in der elenktischen Logik finden wir die Konsensustheorie der Wahrheit in folgender Weise: Das, was war, eröffnete sich zunächst dem einzelnen Betrachter. Er konnte aber nie sicher sein, ob sich seine auf das Erkannte bezogene Äußerung eine bloße Meinung oder eine wahre Aussage war. Die Überprüfung geschah im Dialog. Der Proponent machte eine Aussage und der Opponent konnte diese Aussage anzweifeln oder Einwände formulieren. Dies wurde solange weitergeführt, bis keine Einwände mehr kamen. Niemals allerdings konnte man sicher sein, ob nicht später jemand anderes weitere Einwände formulierte. Dieser Unsicherheit in der philosophischen Argumentation begegnet Habermas mit der Auffassung: Man darf einem Gegenstand nur dann »ein Prädikat zusprechen, wenn auch jeder andere, der in ein Gespräch mit mir eintreten *könnte,* demselben Gegenstand das gleiche Prädikat zusprechen *würde.* Ich nehme, um wahre von falschen Aussagen zu unterscheiden, auf die Beurteilung anderer Bezug – und zwar auf das Urteil aller anderen, mit denen ich je ein Gespräch aufnehmen könnte (wobei ich kontrafaktisch alle die Gesprächspartner einschließe, die ich finden könnte, wenn meine Lebensgeschichte mit der Geschichte der Menschenwelt koexistent wäre). Die Bedingung für die Wahrheit von Aussagen ist die potentielle Zustimmung aller anderen. Jeder andere müßte sich überzeugen können, daß ich dem Gegenstand x das Prädikat p berechtigterweise zuspreche, und müßte mir dann zustimmen können.« (Vorstudien 136 f.)

Mit dieser Auffassung unterscheidet Habermas sich von den radikalen Pragmatisten, für die Wahrheit das ist, »woran zu glauben für *uns* gut ist, um mit William James zu reden«. (Rorty 1988, 14; vgl. ebda. 6, Fußnote 1 und Rorty 1981, 20 f.) In dieser Frage orientierte er sich an einem anderen Pragmatistien, »nämlich Ch. S. Peirce, der die handlungsbezogene Organisation der Erfahrung [. . .] vom argumentativen Prozeß der Klärung von Wahrheitsansprüchen (seiner Konsensustheorie der Wahrheit) unterschied. Kurz, Habermas will eine explizite Unterscheidung vornehmen zwischen Problemen der ›Konstitution‹ verschiedener Realitätsbereiche und Problemen der ›Einlösung‹ von Wahrheitsansprüchen bezüglich dieser verschiedenen Bereiche. Seine These lautet: die Struktur des gegebenen Objektbereichs – die Grundkategorien und Prinzipien, nach denen er organisiert ist – und damit auch die darauf bezogenen Wahrheitsansprüche spiegeln zwar tatsächlich ein zugrundeliegendes Erkenntnisinteresse, aber die Prüfung dieser Ansprüche im argumentativen Diskurs garantiert die Bindung an diejenigen Ansprüche, die uneingeschränkt die Bezeichnung ›wahr‹, ›objektiv‹, ›gültig‹ usw. verdienen.« (McCarthy 333)

Die Konsensustheorie der Wahrheit wird auch von der sogenannten Erlanger Schule vertreten. In Abgrenzung zu ihr läßt sich die Habermassche Konsensustheorie gut erläutern. Kamlah und Lorenzen sprechen von der »interpersonalen Verifizierung« und führen in Bezug auf denselben Sachverhalt folgendes aus: »Wir stellen auf diesem Wege, durch diese ›Methode‹, Übereinstimmung zwischen dem Sprecher und seinen Gesprächspartnern her, eine Übereinstimmung, die in der Sokratischen Dialogik ›Homologie‹ genannt wurde.« (Kamlah/Lorenzen 121)

Wird nun innerhalb des kommunikativen Handelns keine Übereinstimmung erlangt, kann zu einem Diskurs übergegangen werden, in dem der Geltungsanspruch der Wahrheit eingelöst wird. Dies ist eine Weiterführung des kommunikativen Handelns, die auch schon bei Toulmin angedeutet ist. (vgl. Toulmin 97)

Nun erhebt sich bei allen Vertretern der Konsensustheorie der Wahrheit die Frage, wer denn an einem Diskurs teilnehmen kann. Welche Qualifikationen werden von ihm gefordert? In der Regel erhält man die Antwort, daß derjenige, der am Diskurs teilnehmen kann, vernünftig sein muß. So äußerte sich Sokrates schon im Platonischen Dialog »Phaidon« und so auch die Vertreter der Erlanger Schule (vgl. Kamlah/Lorenzen 119). Habermas hingegen entdeckt hier einen Zirkel, denn die Vernünftigkeit könne letztenends nur wieder im Diskurs überprüft werden und darum könne Vernünftigkeit nicht die Voraussetzung für den Eintritt in einen Diskurs sein: »Ob einer bei Vernunft ist, merken wir erst, wenn wir mit ihm sprechen und in Handlungszusammenhängen auf ihn rechnen. Allein, die Geltung von Handlungsnormen kann in gleicher Weise problematisiert werden wie die in propositionalen Gehalten implizierte Geltung. Um sie zu klären, bedarf es des praktischen Diskurses.« (GS 130) Um diesen Zirkel zu vermeiden, daß etwas zur Voraussetzung eines Diskurses gemacht wird, was erst im Diskurs geprüft wird, führt Habermas die »ideale Sprechsituation« ein. Gegen konkretistische Interpretationen (vgl. DNU 229) seiner Formulierung, daß die ideale Sprechsituation »zugleich Vorschein einer Lebensform« sei (GS 141), wehrte sich Habermas schon mehrmals erfolglos. Allzu unbedarfte Habermas-Leser nehmen diese Formulierung als eine Zukunftsvision. Was ist sie denn? Man muß sie schlicht als eine Eingangsvoraussetzung für den Diskurs sehen, mit der Habermas den beschriebenen Zirkel vermeiden will. Man könnte sie als regulative Idee interpretieren, aber auch das träfe das Gemeinte nicht genau, denn eine regulative Idee bezeichnet eine anzustrebende Situation. Die ideale Sprechsituation ist regulativ und konstitutiv zugleich: »Keineswegs nur regulativ sind aber die allgemeinen pragmatischen Voraussetzungen von Argumentation überhaupt, weil diese Bedingungen hic et nunc in hinreichender Annäherung erfüllt werden müssen, wenn wir überhaupt argumentieren wollen. Dabei gilt dasjenige Maß der Erfüllung als ›hinreichend‹, welches unsere tatsächliche Argumentationspraxis zu einem in Raum und Zeit lokalisierbaren Bestandteil des universellen Diskurses der unbegrenzten Kommunikationsgemeinschaft qualifiziert [. . .] Es verhält sich vielmehr so, daß wir die Argumentationsvoraussetzungen, obwohl sei einen idealen und nur annäherungsweise zu realisierenden Gehalt haben, *faktisch* machen müssen, wenn wir überhaupt in eine Argumentation eintreten wollen [. . .] Die regulative Idee der Gültigkeit von Äußerungen ist konstitutiv für die durch kommunikatives Handeln erzeugten sozialen Tatsachen.« (DNR 132 f.)

In der idealen Sprechsituation sind die Bedingungen genannt, auf die jeder sich verpflichten muß, der in eine diskursive Argu-

mentation eintreten will. Jeder Konsens, der unter diesen Bedingungen erzielt wird, gilt als wahrer Konsens (GS 136). Die
vier Bedingungen für eine ideale Sprechsituation sind folgende:

»1. Alle potentiellen Teilnehmer eines Diskurses müssen die
gleiche Chance haben, kommunikative Sprechakte zu verwenden, so daß sie jederzeit Diskurse eröffnen sowie durch Rede
und Gegenrede, Frage und Antwort perpetuieren können.
2. Alle Diskursteilnehmer müssen die gleiche Chance haben,
Deutungen, Behauptungen, Empfehlungen, Erklärungen und
Rechtfertigungen aufzustellen und deren Geltungsanspruch zu
problematisieren, zu begründen oder zu widerlegen, so daß
keine Vormeinung auf Dauer der Thematisierung und der Kritik entzogen bleibt.
Nicht trivial sind die beiden weiteren Bedingungen, die in
idealen Sprechsituationen erfüllt sein müssen, damit die Gewähr besteht, daß die Gesprächsteilnehmer tatsächlich einen
Diskurs aufnehmen können und nicht bloß wähnen, einen Diskurs zu führen, während sie in Wahrheit unter Handlungszwang kommunizieren. Überraschenderweise verlangt die
ideale Sprechsituation Bestimmungen, die sich nur mittelbar auf
Diskurse, unmittelbar jedoch auf die Organisation von Handlungszusammenhängen beziehen. Die Freisetzung des Diskurses von Handlungszwängen ist nämlich nur im Kontext reinen
kommunikativen Handelns möglich:
3. Zum Diskurs sind nur Sprecher zugelassen, die als Handelnde gleiche Chancen haben, repräsentative Sprechakte zu
verwenden, d. h. ihre Einstellungen, Gefühle und Wünsche
zum Ausdruck zu bringen. Denn nur das reziproke Zusammen-
stimmen der Spielräume individueller Äußerungen und das
komplementäre Einpendeln von Nähe und Distanz in Handlungszusammenhängen bieten die Garantie dafür, daß die Handelnden auch als Diskursteilnehmer sich selbst gegenüber wahr-
haftig sind und ihre innere Natur transparent machen.
4. Zum Diskurs sind nur Sprecher zugelassen, die als Handelnde die gleiche Chance haben, regulative Sprechakte zu verwenden, d. h. zu befehlen und sich zu widersetzen, zu erlauben
und zu verbieten, Versprechen zu geben und abzunehmen, Re-
chenschaft abzulegen und zu verlangen usf. Denn nur die vollständige Reziprozität der Verhaltenserwartungen, die Privile-
gierungen im Sinne einseitig verpflichtender Handlungs- und
Bewertungsnormen ausschließen, bieten die Gewähr dafür, daß

die formale Gleichverteilung der Chancen, eine Rede zu eröffnen und fortzusetzen, auch faktisch dazu genutzt werden kann, Realitätszwänge zu suspendieren und in den erfahrungsfreien und handlungsentlasteten Kommunikationsbereich des Diskurses überzutreten.«
(Vorstudien 177 f.; vlg. auch TkH 1, 47)

Nun stellt sich die Frage, wie Habermas zu diesen vier Bedingungen der idealen Sprechsituation gelangt? Er leitet sie ebenso wie die Geltungsansprüche aus seiner Einteilung der Sprechakte her, auf die er in der idealen Sprechsituation auch Bezug nimmt. Mit dem Nachweis, daß die Geltungsansprüche in jeder Rede enthalten sind, will Habermas ja die normativen Grundlagen einer kritischen Gesellschaftstheorie rekonstruieren. In den Christian Gauss Lectures nennt Habermas diese vier Geltungsansprüche, die er aus den vier Klassen der Sprechakte herleitet und die wir aus dem vorhergehenden Kapitel schon kennen – Verständlichkeit, Wahrheit, Richtigkeit und Wahrhaftigkeit – noch einmal und sagt dann weiter: »Diese Ansprüche konvergieren in einem einzigen: dem der Vernünftigkeit.« (Vorstudien 104) Wir sehen, daß Habermas sich dem Zirkelschluß, den er vermeiden will, nicht entziehen kann. Auch für ihn ist die Voraussetzung für die Teilnahme an einem Diskurs die Vernünftigkeit. Es läßt sich wahrscheinlich kein anderer letzter Bezugspunkt für den denkenden, handelnden und sprechenden Menschen in Alltag und Wissenschaft ausmachen. Wir alle argumentieren rational, jedenfalls versuchen wir es. Selbst der Fußballspieler, der aus einer aussichtslosen Position doch noch ein Tor erzielt, versucht das in einem späteren Interview noch rational zu begründen. Es besteht also weder bei Vertretern der Erlanger Schule noch bei Habermas ein Zweifel daran, daß die Vernünftigkeit die Basis des Argumentierens ist. Es sind sich also alle darin einig, daß auch eine wissenschaftliche und scheinbar objektiv diskursive Argumentation eine normative Basis hat, die in der idealen Sprechsituation augenfällig wird als ethische Norm der Gleichberechtigung und der menschlichen Akzeptanz. Erkenntniskritik kann also immer nur eine Moralkritik zur Basis haben. Damit zeigt sich hier erneut, daß Habermas in dieser Hinsicht – wie ich in der Einleitung schon sagte – an Nietzsche anschließt. Das ist darüber hinaus ein weiterer Beleg für meine Hypothese eingangs der Einleitung, daß Habermas' Theorie als Ethik der Moderne gelesen werden muß. Kuno Lorenz als Vertreter der Erlanger Schule formuliert dazu recht passend:

»Spätestens an dieser Stelle wird deutlich, daß der Terminus ›Konsensus‹ oder sein Synonym ›Übereinstimmung‹ kein deskriptiver Ausdruck ist, mit dem ein spezielles Verhalten zwischen Menschen dargestellt werden könnte, sondern daß seine adäquate Verwendung in einer Sprechsituation bereits die gemeinsame Anerkennung mindestens der beiden Prinzipien der Redegleichheit und der Handlungsfreiheit voraussetzt.« (Lorenz 117, vgl. dazu auch Kamlah/Lorenzen 187) Diese aber sind normative Voraussetzungen.

Wenn nun Habermas im weiteren sagt, daß der diskursive Konsens Wahrheitskriterium sei (Vorstudien 160/161), dann tut sich hier eine Widersprüchlichkeit auf, der er später (1986) begegnet: »Ich verstehe die Diskurstheorie der Wahrheit so, daß sie den diskursiv erzielten Konsens nicht (wie einige meiner eigenen früheren Formulierungen besagen) als Wahrheitskriterium auszeichenen soll; vielmehr soll sie anhand der diskursiven Einlösung von Geltungsansprüchen den Sinn jenen Moments von Unbedingtheit erklären, das wir mit dem Begriff Wahrheit verbinden.« (Entgegnung 352) Dies zeigt sich dadurch, daß wir in jeder Argumentation, in der der Geltungsanspruch der Wahrheit erhoben wird, davon ausgehen – ob berechtigt oder unberechtigt, kann sich ja erst später herausstellen –, daß auch zukünftig keine Gegenargumente mehr gegen unsere Argumentation erhoben werden. Diese Überzeugung berechtigt zu der Unterstellung eines infiniten Konsensus in jedem diskursiv herbeigeführten realen Konsens (vgl. Entgegnung 352).

Die Logik des Diskurses, die Habermas unter Berufung auf Toulmin entfaltet, geht von der formalen Logik aus. Der formalen Logik wird allerdings die hervorragende Stellung, die die Erlanger Schule ihr noch zuweist, bestritten (vgl. Lorenzen 34). Allerdings modifizieren auch die Erlanger die Unbedingtheit der formalen Logik für das vernünftige Argumentieren (vgl. Kamlah/Lorenzen 136, 199). Und es ist ja wohl auch einigermaßen widersprüchlich, die Wahrheit zum einen von der interpersonalen Verifizierung und andererseits von formallogisch gültigen Schlüssen abhängig zu machen. Man muß darum wohl im Sinne von Kuno Lorenz, der eine Konsensus- und Korrespondenztheorie der Wahrheit miteinander verbinden will (vgl. Lorenz 118), sagen – und das wäre ganz im Sinne von Habermas –, daß die Bedeutung der formalen Logik für prädikative Ausdrücke bzw. für den propositionalen Gehalt eines Sprechaktes nicht bestritten wird. Eine formallogisch widersprüchliche Aussage hätte auch in Habermas' Theorie keine Chance auf Anerkennung durch einen Konsens. Vernünftigkeit, die bei Diskursteilnehmern unterstellt wird, impliziert, daß nicht gegen grundlegende Prinzipien der formalen Logik verstoßen werden darf. Doch Habermas und Toulmin bestreiten die hervorragende Stellung, die der formalen Logik durch die Erlanger Schule gegeben wird. Die Bedeutung, die analytischen Syllogismen in Lehrbüchern der Logik zugewiesen wird, hätten in der Praxis nicht annähernd dieselbe Bedeutung (vgl. Toulmin 106). Sie bildete lediglich eine bestimmte Klasse von Argumentationen (vgl. Toulmin 130). Toulmin hält es für den richtigen Weg, nicht von allen Argumentationen zu fordern, daß sie den analytischen Standards entsprechen, »sondern daß sie die jeweilige Art der Triftigkeit oder Begründetheit erreichen sollen, die für diesen Bereich als relevant verlangt werden kann.« (Toulmin 216) Toulmin geht noch weiter, wenn er ausführt, daß es uns zwar mittels Tradition so angewöhnt worden sei, auf die formal saubere Argumentation zu achten, wir seien aber nicht auf alle Zeit daran gebunden, denn eine formale Argumentation könne auch richtig folgern, selbst wenn die Prämissen falsch seien. Prämissen spielen in einer formalen Argumentation keine Rolle. Beispiel für einen formallogisch richtigen Schluß mit falscher Prämisse: Alle lila Gegenstände sind Bäume. Dieser Gegenstand ist lila. Also ist er ein Baum. – Wir seien nicht gezwungen, meint Toulmin, uns auch diese Eigenart der formalen Logik zur Regel zu machen. (vgl. Toulmin 104/105). Toulmin setzt dagegen die substantielle Argumentationsweise, die Habermas übernimmt (Vorstudien 162). Was ist der Unterschied zwischen analytischer und substantieller Argumentation? (vgl. Toulmin 204)

Aristoteles wußte aufgrund seiner vier möglichen Schlußfiguren, daß es 256 Syllogismen gibt, von denen aber nur 24 gültig sind. Aristoteles wußte aber nicht anzugeben, warum (vgl. Tugendhat/Wolf 76), obwohl jedem vernünftigen Menschen die Geltung evident ist. Das aber ist ein Hauptkritikpunkt von Toulmin gegen analytische Syllogismen: Der Argumentationspartner »kann sagen ›Ich verstehe, welches Beweismaterial du hast, und ich verstehe auch, welche Schlußfolgerung du daraus ziehst, aber ich sehe nicht, *wie* du zu dieser kommst‹. Es ist die Aufgabe der Schlußregel, diese Frage zu beantworten. Dazu müssen wir ihm unsere Schlußregel angeben und, falls notwendig, aufzeigen, auf welcher Stützung sie beruht. Solange wir dies nicht getan haben, kann er unsere Argumentation immer noch angreifen. Bei analytischen Argumentationen andererseits ist diese Situation kaum vorstellbar.« (Toulmin 117)

Eine substantielle Argumentation entspricht ungleich mehr den Implikaten einer idealen Sprechsituation als eine analytische Argumentation. Der Unterschied einer analytischen und einer substantiellen Argumentation kann deutlich werden, wenn wir von der bekanntesten Aristotelischen Schlußfigur als einem Beispiel ausgehen:

$$
\begin{array}{c}
M - P \\
\underline{S - M} \\
S - P
\end{array}
$$

S bedeutet darin Subjekt, P Prädikat und M Mittelglied. Wenn ich die beiden Mittelglieder wegfallen lasse, komme ich zu dem Schluß S ist P.
Bezogen auf ein Beispiel bei Toulmin:
Fast alle Schweden (M) sind nicht katholisch (P).
Peterson (S) ist Schwede (M).
Also
ist Peterson (S) wahrscheinlich nicht katholisch.
Dies ist eine analytische Argumentation, weil in der Schlußfolgerung nichts anderes enthalten ist als in den beiden Prämissen.

Zu einer substantiellen Argumentation kommen wir, wenn wir mit Toulmin die Oberprämisse zunächst einmal *nicht* als Prämisse ansehen, denn diese Form einer universellen Prämisse verdeckt den Unterschied zwischen Schlußregel und Stützung, wie Toulmin das nennt (Toulmin 129). *Substantiell* würde eine solche Schlußregel, wenn ich sie durch Gründe stütze, beispielsweise durch die Aussage »In Schweden gibt es nur 2% Katholiken«. Eine substantielle Argumentation stellen Toulmin und im Anschluß an ihn Habermas (hier verkürzt) in folgendem Schema dar (vgl. Toulmin 101 und Vorstudien 163):

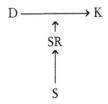

D ist hierbei das Datum (Petersen ist Schwede), auf das sich die Konklusion K (Petersen ist wahrscheinlich nicht katholisch) bezieht. SR ist die Schlußregel (fast alle Schweden sind nicht katholisch) und S die Stützung (in Schweden gibt es nur 2 % Katholiken). Das in der Stützung enthaltene Argument ist ein Mehr an Information als die in einer nur analytischen Argumentation enthaltene Information, insofern ist sie substantiell. In einer analytischen Argumentation steckt nicht mehr in dem syllogistischen Schluß, als was auch schon in den Prämissen steckte und nichts darüber hinaus. In einer substantiellen Argumentation wird die Konklusion stärker abgestützt. Herbert Schnädelbach bemerkt dazu: »Toulmins Modell zeigt, um wieviel komplexer selbst einfache Argumentationen sind als ein einzelner klassischer Syllogismus [. . .] In den allermeisten Fällen von Argumentation – außer in den rein formalen Ableitungen der Logik und Mathematik – haben wir es mit substantiellen Argumentationen zu tun, und dies gilt für die Wissenschaft wie für die Philosophie. Fast immer sind wir genötigt, unsere Behauptungen durch Gründe zu stützen, die sich von ihnen substantiell unterscheiden.« (Schnädelbach 1985, 491 und 493)

Bisher wurden die Regeln eines theoretischen Diskurses erörtert, die auch im naturwissenschaftlichen Bereich gelten, zum Beispiel: Dieser Stein ist zur Erde gefallen (K). Fritz hat ihn aus dem Fenster geworfen (D). Entsprechend dem Fallgesetz (SR) fällt jeder Stein zur Erde. S ist dann der induktive Nachweis der Schlußregel.

In theoretischen Diskursen wird der Geltungsanspruch der Wahrheit überprüft. Neben dem Geltungsanspruch der Wahrheit kann auch der der Richtigkeit diskursiv überprüft werden. Dies geschieht in praktischen Diskursen. In praktischen Diskursen kann die Geltung einer Handlungsnorm überprüft werden. Die rechtfertigungsbedürftige Empfehlung (K) lautet: Du sollst Erich die geliehenen 50 DM zurückgeben. Rechtfertigung (D) lautet: Erich hat Dir das Geld nur geliehen. Die Schlußregel (SR) heißt: Geliehenes Geld muß zurückgegeben werden; oder § 607 BGB. Die kasuistische Evidenz, die diese Handlungsnorm stützen könnte (S): Man kann die Folgen und Nebenfolgen dieser Norm (Institut des Darlehens) für die Erfüllung von allgemein akzeptierten Bedürfnissen anführen (vgl. dazu Vorstudien 165).

Der wesentliche Unterschied, den Habermas zwischen dem theoretischen und dem praktischen Diskurs anführt, ist der, daß sich die Plausibilitätsargumente im Falle des theoretischen Diskurses nicht gegen die Realität richten können, während praktische Diskurse sich gegenüber der gesellschaftlichen Realität kritisch verhalten können. Deshalb muß der Übergang von

S zu SR ein anderer sein. Es ist kein induktiver Übergang, sondern hier muß man sich auf allgemein akzeptierte Bedürfnisse stützen. Partikulare Bedürfnisse können nicht zur Stützung der Argumentation herangezogen werden (vgl. Vorstudien 172). Habermas sagt nun abschließend, daß ein argumentativ erzielter Konsensus nur dann ein zureichendes Kriterium für die Einlösung diskursiver Geltungsansprüche sei, wenn die Freizügigkeit zwischen verschiedenen Diskursebenen gesichert sei (Vorstudien 177). Dies bedeutet, daß mittels der formalen Regeln nicht nur die sachliche Argumentation gewährleistet sein muß, sondern auch die erkenntniskritische und die sprachkritische. Auf der erkenntniskritischen Ebene müsse im Prozeß der Selbstreflexion der Vorgang und die Bedingungen der Erkenntnis reflektiert werden können (für den praktischen Diskurs stellt sich die Frage: Was sollen wir erkennen wollen?) und auf der sprachkritischen Ebene müsse überprüft werden können, ob die Sprache dem Objektbereich angemessen sei. Begriffe müssen stets anhand neuer Erfahrungen getestet werden (vgl. Vorstudien 380). Habermas hat das nicht weiter ausgeführt und keine Regeln für den Diskurs auf den anderen Ebenen angegeben. Hier eröffnet sich aber ein komplexer Bereich, für den es in den verschiedenen Verästelungen u. U. spezifische Regeln geben muß (vgl. Vorstudien 175 f.). Für den Wechsel der Diskursebenen in praktischer Durchführung habe ich Beispiele angegeben (vgl. Horster 1989b, 162 ff.) und ebenso für die Überprüfung eines Konsensus auf der Handlungsebene, der im explikativen Diskurs gefunden wurde (vgl. Horster 1989a, 159).

VII. Begriffe ohne Anschauung sind leer, oder: Die Bedeutung der Wirklichkeit (Nachmetaphysisches Denken)

Aus systematischen Erwägungen möchte ich hier die Besprechung eines Werkes vorziehen, das nach der »Theorie des kommunikativen Handelns« erschien, das »Nachmetaphysische Denken«. Erst im Anschluß daran beginne ich mit der Interpretation des sogenannten Hauptwerkes von Habermas. Mein Vorgehen begründe ich wie folgt. Habermas hatte als Ergebnis seiner kritischen Betrachtung sozialwissenschaftlicher Methoden in »Zur Logik der Sozialwissenschaften« erkannt, daß die triftige Methode einer Sozialwissenschaft weder allein empirisch, noch allein transzendentalphilosophisch sein könne, was ihm beispielsweise von Rorty als inkonsequent ausgelegt wurde (vgl. Kapitel IV, 1). Im vorhergehenden Kapitel wurde der Teil der Habermasschen Theorie dargestellt, der die trandzendentalphilosophische Reflexion oder wie es später hieß »rationale Rekonstruktion« enthält. Ergänzt werden muß der sozialwissenschaftliche Bezug auf die Empirie. Insofern sind die rationale Rekonstruktion und die nachmetaphysische Bezugnahme auf die Wirklichkeit komplementär.

Ergänzend ist zu Anfang überdies zu bemerken, daß Habermas im »Nachmetaphysischen Denken« die Erörterungen systematischer durchführt, die er in seinem drei Jahre zuvor erschienenen »Philosophischen Diskurs der Moderne« schon aufgenommen hatte. Auf diese Publikation werde ich darum im IX. Kapitel nur kurz eingehen. Im »Philosophischen Diskurs der Moderne« begann Habermas die Auseinandersetzung mit anderen nachmetaphysischen Strömungen: Mit Nietzsche, Heidegger, Luhmann und vor allem mit der bei uns modisch gewordenen französischen Philosophie. Im »Nachmetaphysischen Denken« entwickelt Habermas einen eigenen, sich von diesen Strömungen radikal unterscheidenden nachmetaphysischen Ansatz, indem er nicht wie diese »postmodern« argumentiert, sondern auf der Basis der Prinzipien der Aufklärung, der Vernunft und der Intersubjektivität zu einer nachmetaphysischen Philosophie kommt. In dieser Hinsicht ist sich nun wieder Habermas mit seinem »Freund Richard Rorty« (DNR 108) einig (vgl. Rorty 1988, 11 ff. und 82 ff. und 1989, 305 ff.), obwohl das auf den ersten Blick nicht so erscheinen mag.

1. Was ist Metaphysik?

In Konkurrenz mit den erfolgreichen Wissenschaften lief die Philosophie der Neuzeit Gefahr, sich mit ihrem pathetisch vorgetragenen »privilegierten Zugang zur Wahrheit« (ND 14) lächerlich zu machen. Kants Fragestellung, wie denn Metaphysik als Wissenschaft möglich sei, war schon die Annäherung der Philosophie an die Wissenschaften. Seit Aristoteles konnte die Philosophie ihre Vorrangstellung behaupten: Sie »bleibt ihren metaphysischen Anfängen solange treu, wie sie davon ausgehen kann, daß die erkennende Vernunft sich in der vernünftig strukturierten Welt wiederfindet oder selbst der Natur und der Geschichte eine vernünftige Struktur verleiht«. (ND 42) Man muß darüber hinaus sogar sagen, daß das anfängliche metaphysische Denken beides zusammen sah. Für dieses Denken gab es keine Scheidung von ratio essendi und ratio cognescendi. Ich meine, daß darin sogar der Witz des anfänglichen metaphysischen Denkens lag. Diese ontologische Denkweise findet sich in einem der frühesten uns überlieferten Dokumente, in dem Fragment 12 des Anaxagoras. In diesem Fragment ist erkennbar, daß der Geist für Anaxagoras der alles Ordnende ist. Er tritt aber nicht nur als ratio cognescendi, sondern auch als ratio essendi, also als der, der die Ordnung nicht nur im Mentalen, sondern auch in der Realität herstellt, in Erscheinung. Das ist gemeint, wenn bei Habermas von der »Gleichsetzung von Sein und Denken« (ND 36) die Rede ist. Will man vom nachmetaphysischen Denken sprechen, muß man fragen, was denn metaphysisches Denken ist. Darüber scheint in allem Streit um das nachmetaphysische Denken noch Verwirrung zu bestehen. Habermas legt es für seine Auseinandersetzung mit dem metaphysischen Denken fest: »Die Metaphysik war als die Wissenschaft vom Allgemeinen, Unveränderlichen und Notwendigen aufgetreten« (ND 21), das durch Abstraktion von seinen Akzidentien gewonnen wurde. Weiter: »die antike Philosophie erbt vom Mythos den Blick auf das Ganze; sie unterscheidet sich von diesem durch das begriffliche Niveau, auf dem sie Alles auf Eines bezieht.« (ND 36) Das läßt offenbar werden, daß »›Einheit und Vielheit‹ [. . .] das Thema bezeichnet, in dessen Zeichen die Metaphysik von Anbeginn gestanden hat.« (ND 153) Für Heraklit war das der Vielheit Einheit gebende der Kosmos. Er blieb als die Harmonie gebende Ordnung, auch, wenn die vielen Einzelnen entstanden und vergingen. Die metaphysische Frage war also von

von Anbeginn die, in welchem Bezug das Einzelne zum einheitsstiftenden Wesen stand.

Dies war die metaphysische Frage nicht nur in der Ontologie, sondern auch dann noch, als sich mit Plotin die Ontologie zum Mentalismus wandelte, denn das »Eine hieß vor Plotin Idee des Guten oder Erster Beweger, nach ihm summum ens, Unbedingtes oder absoluter Geist.« (ND 153) Mit dem Mentalismus aber zerbrach die Einheit von ratio essendi und ratio cognescendi. Wenn man also das, was mit metaphysischem Handeln gemeint ist, in der Weise festlegt, wie Habermas es tut, »kann es unter den modernen Bedingungen der Reflexionsphilosophie kein im strengen Sinne metaphysisches Denken geben, allenfalls die Bearbeitung der bewußtseinsphilosophisch umgeformten metaphysischen Fragestellungen. So kann man auch Kants zweideutiges Verhältnis zur Metaphysik erklären und den Bedeutungswandel, dem dieser Terminus durch Kants Vernunftkritik unterliegt.« (ND 21) Und die Antwort auf die bewußtseinsphilosophisch umgeformte metaphysische Fragestellung lautet bei Kant, daß das Mannigfaltige der Anschauung einen notwendigen Bezug auf das einheitliche »Ich denke« haben muß (KrV B 132). »Und«, sagt Kant schlußfolgernd, »so ist die synthetische Einheit der Apperzeption der höchste Punkt, an dem man allen Verstandesgebrauch, selbst die ganze Logik, und, nach ihr, die Transzendental-Philosophie heften muß.« (B 134 Anmerkung).

2. Nachmetaphysische Vernunftauffassung

Die transzendentale Einheit der Apperzeption ist der letzte metaphysische Rest in Kants Philosophie. Im übrigen – und darauf weisen die Vertreter der Transzendentalpragmatik wie Karl-Otto Apel hin – ist der Nachweis dieses letzten, alle Erkenntnis vereinigenden Punktes nicht gegen skeptische Einwände gesichert, denn Kant argumentiert weitergehend so: Wenn es diesen Punkt nicht gäbe, gäbe es keine Kategorien, keinen Verstand, kein Denken, letztlich keine Erkenntnis. Da es Erkenntnis aber gibt, muß es auch die transzendentale Synthesis der Apperzeption geben. Gegen diese Argumentationsstruktur, die bei Kant auch andernorts vorherrscht, kann es vielerlei skeptische Argumente geben. Ein Skeptiker könnte einwenden, daß er die Möglichkeit der Erkenntnis zwar nicht bestreite, wohl aber die

Bedingung der Möglichkeit. Wenn er die Möglichkeit der Erkenntnis anerkenne, brauche er nicht gleichzeitig die transzendentale Apperzeption anzuerkennen.

Apel ist der Auffassung, daß diesem skeptischen Argument nach linguistic- and pragmatic-turn leichter zu begegnen sei als zu Kants Zeiten, so daß dem Skeptiker nicht die Wahl bleibe, die Bedingung der Möglichkeit von Erkenntnis anzuerkennen oder auch nicht, sondern er soll gezwungen sein, die Bedingung als unverzichtbare und unhintergehbare anzuerkennen. Apel setzt in seiner Transzendentalpragmatik statt des einsamen Erkenntnissubjektes (wie noch Kant) die Gemeinschaft der Argumentierenden und Kommunizierenden oder die community of investigators als Bedingung der Möglichkeit von Erkenntnis. Das bedeute – gegen den Skeptiker gewendet – zum einen, daß nur der erkenne, der argumentiere (wir denken immer alle schon in Argumenten) und zum anderen, daß jeder, der argumentiere, sich auf die Kommunikationsgemeinschaft eingelassen habe – eben auch der Skeptiker. Apel spricht von der Unhintergehbarkeit der Argumentationssituation, die er als »Äquivalent« (Apel 1973, 224) für die transzendentale Synthesis der Apperzeption ansieht. Selbst wenn der Skeptiker sage, daß er als überzeugter Skeptiker nicht argumentiere und nicht am Sprachspiel der heutigen Gesellschaft teilnehme, habe er sich schon auf die Argumentationsgemeinschaft eingelassen. Man könne ihm nämlich einen »performativen Selbstwiderspruch« (DNR 130 f.) nachweisen. Wer sich also überhaupt argumentativ äußere (und jeder tue das, weil unser Denken schon argumentativ angelegt sei), anerkenne die Argumentationsregeln der Kommunikationsgemeinschaft, denn sie könnten nur bestritten werden, wenn ihre Geltung zugleich anerkannt werde. Diese Regeln sind die oben erörterten Bedingungen der idealen Sprechsituation. Diese Argumentationsregeln bilden nach Apel die Letztbegründung und Bedingung der Möglichkeit jeder Erkenntnis. Die Letztbegründung habe universale Geltung. Einen solchen Fundamentalismus will Habermas nicht. Vielleicht hat ihn Rortys Kritik (vgl. Rorty 1981, 411) zu einer Abgrenzung von Apels transzendental-pragmatischer Letztbegründung bewogen. Er will demgegenüber eine »kritische Unbedingtheit ohne Fundamentalismus« (Schnädelbach 1987, 259). Gegen das »geschichtslose Geltende der Transzendentalpragmatik will er den Gesichtspunkt der Veränderbarkeit der Verhältnisse mitsetzen« (Negt 1988, 232; vgl. auch McCarthy 131 ff.). Zunächst meint man, daß dieses Programm viel schwieriger einzulösen sei als das Apelsche: Einerseits will Habermas an der Unbedingtheit festhalten, andererseits will er sich davon distanzieren. Würde man – so Habermas – an dem Apelschen Letztbegründungsanspruch festhalten, wäre das in Gefahr, was in seinem Buch »Nachmetaphysisches Denken« vorgestellt wird: »Gesellschaftstheorie als nachmetaphysisches Unternehmen« (Entgegnung 349). Habermas will also einerseits wie Apel an den Argumentationsregeln der Kommunikationsgemeinschaft festhalten, andererseits aber nicht ausschließen, daß die Gründe, die wir augenblicklich für die besten halten, in einer anderen Situation von besseren Gründen abgelöst werden. »Das nimmt dem Geltungsanspruch, der mit Hilfe dieser Gründe eingelöst wird, kein Jota von seiner Unbedingtheit. Der fallibilistische Sinn des Argumentationsspiels trägt nur dem Umstand Rechnung, daß universale Geltungsansprüche faktisch, eben in unserem jeweiligen Kontext, der ja nicht still stehen bleibt und sich ändern wird, erhoben werden müssen.« (Entgegnung 351)

Habermas führt – wie wir seit der »Theorie des kommunikativen Handelns« wissen – die Gesellschaftstheorie als nachmetaphysisches Programm durch, indem er die normative Basis seiner kritischen Gesellschaftstheorie ausweist. Die normative Basis sei ein Vernunftbegriff, der sich aus den drei Vernunftmomenten zusammensetzt, die den drei großen »Kritiken« von Kant entsprechen. Nur sei dieser Vernunftbegriff kein metaphysischer wie noch bei Kant, sondern er entspreche den drei Geltungsansprüchen (Wahrheit, Richtigkeit, Wahrhaftigkeit), die in jeder Kommunikation enthalten seien und jeder Äußerung zugrunde lägen. Mit George Herbert Mead, dem der umfangreichste Aufsatz im »Nachmetaphysischen Denken« gewidmet ist, sieht Habermas, daß sich Vernunft intersubjektiv bilde. Vernünftigkeit sei eine Kompetenz vergesellschafteter Individuen, die in sozialen Interaktionszusammenhängen erworben werde. Die Meadsche Philosophie »entdeckt eine schon in der kommunikativen Alltagspraxis selbst operierende Vernunft«. (ND 59) Damit ist Vernunft nicht mehr als transzendentalen Ursprungs anzusehen. Vernünftigkeit bildet sich mit der Subjektwerdung. Vernünftigkeit ist nicht mehr – wie noch in der Transzendentalphilosophie – etwas nicht Faßbares. Vernunft ist empirisch-sprachlich faßbar, sie vermittelt sich dem Individuum im Prozeß der Selbstwerdung und die vergesellschafteten

Menschen bleiben ihr Leben lang auf eine eigentümlich bewußt-unbewußte Weise vernünftig: »Uns allen ist die Lebenswelt als eine nicht-gegenständliche, vortheoretische Ganzheit auf unproblematische Weise intuitiv immer schon gegenwärtig – als Sphäre der täglichen Selbstverständlichkeiten, des common-sense.« (ND 46)

3. Die Aufgabe der Philosophie und ihre Stellung zu den Wissenschaften

Aus diesem Zusammenhang ergibt sich für Habermas die Aufgabe der Philosophie, die das Alltägliche und Selbstverständliche bewußt zu machen hätte, damit die handelnden und sprechenden Menschen sich auf ihre eingelebten Selbstverständlichkeiten, eben auf die Basis ihres Handelns und Sprechens, besinnen könnten; das gilt ebenso für den Wissenschaftsbereich: »Auch wenn sich die Philosophie derart *im* Wissenschaftsbereich einnistet, muß sie damit den Bezug aufs Ganze, der die Metaphysik ausgezeichnet hat, keineswegs preisgeben [. . .] Aufgrund ihrer intimen und doch gebrochenen Beziehung zur Lebenswelt eignet sich die Philosophie auch für eine Rolle *diesseits* des Wissenschaftssystems – für die Rolle des Interpreten, der zwischen den Expertenkulturen von Wissenschaft und Technik, Recht und Moral einerseits, der kommunikativen Alltagspraxis andererseits vermittelt – und zwar auf eine ähnliche Weise, wie die Literatur- und Kunstkritik zwischen Kunst und Leben vermittelt.« (DN 46) Wir können hier von einem Programm »selbstreflexiver Vernunft« sprechen, mit dem Habermas seiner 30 Jahre alten Auffassung vom Verhältnis der Philosophie zu den Wissenschaften treu bleibt, das er in dem von mir schon oft erwähnten Lexikonartikel zur Anthropologie formuliert hat (vgl. KuK 91). Diese Auffassung schließt – wie gesagt – an Horkheimers Grundlegung der Kritischen Theorie an.

4. Vom Subjekt – Objekt zum Subjekt – Subjekt

Den ersten Schritt über Kant hinaus in Richtung auf Intersubjektivität sieht Habermas in der Philosophie Fichtes, indem Fichte die transzendentale Gegebenheit der Erkenntnisbasis bezweifelt und eine Selbstsetzung des Ich annimmt. Fichtes Philosophie scheint in der Tat das Scharnier zur Eröffnung nachmetaphysischen Denkens zu sein, da Vernunft nicht mehr als transzendentale Größe angenommen wird, sondern sich im Bildungsprozeß des Ich mit bildet. Allerdings setzt sich das Ich im Bildungsprozeß selbst gegenüber; betrachtet sich selbst, indem es von den Erkenntnisinhalten abstrahiert und sich als zu betrachtendes Objekt gegenübersetzt, so daß der Bildungsprozeß von Fichte als einer in einem Subjekt-Objekt-Schema begriffen werden muß (vgl. Fichte, Abschn. 3).»Fichte kann das Erklärungspotential seines Lösungsvorschlages nicht ausschöpfen, weil er die intersubjektive Beziehung, durch die sich das Ich überhaupt zu mehreren Individuen vereinzelt, in eine Subjekt-Objekt-Beziehung auflösen muß.« (ND 200) Hier sei ein in den Grenzen der Subjektphilosophie – wie oben bereits erwähnt (vgl. Kapitel IV, 1) – unauflösbares Problem: »Im deutschen Idealismus und bei Marx galten Selbstbewußtsein, Selbstbestimmung und Selbstverwirklichung als die Begriffe, in denen sich der normative Gehalt der Moderne zusammenfaßte. Der Sinn der Vorsilbe ›Selbst‹ ist allerdings im Zuge eines possessiven Individualismus und im Zeichen von schierer Subjektivität von Anfang an entstellt worden. Wir müssen diesem ›Selbst‹ seinen intersubjektiven Sinn zurückgeben. Niemand kann für sich allein frei sein, niemand ohne den Zusammenhang mit anderen ein bewußtes Leben führen, nicht einmal sein *eigenes* Leben führen. Niemand ist ein Subjekt, das nur sich selber gehört. Der normative Gehalt der Moderne läßt sich nur in seiner intersubjektiven Lesart entziffern.« (DNR 35) Erst George Herbert Mead habe dieses Problem gelöst: »Das Ich, das mir in meinem Selbstbewußtsein als das schlechthin Eigene gegeben zu sein scheint, kann ich nicht allein aus eigener Kraft, gleichsam für mich allein, aufrechterhalten – es ›gehört‹ mir nicht. Dieses Ich behält vielmehr einen intersubjektiven Kern, weil der Prozeß der Individuierung, aus dem es hervorgeht, durch das Netzwerk sprachlich vermittelter Interaktionen hindurchläuft. G. H. Mead hat als erster dieses intersubjektive Modell des gesellschaftlichen produzierten Ich durchdacht. Er verabschiedet das Reflexionsmodell des Selbstbewußtseins, demzufolge das erkennende Subjekt sich, um seiner habhaft und dadurch bewußt zu werden auf sich als Objekt bezieht.« (ND 209).

Im Interaktionsprozeß bildet sich das Subjekt ebenso wie das Kollektiv (vgl. MuS 1043). Das Individuum bildet sich im

Wechselspiel mit den anderen als Subjekt heraus. Es orientiert sich zunächst an den anderen. Dennoch wird es nicht identisch mit den anderen des Kollektivs. Es bleibt immer eine Differenz von – um die Kategorien von Mead aufzunehmen – me (Kollektiv) und I (Individuum). Diese Differenz könnte man als Kreativitätsspielraum bezeichnen. Dieser Kreativitätsspielraum macht auch die Weiterentwicklung des Kollektivs möglich (vgl. Mead 217 f.). Bei Mead hängt die Selbstwerdung »von der Internalisierung der verhaltenskontrollierenden, gleichsam von außen nach innen wandernden Instanzen ab. In dem Maße, wie sich im Prozeß der Vergesellschaftung das heranwachsende Subjekt das, was die Bezugspersonen von ihm erwarten, zunächst zu eigen macht, um sodann die vielfältigen, auch widersprüchlichen Erwartungen durch Abstraktion zu verallgemeinern und zu integrieren, entsteht ein inneres Zentrum der Selbststeuerung individuell zurechenbaren Verhaltens.« (ND 190) Bezogen auf die Vernunft heißt das: »Nur in dem Maße, wie wir in diese soziale Umgebung hineinwachsen, konstituieren wir uns als zurechnungsfähig handelnde Individuen und bilden auf dem Wege der Verinnerlichung der sozialen Kontrollen die Fähigkeit aus, *selber* – aus freien Stücken – den für legitim gehaltenen Erwartungen entweder zu folgen oder gegen sie zu verstoßen.« (ND 220 f.)

Die Differenz, die zwischen me und I dennoch verbleibt, macht den genannten Spielraum möglich; sie macht auch möglich, daß das Individuum in einem Akt der Selbstreflexion sich selbst wählt, d. h. zu dem macht, das es sein möchte. Diese Art der Selbstreflexion war schon vor Mead – wie wir sahen bei Fichte – möglich. Sie war aber in der Form des Bekenntnisses auch schon vor Fichte, von Augustinus über das christliche Mittelalter bis Kirkegaard möglich. Nur neigt sich jetzt »die Vertikale des Gebetes in die Horizontale zwischenmenschlicher Kommunikation« und der Einzelne kann »den emphatischen Anspruch auf Individualität nicht mehr allein durch rekonstruierende Aneignung seiner Lebensgeschichte einlösen; ob diese Rekonstruktion gelingt, entscheidet sich nun an den Stellungnahmen der Anderen.« (ND 206) Insofern handelt es sich jetzt um eine völlig andere Art der Selbstwahl, die ein Korrektiv hat. Das Ich behält von vornherein einen intersubjektiven Kern (vgl. ND 209). Das Ich ist gleichzeitig auch das »me«, denn es kann die Perspektive des generalisierten Anderen einnehmen und sich selbst korrigieren, orientiert am Maßstab des »me«. Es kann aber dieses »me« auch durch Appell an andere verändern (vgl. ND 223 f.).

Mit dieser Vermittlung oder mit dem Meadschen Paradigma der symbolisch vermittelnden Interaktion ist auch das metaphysische Problem der Vermittlung von empirischem und Transzendentalsubjekt weggefallen, denn im Medium der Sprache bilden sich Individualität und Intersubjektivität gleichursprünglich heraus: »Sprach- und handlungsfähige Subjekte werden vielmehr als Individuen allein dadurch konstituiert, daß sie als Mitglieder einer jeweils besonderen Sprachgemeinschaft in eine intersubjektiv geteilte Lebenswelt hineinwachsen. In kommunikativen Bildungsprozessen bilden und erhalten sich die Identität des Einzelnen und die des Kollektivs *gleichursprünglich*. Mit dem System der Personalpromina ist nämlich in den verständigungsorientierten Sprachgebrauch der sozialisatorischen Interaktion ein unnachgiebiger Zwang zur Individuierung eingebaut; über dasselbe Medium der Alltagssprache kommt aber zugleich die vergesellschaftende Intersubjektivität zum Zuge.« (MuS 1043) Diesen Zusammenhang – daran erinnert Habermas – hat »Wilhelm von Humboldt George Herbert Mead gewissermaßen um hundert Jahre vorweggenommen [. . .] Bereits Humboldt begreift nämlich Verständigung als einen Mechanismus, der uno actu *vergesellschaftet* und *individuiert*. In den Strukturen der gebrochenen Intersubjektivität, die vom kompetenten Sprecher die Beherrschung des Systems der Personalpronomina verlangen, ist Vereinzelung sowenig ohne den unerbittlichen Zwang zur Universalisierung möglich wie Vergesellschaftung ohne gleichzeitige Individuierung.« (Entgegnung 332) Auch die Aporie von Rationalität und transzendentaler Rationalität ist keine mehr, »weil das, was wir als unsere Rationalität zu identifizieren vermögen, nach Mead eine Kompetenz ist, die selbst bereits in sozialen Interaktionszusammenhängen erworben wird und zugleich die mögliche Teilhabe an einem sozialen wie an einem logischen Universum bedeutet.« (Schnädelbach 1987, 113)

Das »me« ist nach Mead der »kontrafaktisch unterstellte universelle Diskurs« (ND 227), denn die »Idee des Sich-im-Anderen-Erkennens dient Mead als Leitfaden für seine Erklärung, derzufolge die elementare Form der Selbstbeziehung durch die Interpretationsleistung eines anderen Interaktionsteilnehmers ermöglicht wird [. . .] Er lernt das eigene Verhalten aus der Perspektive des anderen, und zwar im Licht von dessen interpretierender Verhaltensreaktion verstehen.« (ND 215/216) Damit kann noch einmal deutlich werden, daß »die Stimme der Vernunft [. . .] für Mead die vereinigte Stimme der in einem umfas-

senden Konsensus Vereinigten (ist); der mögliche Ort dieses
Konsensus aber ist das ›me‹, durch das der Einzelne zugleich ein
soziales und logisches Universum verkörpert.« (Schnädelbach
1987, 111) Dieser Ort ist also der Ort des »Diskurses aller Diskurse« (Schnädelbach 1987, 164).

5. Nachmetaphysische Begriffsarbeit

Jetzt ist zu fragen, ob sich mit dem an Mead orientierten nachmetaphysischen Denken auch das metaphysische Problem von
Allgemeinem und Einzelnem gelöst hat. Das Einzelseiende
wird in allgemeinen Begriffen erfaßt. Der Begriff soll das Wesentliche aller durch ihn bezeichneten Einzeldinge enthalten. Problematisch ist das Verhältnis des das Wesentliche enthaltenden Begriffs zu den Einzeldingen. Schon Sokrates gibt im Platonischen
Dialog »Parmenides« verschiedene Möglichkeiten der Vermittlung von Einzelnem und Wesensbegriff (idea) an, und Hegel versucht als letzter in der Reihe großer metaphysischer Denker das
Problem dialektisch zu lösen. Denker des 20. Jahrhunderts sehen
diese Lösung als »eine echte philosophische Verlegenheit« an (Löwith 1953, 37; vgl. dazu Horster 1989a, 150 ff.).
  Nun wurde Habermas in einer Kritik an seinem nachmetaphysischen Denken vorgeworfen, er habe dieses Problem ignoriert oder vorschnell vom Tisch gewischt. Metaphysik verlange
nämlich »nichts Geringeres als das uns zugängliche Ganze unter
Begriffe zu bringen . . . Natürlich bleibt es jedem unbenommen,
aus pragmatischen Gründen auf fundamentale Erörertungen zu
verzichten.« (Volker Gerhardt, Kein Ende der Metaphysik, in:
FAZ vom 17. September 1986) Diese Vermutung trifft aber kei-
nesfalls das, was Habermas will. Er will nicht die strenge Begriffsarbeit aufgeben. Zur Frage steht lediglich das »Wie?« der
Begriffsarbeit.
  Philosophische Erörterungen bauen immer auf Begriffen auf.
Sie haben eine Bedeutung. In einem philosophischen Diskurs
kann die Bedeutung eines Begriffes zur Disposition stehen. Habermas nennt solche Diskurse »explikative Diskurse« (vgl.
TkH 1, 44). Frühes Musterbeispiel für einen solchen Diskurs ist
der Platonische Dialog »Laches«, in dem der Begriff der Tapfer-
keit erörert wird, der am Ende andere Wesensmerkmale auf-
weist als am Anfang des Dialogs.
  Fraglich ist, wie mittels nachmetaphysischen Denkens hier
verfahren werden soll. Natürlich ergeben sich die zu behan-

delnden Fragen ganz im Sinne des amerikanischen Pragmatismus, an dem Habermas sich orientiert, aus in der Lebenswelt auftretenden Problemen und fraglich gewordenen Hintergrundüberzeugungen. Sie werden dann modo philosophico
beantwortet: »Die Horizonte unserer Lebensgeschichte und
der Lebensformen, in denen wir uns je schon vorfinden, bilden
ein poröses Ganzes aus präreflexiv gegenwärtigen und vor
reflexiven Zugriffen zurückweichenden Vertrautheiten. Als
selbstverständlich und vergewisserungsbedürftig ist dieses
Ganze der Lebenswelt nah und fern zugleich, eben auch ein
Fremdes, das beharrlich Fragen aus sich entläßt; z. B. die: ›Was
ist der Mensch?‹. Diesem naturwüchsigen Quell der Problematisierung des vertrauten Hintergrundes der Welt im ganzen ver-
danken philosophische Grundfragen ihren Bezug aufs Ganze,
ihren integrierenden und abschließenden Charakter [. . .] Die
Möglichkeiten, auf solche Fragen Antwort zu geben, werden
aber auch von Veränderungen berührt, die in der Lebenswelt
selbst stattfinden.« (ND 24 f.) Daß die Lebenswelt stets sich
verändert, ist der Grund dafür, daß die Philosophie in ihrer zwei-
einhalbtausendjährigen Geschichte keine endgültigen Antworten
gefunden hat, die sie allerdings immer suchte. Die Veränderungen
in der Lebenswelt verändern auch den von der Metaphysik so genannten Wesenskern eines Gegenstandes, der nicht als unverän-
derliches Wesen zu haben ist. Auf die Erkenntnis, daß philosophische Begriffsarbeit immer einen Bezug zur sich ständig verändern-
den Lebenswelt hat, reagiert das nachmetaphysische Denken. Die
Begriffsarbeit des nachmetaphysischen Denkens ist nur anders als
die des metaphysischen. Sie wird aber im nachmetaphysischen
keineswegs aufgegeben. Im nachmetaphysischen werden »Begriffe und begriffliche Zusammenhänge im Hinblick auf ihre
Reichweite und Leistungsfähigkeit erprobt [. . .] und wenn sie alle
verfügbaren Belastungsproben überstanden haben, können wir sie
mit Recht zur Grundlage unseres weiteren philosophischen und
nichtphilosophischen Denkens machen.« (Schnädelbach 1985,
502) Begriffe müssen also, so sagt Habermas schon in seinem Aufsatz zur Universalpragmatik, stets anhand neuer Erfahrungen getestet werden (vgl. Vorstudien 380). Es verhält sich hier wie in der
Psychoanalyse, an deren Modell Habermas seine Theorie bildet:
Hypothesen können nur solange gelten wie ihnen keine anderen
Erfahrungen widersprechen. Kommen neue Erkenntnisse aus
dem Erleben des Patienten hinzu, muß der Analytiker seine
Hypothesen umbilden; die Hypothesen des Analytikers werden
einem Belastungstest ausgesetzt.

Die Begriffsarbeit im nachmetaphysischen Denken hat nie den Anspruch, daß sie um ihrer selbst willen gemacht wird, so wie Aristoteles ihn programmatisch an den Anfang der langen Geschichte der Metaphysik stellte (vgl. Metaphysik, Buch I, 1). Begriffsarbeit im nachmetaphysischen Denken ist immer eingebettet in den Veränderungen unterworfenen Lebenszusammenhang und gewinnt von daher neue Aufgabenstellungen und die Stetigkeit neuer Aufgabenstellungen. Begriffsarbeit ist situationsabhängig. In ihr »mobilisieren wir immer nur Teile unseres sprachlichen Wissens, um andere Teile zu ›reparieren‹, d.h., um die dort gefährdete Verständigung wiederherzustellen und zu sichern.« Eine solche Begriffsarbeit hat »sehr viel mit dem ›piecemeal engineering‹ auf einem Schiff auf hoher See zu tun, das mit Bordmitteln auskommen muß; man kann eben nicht zugleich auf einem Schiff fahren und es auf Dock legen.« (Schnädelbach 1987, 166)

Mit dieser Konzeption wird auch die Frage nach den »ewigen Wahrheiten«, die in metaphysischen Begriffen stecken sollen, beantwortet.

VIII. Die Entdeckung der Vernunfteinheit in der Sprache, oder: Soziales Handeln, Lebenswelt und Gesellschaft (Theorie des kommunikativen Handelns)

In der »Theorie des kommunikativen Handelns« geht die Ernte von Habermas' methodologischen Überlegungen und Gesell-schaftsanalysen aus zwei Jahrzehnten ein. Weil beides bei Habermas seit seinem oben beschriebenen Heidegger-Erlebnis zu-sammenkommt, ist die »Theorie des kommunikativen Handelns« »keine Metatheorie, sondern Anfang einer Gesell-schaftstheorie, die sich bemüht ihre kritischen Maßstäbe auszu-weisen [. . .] Die Formierung von Grundbegriffen und die Be-antwortung substantieller Fragen bilden, gut hegelisch, einen unauflöslichen Zusammenhang«. (TkH 1, 7) So paßt es, daß Habermas – anknüpfend an die eben erörterte nachmetaphysi-sche Vernunftkonzeption –, seiner bisher umfangreichsten Pu-blikation den Sinn gibt »in der Alltagspraxis selber die beharrli-che Stimme einer kommunikativen Vernunft noch dort« zu identifizieren, »wo diese unterdrückt, verzerrt und entstellt ist« (DNR 102).

In dieser Veröffentlichung verschränken sich also »Theorie-geschichte und systematische Untersuchung« (DNU 231). Die Darstellung der systematischen Untersuchung hat Habermas in die Einleitung, die Zwischen- und Schlußbetrachtungen gelegt (vgl. TkH 1, 9). Somit ist der Aufbau des Werkes einem anderen Schema gefolgt als zunächst vorgesehen. Habermas wollte ur-sprünglich seine im Jahre 1970/71 gehaltenen Christian Gauss Lectures überarbeiten. Die dann realisierte Darstellung in der Veröffentlichung von 1981 geht auf einen Vorschlag Thomas McCarthys zurück (vgl. TkH 1, 8). Dennoch halte ich die Chri-stian Gauss Lectures für die am besten zu verstehende Darstel-lung der Entwicklung Habermasschen Denkens. Sie muß als der »Theorie des kommunikativen Handelns« vorausgehende Lektüre empfohlen werden. Diese Vorlesungen sind in dem Band »Vorstudien und Ergänzungen zur Theorie des kommu-nikativen Handelns« abgedruckt.

Ich werde bei meiner Darstellung der »Theorie des kommu-nikativen Handelns« den systematischen Teilen des Werkes fol-gen und die theoriegeschichtlichen außer Betracht lassen. Dies hat drei Gründe: Zum einen geht die von Habermas erarbeitete Theoriegeschichte natürlich in die systematischen Reflexionen mit ein. Zum zweiten kann dadurch die Stringenz der Habermasschen Argumentation eher zum Vorschein kommen. Und drittens ist der für diesen Rahmen vorgesehene Kürze der Darstellung gedient.

Nach diesen Bemerkungen ist noch eine letzte vorbemerkende Antwort auf die Frage zu geben, was denn eigentlich in diesem »opus magnum« dargestellt werden soll. Habermas antwortet mit einer knappen Beschreibung des Inhaltes der »Theorie des kommunikativen Handelns«: »Es geht zunächst um einen Begriff der kommunikativen Rationalität, der hinreichend skeptisch entwickelt wird und doch den kognitiv-instrumentellen Verkürzungen der Vernunft widersteht; sodann um ein zweistufiges Konzept der Gesellschaft, welches die Paradigmen Lebenswelt und System auf eine nicht nur rhetorische Weise verknüpft; und schließlich um eine Theorie der Moderne, die den Typus der heute immer sichtbarer hervortretenden Sozialpathologien mit der Annahme erklärt, daß die kommunikativ strukturierten Lebensbereiche den Imperativen verselbständigter, formal organisierter Handlungssysteme unterworfen werden.« (TkH 1, 8) Diese Beschreibung ist der Leitfaden zu der Systematik des ganzen Werkes, den wir verfolgen sollten. Zuvor sei daran erinnert, daß Habermas mit diesem Werk sein schon früher vorgestelltes Forschungsvorhaben zum Abschluß bringen will, nämlich die Maßstäbe seiner emanzipatorischen Gesellschaftstheorie darzustellen. In diesem umfangreichen Forschungsbericht, als den man die »Theorie des kommunikativen Handelns« auch lesen kann, wird – wie in den vorher besprochenen Publikationen, jetzt aber systematisch – die Vernunft als letzter Bezugspunkt für die denkenden, handelnden und sprechenden Menschen in Alltag und Wissenschaft ausgewiesen. Das unterscheidet Habermas von der selbstwidersprüchlichen Darstellungsweise Horkheimers und Adornos in der »Dialektik der Aufklärung«, die die Vernunft, die sie kritisieren, zugleich für sich in Anspruch nehmen. Wer garantiert ihnen eigentlich, fragt Helmut Dubiel, »daß ihre eigene theoretische Arbeit von dem verzerrenden Sog der instrumentellen Vernunft verschont würde«? (Dubiel in Z 507) Habermas' Darstellung unterscheidet sich weiterhin von der traditionellen Theorie oder den abendländischen Wissenschaften der Neuzeit, die einen Objektivitätsanspruch haben, ihn aber nicht ausweisen.

Einleitung
Der Autor verschafft sich Zugang zur Rationalitätsproblematik auf drei Ebenen und vier Zugängen. Damit sind wir bereits am Beginn der systematischen Darstellung.

Nach Habermas' Ansicht schließt die Soziologie innerhalb des Spektrums verschiedener Sozialwissenschaften in ihren Grundbegriffen an die Rationalitätsproblematik an (TkH 1, 18), weil sie als einzige sozialwissenschaftliche Disziplin »den Bezug zu Problemen der Gesamtgesellschaft« behält (TkH 1, 20). So stelle »sich für *jede* Soziologie mit gesellschaftstheoretischem Anspruch, wenn sie nur radikal genug verfährt, das Problem der Rationalität gleichzeitig auf *metatheoretischer,* auf *methodologischer* und auf *empirischer Ebene*« (TkH 1, 23). Hier sind die drei Ebenen benannt, zu denen Habermas sich auf vierfache Weise Zugang verschaffen will:

1) Eine »provisorische« Erörterung des Rationalitätsbegriffs, vielfach vom Alltagsverständnis ausgehend, wird vorangestellt.
2) Sodann bringt Habermas, in dem wohl am meisten diskutierten zweiten Abschnitt der Einleitung, diesen Rationalitätsbegriff in die evolutionäre Perspektive, d. h. er will die Entstehung des modernen Weltverständnisses nachzeichnen.
3) In den beiden folgenden Einleitungsabschnitten zeigt er den internen Zusammenhang von Rationalität und Gesellschaft, und zwar zunächst auf metatheoretischer und anschließend
4) auf methodologischer Ebene.

ad 1: Der Begriff der Rationalität
Im Alltag stellen wir Behauptungen auf und erheben damit stets einen Wahrheitsanspruch, den wir zu begründen versuchen (vgl. TkH 1, 26). Diese grundlegende Ausgangshypothese kann auf zweierlei Weise gestützt werden: Jedem wird zum einen einleuchten, daß in vielen Alltagssituationen folgendermaßen verfahren wird: Jemand sagt: »Erwin hat sich von Rita getrennt.« Sein Gegenüber zweifelt daran. Daraufhin derjenige, der das behauptet: »Doch, das ist wahr!« Und nun die Begründung: »Ich habe Erwin vor zwei Tagen getroffen und er hat mir selbst die Geschichte erzählt.« – Zum anderen kann diese Ausgangshypothese argumentationsanalytisch nachgewiesen werden: »1) Hiermit bestreite ich, daß p. 2) bestreite ich, daß p wahr ist. Der mögliche Redundanzverdacht gegenüber 2) [. . .] bestätigt nur den in jeder Behauptung *notwendigerweise* schon immer

implizit erhobenen Wahrheitsanspruch, der im Vollzug der Behauptung zwar explizit benannt werden kann, doch dieser Explikation nicht seine Existenz verdankt.« (Kopperschmidt, S. 17 f.)

Dies ist eine rationale assertorische Aussage. Aussagen werden aber nicht nur rational begründet, sondern – und das ist entscheidend für den Habermasschen Rationalitätsbegriff – in jeder Äußerung wird die Lebenswelt, in der diese Äußerung gemacht wird, mitthematisiert.»Diesem Modell zufolge haben rationale Äußerungen den Charakter sinnvoller, in ihrem Kontext verständlicher Handlungen, mit denen sich der Aktor auf etwas in der objektiven Welt bezieht. Die Gültigkeitsbedingungen symbolischer Äußerungen verweisen auf ein von der Kommunikationsgemeinschaft intersubjektiv geteiltes Hintergrundwissen.« (TkH 1, 32) Kognition und Interaktion finden also stets gleichzeitig statt: »In Zusammenhängen kommunikativen Handelns darf als zurechnungsfähig nur gelten, wer als Angehöriger einer Kommunikationsgemeinschaft sein Handeln an intersubjektiv anerkannten Geltungsansprüchen orientieren kann.« (TkH 1, 34)

Dieser Zusammenhang besteht aber nicht nur bei Äußerungen, die sich auf etwas in der objektiven Welt, sondern auch bei Äußerungen, die sich auf etwas in der sozialen und subjektiven Welt beziehen: »Statt eines Tatsachenbezugs haben sie einen Bezug zu Normen und Erlebnissen.« (TkH 1, 35) Nun gibt es auch Mischformen von Äußerungen. Habermas nennt sie evaluative Äußerungen. Die in solchen Äußerungen genannten Wertstandards haben weder die Allgemeinheit von intersubjektiv anerkannten Normen, noch sind sie bloß privat. Doch kann man für alle Äußerungen, auch für die letztgenannten sagen, daß sie dann nicht rational sind, wenn sie nicht plausibel gemacht oder nicht erklärt werden können. Damit wird behauptet, daß die kommunikative Praxis auf Konsens angelegt ist. »Die der kommunikativen Alltagspraxis innewohnende Rationalität verweist auf eine Argumentationspraxis als Berufungsinstanz.« (TkH 1, 37) In diesem Zusammenhang ist auch die oft mißverstandene Diskurstheorie von Habermas zu sehen. Es ist nicht so – wie Kritiker behaupten –, daß Habermas allenthalben rationale Diskurse in unserer Gesellschaft sieht oder daß dies eine zu realisierende Forderung für eine zukünftige Gesellschaft sei. Eine solche Interpretation beruht auf einem konkretistischen Mißverständnis der Diskurstheorie. Habermas macht dazu eine »Klarstellung«, wie er seine Interviewäußerungen stets nennt (vgl. DNU 165): »Die Diskurstheorie der Wahrheit beansprucht nur, ein intuitives Wissen vom Sinn universaler Geltungsansprüche, über das jeder kompetente Sprecher verfügt, zu rekonstruieren.« (DNR 228) Dies bedeutet, daß jede, auch die alltägliche Äußerung prinzipiell auf einen Diskurs angelegt ist, d. h., daß sie so gemacht wird, daß sie grundsätzlich in einem Diskurs überprüft werden könnte. Eine Analogie zu einem grammatikalisch richtig gebildeten Satz bietet sich hier an: Die meisten Menschen sind in der Lage, grammatikalisch richtige Sätze zu bilden, ohne die Regeln der Grammatik zu kennen. Jeder Satz ist nach diesen Regeln gebildet, sofern er grammatikalisch richtig ist. Auch ein Verstoß gegen diese Regeln läßt sich ebenso überprüfen wie eine Aussage, die nicht oder nur unzureichend begründet werden kann.

Habermas kennt theoretische, praktische und explikative Diskurse. Im Kapitel »Wahrheitstheorien« wurden der theoretische und der praktische Diskurs bereits behandelt. Der explikative Diskurs ist eine Begriffsklärung und den beiden anderen Diskursarten vergleichbar (vgl. Kapitel VII, 5). Wie schon in seinem Aufsatz »Wahrheitstheorien« (vgl. Kapitel VI, 2) bezieht Habermas sich auch hier wieder auf das noch »verbesserungsbedürftige« Toulminsche Modell (vgl. TkH 1, 49). Entsprechend den drei Geltungsansprüchen Wahrheit, Richtigkeit und Wahrhaftigkeit teilt Habermas die Argumentationsformen ein. – Eine weitere für seine Theorie wichtige Unterscheidung macht Habermas zwischen Diskurs und Kritik. Die Idealform des Diskurses ist dabei frei von jedem Handlungszwang, so daß nur das bessere Argument gilt. In Anlehnung an Kants »Kritik der Urteilskraft« könnte man hier von »interesseloser Begründung« sprechen. Habermas spricht immer dann von »Kritik« statt von »Diskurs«, wenn diese von Handlungszwängen freie Situation nicht gegeben ist (vgl. TkH 1, 70).

Da wir nun einmal Kants Ästhetik zur Analogie herangezogen haben, bleiben wir gleich bei der umstrittenen Frage, warum es denn bei Habermas keinen ästhetischen Diskurs gibt (vgl. dazu Zimmermann 1970 und 1984). Habermas ist der Auffassung, daß ästhetische Argumente weniger zwingend seien als andere, denn sie sollen nur die Wahrnehmung anleiten und die Authentizität eines Werkes evident erscheinen lassen (TkH 1, 42). Dagegen werde im praktischen Diskurs eine Norm so begründet, daß ein verallgemeinerbares Interesse deutlich wird. Ästhetische Argumente dagegen würden der eigenen Sinnesschärfung dienen (TkH 1, 43). Habermas hält der Möglichkeit eines ästhetischen Diskurses die fehlende Universalisierung des Geltungsanspruches entgegen (vgl. TkH 1, 41). Darauf repliziert Zimmermann, daß »sowohl ästhetische als auch moralische Argumentationen normative Voraussetzungen, Implikationen und Konsequenzen« haben (Zimmermann 1970, 183). Außerdem werde von Habermas übersehen, daß in Diskursen nicht die Erfahrungen, sondern Aussagen über Erfahrungen zur Diskussion stünden. Daraus sei die Konsequenz zu ziehen, entweder für beide Argumentationsformen den Status der »Kritik« zu reservieren oder auch die Möglichkeit eines ästhetischen »Diskurses« zuzugeben. Diesen Streit will ich hier nicht entscheiden, sondern lediglich auf den Punkt aufmerksam machen, auf den die Diskussion sich zuspitzt.

ad 2: Evolution
Den Rationalitätsbegriff in evolutionärer Perspektive zu beleuchten hat wohl seine Ursache in Habermas' Beschäftigung mit dem Werk von George Herbert Mead. Wie ich bereits darstellte, ist Mead der Auffassung, daß sich mit der Herausbildung der Sprache eine völlig neue Gesellschaftsformation bildete. Für eine Theorie kommunikativer Rationalität versteht es sich von selbst, auf diesen Zusammenhang einzugehen und die evolutionär sich entwickelnde dreistrahlige Rationalität näher zu besehen. Der Blick dafür wurde geschärft durch Habermas' Beschäftigung mit der Entwicklungspsychologie in den siebziger Jahren (vgl. Dubiel in Z 509 und das Kapitel V der vorliegenden Monographie). Habermas will zeigen, daß in allen Gesellschaftsformationen in synchroner und diachroner Perspektive sich immer gleichbleibende und damit universelle Geltungsansprüche in kommunikativen Handlungen erhoben werden. Weiterhin will er zeigen, daß diese Geltungsansprüche sich differenzieren, mithin auch die Vernunftmomente einer dennoch einheitlichen Vernunft.
»Der Mythos«, so Habermas, »erlaubt noch keine klare grundbegriffliche Trennung zwischen Dingen und Personen«, somit auch nicht zwischen objektiv gegebenen Situationen und der Herstellung interpersonaler Beziehungen (TkH 1, 79). Darum gibt es im mythischen Denken noch keine Differenzierung zwischen den drei Geltungsansprüchen der propositionalen Wahrheit, der normativen Richtigkeit und der expressiven Wahrhaftigkeit, wie überhaupt das mythische Denken sich durch geringere Differenzierung vom modernen Weltbild unterscheidet. Außerdem ist Abstrakt-Begriffliches noch nicht

von empirischen Beimengungen befreit. »Die sprachliche Kommunikation und die in sie einfließende kulturelle Überlieferung heben sich erst in dem Maße als eine Realität eigenen Rechts von der Realität der Natur und der Gesellschaft ab, wie sich formale Weltkonzepte und nicht-empirische Geltungsansprüche ausdifferenzieren.« (TkH 1, 82) Habermas schreibt die evolutionäre Entwicklung als eine Geschichte der Ausdifferenzierungen. Entsprechend dem Grad der Ausdifferenzierungen können wir verschiedene Kulturen mit unterschiedlichen Weltbildern erkennen. Was allerdings alle Kulturen miteinander vergleichbar macht, ob sie nun einen niedrigen oder hohen Grad an Differenzierung haben, ist der überall *gleichermaßen zugrundeliegende Wahrheitsanspruch in Aussagen. Es ist lediglich ein Lernprozeß, daß der Wahrheitsanspruch mittels Differenzierung bewußt wird.* Dies halte ich für die entscheidende Herausarbeitung in der Habermasschen Argumentation. Folgt man dieser Argumentation, so muß man die Konsequenz ziehen, daß alle Kulturen miteinander vergleichbar sind, daß der Wahrheitsanspruch universell ist. Dennoch soll man nicht alle Kulturen einebnen, sondern muß deren Unterschiedenheit durchaus anerkennen. Was heißt nun »universaler Wahrheitsanspruch«? Auf der Basis der Weltbilder einer jeden Kultur erheben ihre Mitglieder den Anspruch über die Welt eine *wahre* Aussage zu machen und zwar immer dann, wenn sie überhaupt eine Aussage machen.

Eben wegen dieser genetischen Verwandtschaft unserer modernen Kultur mit den vormodernen Kulturen, aus denen sich unsere Kultur entwickelt hat, können wir aus den vorhergehenden Kulturen lernen, aber nicht so wie es im Zuge einer modisch gewordenen Aneignung ethnomethodologischer Forschungsergebnisse üblich geworden ist: »Können wir, die wir modernen Gesellschaften angehören, aus dem Verständnis alternativer, insbesondere vormoderner Lebensformen nicht etwas lernen? Sollten wir uns nicht – jenseits der Romantisierung überwundener Entwicklungsstufen, jenseits des exotischen Reizes fremder kultureller Inhalte – der Verluste erinnern, die der eigene Weg in die Moderne gefordert hat?« (TkH 1, 101) Habermas meint damit, daß wir in unserer modernen Gesellschaft – und damit knüpft er an die Ergebnisse der Forschungen Max Webers an – dem technisch-instrumentellen Vernunftmoment die absolute Vorherrschaft vor den anderen Vernunftmomenten gegeben haben. Im Gegensatz dazu war in vormodernen Gesellschaften eine Abtrennung des moralisch-praktischen und des ästhetisch-expressiven vom technisch-instrumentellen Vernunftmoment wegen der mangelnden Differenzierung noch gar nicht möglich.

ad 3: Rationalität und Gesellschaft auf metatheoretischer Ebene
Im dritten Abschnitt der Einleitung diskutiert Habermas andere Handlungsmodelle und stellt die Vorteile des kommunikativen Handlungsmodells für sein Unternehmen heraus: »Allein das kommunikative Handlungsmodell setzt Sprache als ein Medium unverkürzter Verständigung voraus, wobei sich Sprecher und Hörer aus dem Horizont ihrer vorinterpretierten Lebenswelt gleichzeitig auf etwas in der objektiven, sozialen und subjektiven Welt beziehen, um gemeinsame Situationsdefinitionen auszuhandeln.« (TkH 1, 142) Dabei stellt der Autor heraus, daß man nicht fälschlich kommunikatives Handeln mit Kommunikation gleichzusetzen habe. Sprache sei ein Kommunikationsmedium, mit dem Handlungen koordiniert würden. Diese Einsicht liege dem kommunikativen Handlungsmodell zugrunde.

ad 4: Rationalität und Gesellschaft auf methodologischer Ebene
Mit dem sinnverstehenden Zugang zur Objektivität stellt sich die Rationalitätsproblematik *unausweichlich,* denn *allein* durch Beobachtung erhält der Sozialwissenschaftler keinen Zugang zur sozialen Welt. Der Sozialwissenschaftler muß der Lebenswelt des Beobachtenden selbst angehören. Nur so ist der Sinn von Handlungen überhaupt identifizierbar. Auf der Basis des eigenen Sinnhorizontes läßt sich der Sinn der Handlungen anderer verstehen. Habermas nimmt damit das hermeneutische Motiv Diltheys wieder auf, das im V. Kapitel beschrieben wurde. Daraus ergibt sich zweierlei: Der Sozialwissenschaftler kann sich der im Objektbereich vorgefundenen Sprache nicht als eines *neutralen* Instrumentes bedienen (vgl. TkH 1, 163). Darüber hinaus ergibt sich, daß es für die Sinndeutung nötig ist, daß der Sozialwissenschaftler eine intersubjektive Beziehung aufnehmen muß (vgl. TkH 1, 164). Sinnverstehen ist solipsistisch undurchführbar. Der Sozialwissenschaftler macht von dem Wissen Gebrauch, über das er als Laie schon immer intuitiv verfügt. Es ist für den Sozialwissenschaftler also notwendig, eine performative Einstellung einzunehmen. Das bedeutet, daß er sich an Geltungsansprüchen orientieren muß.
Der Sozialwissenschaftler muß nach Ansicht des Autors der »Theorie des kommunikativen Handelns« virtueller Teilneh-

mer sein und das aus vier Gründen: 1. Die Beschreibung von Gründen verlangt eine Bewertung; 2. Es ist eine Entscheidung darüber nötig, ob Gründe stichhaltig sind; 3. Der Interpret muß Stellung nehmen; 4. Die Stellungnahme ist nur mittels eigener Standards möglich. – Deshalb ist im kommunikativen Handlungsmodell das Gefälle zwischen Aktor und Interpret nicht sehr groß. Der Aktor hat eine ebenso reiche Interpretationskompetenz wie der Beobachter.

Die Basis der »Theorie des kommunikativen Handelns« ist der bis hierher explizierte Rationalitätsbegriff. Am Ende der Einleitung sieht Habermas folgende Konsequenz: »Wenn wir für *unseren* Begriff der Rationalität, mit wievielen Vorbehalten auch immer, Allgemeingültigkeit beanspruchen, ohne dabei einem völlig unhaltbaren Fortschrittsglauben anzuhängen, übernehmen wir eine erhebliche Beweislast.« (TkH 1, 198) Und wie will er dieser Beweislast nachkommen? Durch eine Theoriegeschichte in systematischer Absicht. Und dies ist Gegenstand der weiteren Darstellung in der »Theorie des kommunikativen Handelns« (vgl. TkH 1, 201). Das sieht dann so aus, daß der Autor in der ersten Zwischenbetrachtung den Zusammenhang von Sprechakt und Lebenswelt nachweist. In der zweiten Zwischenbetrachtung zeigt er den Zusammenhang von Sprechakt und Gesellschaft vermittelt über den Lebensweltbegriff. So entwirft er eine von der kommunikativen Handlung ausgehende Gesellschaftstheorie.

1. Zwischenbetrachtung

In der ersten Zwischenbetrachtung nimmt Habermas Bezug auf das in dem Aufsatz »Universalpragmatik« schon Dargelegte (s. Kapitel VI, 1). Kurz zusammengefaßt lautet das Ergebnis, das sich auf Untersuchungen des späten Wittgenstein, von Austin und Searle stützt, folgendermaßen: Ein Sprecher nimmt immer auf mehr als nur eine Welt Bezug. Indem sich Sprecher und Hörer über etwas in der Welt verständigen, legen sie ihrer Kommunikation ein gemeinsam unterstelltes System von Welten und Geltungsansprüchen zugrunde, das in Sprechakten zum Ausdruck gebracht wird. Schematisch sieht der Zusammenhang dann so aus:

Welt	Geltungsanspruch	Sprechakt
objektive	Wahrheit	konstativ
soziale	Richtigkeit	regulativ
Innen-	Wahrhaftigkeit	expressiv

Zwar steht in jedem Sprechakt ein Geltungsanspruch im Vordergrund, doch thematisiert werden sie stets alle zugleich, wie oben im VI. Kapitel schon ausgeführt. Habermas kann dies an einem eindrucksvollen Beispiel deutlich machen, indem vom Hörer alle *drei* in *einem* Sprechakt enthaltenen Geltungsansprüche nacheinander bestritten werden. Ein Professor fordert einen Seminarteilnehmer auf: »Bitte, bringen Sie mir ein Glas Wasser.«

Diese Bitte kann prinzipiell unter drei Geltungsansprüchen zurückgewiesen werden:

1) Die normative Richtigkeit der Äußerung kann bestritten werden: »Nein, Sie können mich nicht wie einen Ihrer Angestellten behandeln.«
2) Die subjektive Wahrhaftigkeit der Äußerung kann bestritten werden: »Nein, eigentlich haben Sie ja nur die Absicht, mich vor anderen Seminarteilnehmern in ein schiefes Licht zu bringen.«
3) Die in der Äußerung vorausgesetzte Wahrheit wird bestritten: »Nein, die nächste Wasserleitung ist so weit entfernt, daß ich vor Ende der Sitzung nicht zurück sein kann.« (vgl. TkH 1, 411 f.)

Der Nachweis des Zusammenhangs von Sprechakt und Lebenswelt fokussiert in der Aussage: »Das Konzept des verständigungsorientierten Handelns hat den weiteren und ganz anderen Vorzug, daß es diesen *Hintergrund impliziten Wissens* beleuchtet, welches a tergo in die kooperativen Deutungsprozesse eingeht. Kommunikatives Handeln spielt sich innerhalb einer Lebenswelt ab, die den Kommunikationsteilnehmern im Rücken bleibt. Diesen ist sie nur in der präreflexiven Form von selbstverständlichen Hintergrundannahmen und naiv beherrschten Fertigkeiten präsent. Wenn die sozio-, ethno- und psycholinguistischen Untersuchungen des letzten Jahrzehnts in einem kovergieren, dann ist es die vielfältig demonstrierte Erkenntnis, daß das kollektive Hintergrund- und Kontextwissen von Sprechern und Hörern die Deutung ihrer expliziten Äußerungen in außerordentlich hohem Maße determiniert [...] Es ist ein *impli-*

zites Wissen, das nicht in endlich vielen Propositionen dargestellt werden kann; es ist ein *holistisch strukturiertes* Wissen,
dessen Elemente aufeinander verweisen; und es ist ein Wissen,
das uns insofern *nicht zur Disposition steht,* als wir es nicht nach
Wunsch bewußt machen und in Zweifel ziehen können.« (TkH
1, 449 und 451) Dieses Wissen macht das aus, was Habermas
»Lebenswelt« nennt (vgl. Vorstudien 593). Dieser Begriff
wurde schon im VI. Kapitel erörtert.

2. Zwischenbetrachtung

In der zweiten Zwischenbetrachtung soll der Zusammenhang
von Sprache und Gesellschaft vermittelt über die Lebenswelt
dargestellt werden. An den in der ersten Zwischenbetrachtung
explizierten Lebensweltbegriff schließt Habermas an mit der
Frage, wie denn die Lebenswelt zugänglich wird, die doch in
der Regel den Kommunikationsteilnehmern »im Rücken bleibt«.
Über die Erörterung der Möglichkeit des Zugangs wird der
Gesellschaftsbegriff eingeführt. Folgen wir der Systematik
Habermasscher Darstellung weiterhin: Die Lebenswelt – wissen wir schon – läßt sich nicht transzendieren. Erst wenn ein
Ausschnitt der Lebenswelt Situationsrelevanz gewinnt, kommen die kulturellen Selbstverständlichkeiten – aber auch nur
dieses Ausschnitts – in den Blick. Die Lebenswelt ist für ihre
Bewohner deshalb von so hoher Selbstverständlichkeit, weil
man nichts von ihr weiß. Die natürlichen Sprachen konservie-
ren die kulturellen Selbstverständlichkeiten, in ihr haben sie
ihren Bestand. Die semantische Kapazität einer Sprache muß
der Komplexität der gespeicherten kulturellen Inhalte angemessen sein in *Deutungs-, Wert- und Ausdrucksmustern* (vgl. TkH
2, 191). Erst, wenn dies nicht mehr der Fall ist, kann der entsprechende lebensweltliche Ausschnitt in den Blick kommen.
Habermas nennt Beispiele für diese drei Muster: a) Wenn der
Verständigungsbedarf aus dem kulturellen Wissensvorrat nicht
mehr gedeckt werden kann, sprechen wir von Legitimations-
oder Orientierungskrisen, etwas, was die Hermeneutik mit Berufung auf die Tradition nicht berücksichtigt. Hier gehen noch
die Ergebnisse der Auseinandersetzung mit Gadamer ein: Tradition bleibt aufgrund sich aufdrängender lebensweltlicher Probleme nicht was sie ist (vgl. TkH 2, 209). Habermas spricht deshalb von einer »Dauerrevision verflüssigter Traditionen«

(DNR 88). Die Ressource »Sinn« wird knapp: Im Bereich der Gentechnologie gibt es beispielsweise Möglichkeiten, deren Grenzen und deren Sinn wir mit unserem traditionellen Wissen nicht mehr bestimmen können. b) Wenn der Koordinationsbedarf aus dem Bestand an legitimer Ordnung nicht mehr gedeckt werden kann, sprechen wir von Störungen sozialer Integration. Die Ressource »gesellschaftliche Solidarität« wird knapp: Die Langzeit- und Jugendarbeitslosigkeit stellt uns vor Aufgaben, die mit den herkömmlichen Mitteln der Versorgung und sozialen Sicherung über den Arbeitsmarkt nicht mehr gelöst werden können. c) Wenn Störungen des Sozialisationsvorgangs nicht mehr in herkömmlichen, anerkannten Handlungssituationen aufgefangen werden können, wenn Psychopathologien und Entfremdungen zur Regelmäßigkeit werden, sprechen wir davon, daß die Ressource »Ich-Stärke« verknappt (vgl. TkH 2, 213).

Daß zwischen allen drei Reproduktionsprozessen ein komplexer Zusammenhang besteht, hat Habermas von Mead gelernt (vgl. TkH 2, 212). Der Zugang zu Störungen in diesem komplexen Gebilde Lebenswelt, die nur immer ausschnitthaft sichtbar wird, kann geschaffen werden auf der Basis einer Theorie, die die Lebenswelt nicht mit der Gesellschaft identifiziert, denn nur so lassen sich System- und Handlungstheorie miteinander vermitteln und nur so läßt sich die Entstehung von Systemen aus der Lebenswelt erklären. Habermas' Anliegen ist es, beide Begriffsstrategien befriedigend zu verknüpfen. Die eine, die die Gesellschaft aus der Binnenperspektive der Lebenswelt sieht, sieht sie als Netz kommunikativ vermittelter Kooperation an (vgl. TkH 2, 223). Die andere, die die Gesellschaft aus der Außenperspektive sieht, sieht sie als grenzerhaltendes System an (vgl. TkH 2, 227).

Habermas will zeigen, wie Systeme aus der Lebenswelt entstehen und knüpft an den schon beschriebenen evolutionären Differenzierungsvorgang an. Er begreift die Entkoppelung von System und Lebenswelt als einen Differenzierungsvorgang zweiter Ordnung. Als Ausgangspunkt des historischen Entkoppelungsprozesses nimmt er die Verschränkung von System- und Sozialintegration bei Stammesgesellschaften an. Es entwickeln sich Mechanismen, die den evolutionären Prozeß der Entkoppelung vorantreiben. Sinn dieses Prozesses ist es, den bei zunehmender Komplexität überforderten Mechanismus sprachlicher Verständigung durch entsprachlichte Kommunikationsmedien zu ersetzen. Komplexer und immer komplexer

werdende Gesellschaften müssen zwei Risiken in der Lebens-
welt zu vermeiden suchen: »Das Risiko der fehlschlagenden
Verständigung, also des Dissenses oder des Mißverständnisses,
und das Risiko des fehlschlagenden Handlungsplanes, also des
Mißerfolges.« (TkH 2, 194). Es entsteht ein immer dichteres
Netz von Interaktionen, die der unmittelbaren normativen
Steuerung entbehren. Dabei sieht Habermas zwei Formen von
Entlastungsmechanismen entstehen: Die Kommunikationsmedien und die Steuerungsmedien. Als Beispiele für Kommunikationsmedien nennt er Schrift, Druckpresse, elektronische Medien. Sie entlasten die Kommunikation nur in *erster* Instanz von
Ja/Nein-Stellungnahmen zu kritisierbaren Geltungsansprüchen, denn sie ermöglichen die Bildung von Öffentlichkeit,
werden somit an kulturelle Überlieferung angeschlossen und
sind in *letzter* Instanz vom Handeln zurechnungsfähiger Akto-
ren abhängig (vgl. TkH 2, 274 f.). Neben den Kommunikationsmedien entstehen ebenfalls im Prozeß der Abkoppelung
von System und Lebenswelt die Steuerungsmedien Macht und
Geld. Bei ihnen wird ein Rückgriff auf die Lebenswelt für die
Koordinierung von Handlungen nicht mehr benötigt (vgl. TkH
2, 272). Sie regulieren ganz im Luhmannschen Sinne sich selbst.
Habermas integriert so die Systemtheorie in seine vom kommunikativen Handeln ausgehende Gesellschaftstheorie und sieht
als Ergebnis eine Gesellschaft, die bei steigender Komplexität in
einem historisch zu verfolgenden Entkoppelungsprozeß zu ihrer eigenen Entlastung Systeme aus sich entläßt, die sich ver-
selbständigen und – wie in der anschließenden Schlußbetrachtung gezeigt wird – in die Lebenswelt zurückwirken. Zur Konsequenz hat diese Formation eine real sich durchsetzende neue
»Gewaltenteilung zwischen Markt, administrativer Macht und
öffentlicher Kommunikation.« (DNR 165)

Schlußbetrachtung

An späterer Stelle in der Schlußbetrachtung zeigt Habermas anhand von vier epochalen Verrechtlichungsprozessen – wie er es
nennt – wie aus der Lebenswelt ein System erwächst, was dann
wieder auf die Lebenswelt zurückwirkt. Für jemanden wie Habermas, der zu nichts ein unambivalentes Verhältnis hat (vgl.
Dahrendorf 479), haben diese Verrechtlichungsprozesse auf der
einen Seite die Idee der Freiheit insofern eingelöst als sie die

Menschen aus vormodernen Gewalt- und Abhängigkeitsverhältnissen befreit haben. Auf der anderen Seite übernimmt das Recht aber die Rolle eines Steuerungsmediums. Die Subsysteme Wirtschaft und Staat werden immer komplexer und dringen tiefer in die symbolische Reproduktion der Lebenswelt mittels Verrechtlichungen ein (vgl. TkH 2, 539). Je mehr Freizeit, Kultur, Erholung, Tourismus von den Gesetzen der Warenwirtschaft erfaßbar werden und Schule die Funktion übernimmt, Berufs- und Lebenschancen zuzuteilen, desto stärker wir die Lebenswelt von Systemen bestimmt. Aber auch jetzt noch werden die Ambivalenzen gesehen. Auf der einen Seite wird der Rechtsschutz erweitert, werden Schule und Familie der Willkür entzogen. Auf der anderen Seite werden Handlungsbereiche für bürokratische Eingriffe und gerichtliche Kontrollen geöffnet. Der Rechtsschutz wird mit einer tief in Lehr- und Lernvorgänge eingreifenden Justizialisierung und Bürokratisierung erkauft (vgl. TkH 2, 545).

Habermas läßt sich, das wird nicht übersehen werden können, weiterhin von den Untersuchungen Max Webers leiten, weil dessen Themen Sinnverlust und Freiheitsverlust in den vergangenen Jahrzehnten nichts an Aktualität eingebüßt hätten (vgl. TkH 2, 447). Allerdings: Will man die Konsequenzen der von Weber analysierten Entwicklung angemessen beschreiben, muß der von Habermas entwickelte komplexe Begriff von Rationalität im Gegensatz zum verkürzten von Max Weber als grundlegender Bezugspunkt sozialwissenschaftlicher Analysen zur Verfügung stehen. Auf dieser Basis sieht man zum einen – wie schon erörtert –, daß eine fortschreitend rationalisierte Lebenswelt von immer komplexer werdenden, formal organisierten Handlungsbereichen zugleich entkoppelt und in Abhängigkeit gebracht wird. Dies wird von Habermas gern mit dem Begriff der inneren Kolonialisierung beschrieben (vgl. TkH 2, 452). Für Max Weber lautet der Begriff, der für ihn das Schlüsselphänomen für das Verständnis moderner Gesellschaften ist, »Bürokratisierung«. Beide Male ist dasselbe gemeint: Organisationen grenzen sich gegen symbolische Strukturen der Lebenswelt ab und werden so indifferent gegenüber Kultur, Gesellschaft und Persönlichkeit.

Ein anderes Phänomen, das Habermas darüber hinaus bezeichnet, ist die kulturelle Verarmung der Lebenswelt durch die Ausdifferenzierung der Wertsphären Wissenschaft, Moral und Kunst. Alle drei Wertsphären haben eine vergleichbare interne Geschichte, die darin besteht, daß in allen der Abstand zwischen Experten-Kulturen und breitem Publikum wächst. Die Ursache für die kulturelle Verarmung der kommunikativen Alltagspraxis sei nicht die Ausdifferenzierung der Wertsphären, sondern die elitäre Abspaltung der Expertenkulturen von der Alltagspraxis (vgl. TkH 2, 488). Dieses zweite Phänomen, die kulturelle Verarmung tritt neben das schon erwähnte, die Verdinglichung, die durch das Eindringen von administrativer und ökonomischer Rationalität in Handlungsbereiche erzeugt wird.

Die »Kritik der funktionalistischen Vernunft« – so der Untertitel des zweiten Bandes der »Theorie des kommunikativen Handelns« – unterscheidet sich von der »Kritik der instrumentellen Vernunft« der alten Kritischen Theorie Horkheimers und Adornos dadurch, daß sie Ambivalenzen darstellt. Sie ermittelt ferner, daß sich eigensinnige kommunikative Strukturen den Systemimperativen widersetzen, so daß sie unvoreingenommen Tendenzen und Gegentendenzen untersuchen kann. Sie ist nicht blind für das Konfliktpotential, das an den Nahtstellen von System und Lebenswelt entsteht, wenn sich kommunikative Strukturen nicht ohne pathologische Nebenwirkungen auf systemintegrative Mechanismen umstellen lassen. Treten solche Nebenwirkungen auf, kann sich gegen die systemische Vereinnahmung Protest entfalten: »Die alternative Praxis richtet sich (dann) gegen die gewinnabhängige Instrumentalisierung der Berufsarbeit, gegen die marktabhängige Mobilisierung der Arbeitskraft, gegen die Verlängerung von Konkurrenz- und Leistungsdruck bis in die Grundschule. Sie zielt auch gegen die Monetarisierung von Diensten, Beziehungen und Zeiten, gegen die konsumistische Umdefinition von privaten Lebensbereichen und persönlichen Lebensstilen.« (TkH 2, 581) Ob sich allerdings das Medium der »öffentlichen Kommunikation« (DNR 165), oder auch »Solidarität« (DNR 93) genannt, gegen die Medien Geld und Macht wird behaupten können »ist eine Frage, die theoretisch nicht zureichend beantwortet werden kann und daher in eine praktisch-politische Frage gewendet werden muß.« (DNR 196) Diese Einsicht erklärt das Interesse von Habermas an politischen Einmischungen. Weil dieses Interesse sich aus seinen bisher dargestellten philosophischen Reflexionen heraus als Konsequenz ergibt, hielt ich es für begründet, die Darstellung seiner politischen Stellungnahmen ans Ende dieser Monographie zu stellen. Sie werden also im folgenden IX. Kapitel behandelt.

Habermas hat versucht, die moderne Gesellschaft zu analysieren auf der Basis eines rekonstruierten Vernunftbegriffes, der sich ohne das Zutun der Wissenschaft und der Philosophie in der Kultur der Moderne herausgebildet hat (vgl. TkH 2, 584). Dies auch am Ende seiner umfangreichen Untersuchung noch einmal zu betonen, ist Habermas sehr wichtig. Denn das habe zur Konsequenz, daß dem Wissenschaftler die verschiedenen Methoden nicht zur Wahl stünden, weil ihm die Lebenswelt auf eine paradoxe Weise gegeben sei und er könne darüber nicht willkürlich verfügen. Man könne nur hoffen – in Anlehnung an ein metaphysisches Diktum –, daß ratio essendi und ratio cognescendi zueinander paßten (vgl. TkH 2, 590). Viel spräche dafür, daß sie passen, denn erst bei Auftreten der Krisenphänomene wurde die Analyse der Moderne für uns möglich; vergleichbar mit der Situation, in der sich Smith und Marx befanden: Erst auf der Grundlage des entstandenen Kapitalismus konnten sie diese Gesellschaftsform analysieren (vgl. TkH 2, 592). Für die zukünfige Entwicklung der modernen Gesellschaft wird es entscheidend sein, ob die drei Vernunftmomente eine Einheit wahren können und ob die Expertenkulturen wieder an den Alltag angeschlossen werden können (vgl. TkH 2, 585).

Habermas' Interpret Kopperschmidt beschreibt diesen noch offenen Zustand der modernen Gesellschaft durchaus treffend mit folgenden Worten: »Ob Moderne schlechthin als gescheitert gelten muß oder ob sie gegen ihre neokonservativen Denunzianten als ›unvollendetes Projekt‹ wird verteidigt werden können, dessen Versprechungen einzulösen kein ›Zuviel an Vernunft‹, sondern ein ›Zuwenig an Vernunft‹ bisher listenreich hintertrieben hat, auch diese Frage ist angesichts einer antimodernistisch gestimmten Postmoderne, die den Weg aus der Pathologie der ›katastrophalen Moderne‹ zu weisen verspricht, durchaus noch offen.« (Kopperschmidt, 12)

IX. Politik mit Moral

1. Prostestbewegung und Hochschulreform

Habermas hatte stets die Hoffnung auf gesellschaftliche Veränderung und als Initiatoren dabei die Schüler und Studenten im Blick (vgl. TWI 103). Seit dem Bruch der SPD mit dem SDS 1961 wurde er auch von der studentischen Opposition als »geistiger Führer« akzeptiert (vgl. Abendroth, in: Negt 1968, 131). Habermas' Hoffnungen waren stets vernehmbar von ihm geäußert worden. Sie waren nie vermindert und in den frühen Jahren genauso hörbar wie später in der »Theorie des kommunikativen Handelns«, als er ein Protestpotential sich entwickeln sah an den Nahtstellen von System und Lebenswelt. Umso erstaunlicher war der zeitweise Bruch mit der Studentenbewegung auf ihrem Höhepunkt 1967/68. »Linker Faschismus« entwickelte sich zum Ausgrenzungstopos. Was war geschehen? Bei der Trauerveranstaltung für Benno Ohnesorg am 9. Juni 1967 ging Habermas nach einem Beitrag von Rudi Dutschke ans Mikrofon und wandte sich an ihn: »Herr Dutschke hat als konkreten Vorschlag nur vorgetragen, daß ein Sitzstreik stattfinden soll. Das ist eine Demonstration mit gewaltlosen Mitteln. Ich frage mich, warum er das nicht so nennt und warum er eine Dreiviertelstunde darauf verwendet hat, eine voluntaristische Ideologie zu entwickeln, die man im Jahre 1848 utopischen Sozialismus genannt hat, die aber unter heutigen Umständen – jedenfalls glaube ich, Gründe zu haben, diese Terminologie vorzuschlagen – ›linken Faschismus‹ nennen muß. Es sei denn, daß Herr Dutschke aus dem, was er an ›Überbau‹ entwickelt hat, praktisch keine Konsequenzen zu ziehen wünscht. Das hätte ich gerne geklärt.« (PuH 147 f.)

Zu einer Klärung kam es nicht mehr. Der Topos »Linksfaschismus« stellte den Bruch dar, wie Habermas auch zwölf Jahre später in einem Interview eingestehen mußte: »Daß die Führung des SDS mit mir vorbehaltslos geredet hätte, das war Mitte '67 vorbei.« (KPS 519 f.) Im Grunde wollte Habermas – so Oskar Negt zweiundzwanzig Jahre später – Verzerrungen zwischen Sachverhalt und Sprache deutlich machen, als er »in der Gewaltrhetorik Dutschkes das einkalkulierte Risiko von

Menschenverletzungen spürte« (Frankfurter Rundschau vom 16. Juni 1989, Seite ZB 3).

Drei Vorwürfe hatte Habermas gegen die Studentenbewegung vorzubringen: Realitätsferne, dogmatische theoretische Positionen, Psychologisierung.

Ein Dokument für die Realitätsferne ist das Interview von Hans Magnus Enzensberger mit den drei Studentenführern Rudi Dutschke, Bernd Rabehl und Christian Semmler, das im Oktober 1967 geführt und im August 1968 im Kursbuch veröffentlicht wurde. Man muß sich das in dem Interview Gesagte vor Augen führen, um die Atmosphäre, in der Habermas sich äußerte, für das bessere Verständnis mit bedenken zu können. Dort, in dem Interview, war von einem »befreiten Berlin« und von der »Räterepublik in Westberlin« als einer zukünftigen Realität die Rede (Kursbuch 14, 173), mit Konkretisierungen wie diesen: »Ein Großteil der Bürokraten wird nach Westdeutschland emigrieren müssen« (vgl. Kursbuch 14, 166) und »Wo es ganz klar ist, daß eine Umerziehung unmöglich ist, etwa bei älteren Leuten und bei bestimmten Verbrechen, da sollte man den Betreffenden die Möglichkeit geben, auszuwandern.« (Kursbuch 14, 171)

Zu solchen Fehleinschätzungen sagte Habermas: »Jedes, aber auch jedes der bisher allgemein akzeptierten Anzeichen für eine revolutionäre Lage fehlt [. . .] Die Fehleinschätzung der Situation macht die aktivsten Teile der Studentenbewegung anscheinend unfähig, die Grenzen ihres Aktionsspielraums und den Charakter der verfügbaren Mittel zu erkennen.« (PuH 196 f.) Aus einer solchen Fehldeutung folgert Habermas, so wie es Negt Jahre später auch interpretiert, daß sie die Basis für das Risiko einer Menschenverletzung sein kann. Ein solcher Irrtum über die tatsächliche Situation birgt in sich die Gefahr, daß die Grenze zwischen demonstrativer und gewaltsamer Provokation überschritten wird (vgl. PuH 150).

Eine solche Menschenverletzung wäre für Habermas angesichts seiner Erfahrungen mit dem Faschismus und seiner Verteidigung der Menschenrechte in allen politischen Situationen unerträglich. Allerdings räumt er ein, daß er sich mit der Vokabel »Linksfaschismus« verbal vergriffen habe (vgl. KPS 519, DNR 25).

Die Verleugnung der politischen Lage wurde hervorgerufen durch die Berufung auf revolutionäre Situationen der Arbeiterbewegung zu Marx' Zeiten, zu Anfang dieses Jahrhunderts und derzeitigen revolutionären Situationen in anderen Teilen der

Welt. Durchforscht man das genannte Interview, das Enzensberger 1967 führte, systematisch, so sieht man, daß die Phanta-
sien der Studentenführer auf dem Zustand der Pariser Kommune basieren, auf theoretischen Aussagen von Marx, auf der
Situation in Da Nang, auf Rußland im Jahre 1917, auf dem Ba-
kuninschen Proletariatsbegriff, auf Einsichten von Mao, auf
dem geglückten Experiment in Cuba. Es wurden wahllos Bestä-
tigungen dafür herangezogen, daß es sich 1967 in Westberlin
um eine revolutionäre Situation handelt. Auf die entsprechende
Kritik von Habermas antwortet Oskar Negt, daß Habermas
nun seinerseits die Situation mißdeute und die Prozesse sozial-
revolutionärer Emanzipation nicht mehr sähe und Abschied ge-
nommen habe von der Hoffnung auf sozialrevolutionäre Veränderung (vgl. Negt 1968, 23). Negt meint damit, daß Habermas die Marxsche Theorie einer Revision unterzogen habe. Damit bezieht er sich wahrscheinlich auf die beiden Publikationen
»Technik und Wissenschaft als ›Idologie‹« und »Erkenntnis
und Interesse«. Den Protagonisten der Protestbewegung wirft
Habermas seinerseits vor, daß sie »schwierige und unabge-
schlossene Diskussionen aus dem Bereich der Marxschen Gesellschaftstheorie auf das handliche Format von Binsenwahrhei-
ten bringen«. (PuH 194)
    Als dritten Kritikpunkt bringt Habermas vor, daß die Stu-
dentenführer die Situation psychisch ausnutzen: »Psycholo-
gisch gesehen handelt es sich um ritualisierte Formen der Er-
pressung und des Trotzes von Heranwachsenden gegenüber
unaufmerksamen, aber relativ nachsichtigen Eltern« (PuH
191). Daraus resultierende Situationsdeutungen seien Wahn-
vorstellungen (vgl. PuH 197), die sich bei der Besetzung der
Frankfurter Universität zu einem Skandal entwickelt hätten als
die Schwächen der Intellektuellen aus dem Schattenreich der
Psychologie herausgetreten seien: »Ich meine die Rolle des Agi-
tators, der weil er den Realitätskontakt verloren hat, nur noch
die Realität der Massenreaktion kennt und anerkennt, der von
kurzfristigen narzißtischen Befriedigungen lebt und die Aktion
von einer Bestätigung zur nächsten treibt, um der Selbstbestäti-
gung willen. Ich meine ferner die Rolle des Mentors, der, weil
er gegen Erfahrungen immunisiert ist, eine Orthodoxie mit
grauen Vokabeln allen Bewußtseinstrübungen aufprägt, um das
zu rationalisieren, wozu den anderen die Worte fehlen. Ich
meine schließlich die Rolle des zugereisten Harlekins am Hof
der Scheinrevolutionäre, der, weil er so lange unglaubwürdige
Metaphern aus dem Sprachgebrauch der zwanziger Jahre für

seinerzeit folgenlose Poeme entlehnen mußte, nun flugs zum Dichter der Revolution sich aufschwingt – aber immer noch in der Attitüde des Unverantwortlichen, der sich um die praktischen Folgen seiner auslösenden Reize nicht kümmert.« (PuH 199) Überdies ist von »lächerlichen Potenzphantasien« die Rede (vgl. PuH 200).

Daß nach so harschen Worten jeder Kontakt abgebrochen war, der Verständigung hätte herbeiführen können, wundert sicher niemanden. Die Positionen hatten sich bis zum gegenseitigen Haß verhärtet. Oskar Negt gab daraufhin den Band mit der gesammelten Kritik der Linken heraus.

Erst viel später gab Habermas zu, daß er psychologisiert habe. Doch: »Ich halte diese Substanz der Äußerung nach wie vor für richtig, hätte sie aber mit anderen Worten ausdrücken sollen.« (KPS 519) So hat später Oskar Negt die Situation wohl auch gesehen und es ist auffällig, daß er mit Habermas die gesellschaftstheoretischen Einschätzungen teilt (vgl. Negt 1984), die in der ersten der sechs Thesen von Habermas zum Problem der »Scheinrevolution und ihrer Kinder« vorgetragen wurde. Weil beide in der sachlichen Einschätzung übereinstimmen, konnte Negt eine über zwanzig Jahre bestehende Verstimmung anläßlich Habermas' 60. Geburtstags mit folgenden Worten beilegen: »Daher nehme ich diesen Anlaß, mich für die Herausgabe dieses Buches ›Die Linke antwortet Jürgen Habermas‹ ausdrücklich zu entschuldigen.« (Frankfurter Rundschau, vom 16. Juni 1989, S. ZB 3)

Nun muß man aber darauf hinweisen, daß Habermas die Studentenbewegung sehr differenziert wahrgenommen hat. Ja man kann aufweisen, daß in der Einschätzung der Studentenbewegung, die Ambivalenz, die Jürgen Habermas eigen ist, hervortritt (vgl. DNR 28). Zur für ihn zu positiv bewertenden Seite führt er in der »Präambel« seiner sechs Thesen zu »Die Scheinrevolution und ihre Kinder« aus: »Durch Erfahrungen der vergangenen zwölf Monate, in der Bundesrepublik wie in den USA, bin ich zu der Überzeugung gelangt, daß die von den Studenten und Schülern ausgehende Protestbewegung trotz ihrem geringen Umfang und ungeachtet der überhaupt fehlenden Mittel organisierter Gewalt eine neue und ernsthafte Perspektive für die Umwälzung tiefsitzender Gesellschaftsstrukturen eröffnet hat. Diese Perspektive gibt den Blick auf eine Transformation hochentwickelter Industriegesellschaften frei. Daraus könnte, wenn die Perspektive nicht täuscht, eine Gesellschaft hervorgehen, die eine sozialistische Produktionsweise zur Voraussetzung, aber eine Entbürokratisierung der Herrschaft, nämlich politische Freiheit im materialistischen Sinne, zu ihrem Inhalt hat.« (PuH 188 f.) Und er bestärkt die oppositionellen Studenten darin, in ihrem Protest nicht nachzulassen: »Gewiß gehört die moralische Empörung über die im Namen der Freiheit geübte Barbarei der Amerikaner in Vietnam, gewiß gehört die politische Entlarvung dieser hygienischen Ausrottungsaktion, unternommen in einem Land, das sich von den rühmlichen Anfängen seiner Verfassungsprinzipien nicht weiter hätte entfernen können, zu unseren unmittelbaren Aufgaben.« (PuH 196) Doch müsse dieser Protest der Strategie einer massenhaften Aufklärung folgen und nicht der Taktik scheinrevolutionärer Gefechte auf dem geschützten und isolierten universitären Campus.

2. Politische Einmischungen seit 1977

Das Jahr 1977 war für Habermas' Biographie entscheidend. Er hatte sich seit seiner Auseinandersetzung mit der Studentenbewegung nicht mehr zur Tagespolitik geäußert, was selbst von seinen Kontrahenten im früheren Streit bedauert wurde. 1972 schrieb Oskar Negt in einem Artikel zu Ernst Bloch: »Ziehen sich andere, die politisch verheißungsvoll begannen, enttäuscht, häufig bis zur Diskussionsunfähigkeit verbittert, schon in einem Alter aus den politischen Tagesauseinandersetzungen zurück, das Bloch um fast ein halbes Jahrhundert überschritten hat [. . .]« Mit diesem Halbsatz war Habermas gemeint, der sich von Frankfurt nach Starnberg zurückgezogen hatte und dort Direktor des Max-Planck-Instituts wurde (Negt 1972, 443).

Das politische Klima des Jahres 1977 war so gereizt, daß Habermas sein langjähriges Schweigen brach. Anläßlich der Proteste gegen die Schleyer-Entführung hatte sich eine Atmosphäre hirnloser Radikalenhetze breit gemacht. In der Folgezeit wurde sie bekannt unter dem Namen »Deutscher Herbst«. Auch die »Kritische Theorie« der Frankfurter Schule wurde als Nährboden ausgemacht für das Gedeihen der Gewalttätigkeiten der RAF und ihrer Nachfolger. In einem Spiegel-Essay rekurriert Habermas zuerst auf sein Heidegger-Erlebnis aus dem Jahre 1953, reflektiert anschließend seine Haltung zur Zeit der Studentenbewegung und warum er sich jetzt nicht einschüchtern läßt von Dregger und Strauß, und warum er nun nicht länger schweigen will, um dann fortzufahren: »›Kritische Geister‹, so meinte Strauß im Bundestag, ›sind wir, die wir uns nicht von den Phrasen haben benebeln lassen, die mit Lebensqualität und mit Gerechtigkeit und Glückseligkeit und Menschlichkeit usw. in die Welt gesetzt worden sind.‹ Strauß spricht hier, wenn ich mich nicht irre, von jenen bürgerlichen Idealen, die in einer breiten humanistischen Tradition verankert sind. Dieser Humanismus ist in Deutschland nur ein einziges Mal auf den Index gesetzt worden, und zwar mit der Art von Emotionen, die Strauß heute anheizt. Strauß setzt aufs Ganze: Der Terrorismus bietet den Vorwand für eine Diffamierung, die mit 200 Jahren kritischen bürgerlichen Denkens aufräumen soll – auch Marx war schließlich ein Sohn der bürgerlichen Gesellschaft. Die barbarische Geistfeindschaft der jüngsten Kampagnen wird der lustlosen Passivität, in der wir Intellektuelle seit gut fünf Jahren verharren, auf die Beine helfen.« (KPS 366 f.) Aufgrund seiner Lebensgeschichte hat Habermas ein empfindliches Sensorium für Anzeichen von faschistischem Klima. Dies rüttelt ihn aus »lustloser Passivität« wach, was auch in der folgenden Zeit stets zu beobachten war, wie ich gleich zeigen will. Etwa zur selben Zeit als er den Spiegel-Essay veröffentlichte, schrieb er einen offenen Brief an Kurt Sontheimer in der Zeitschrift »Merkur«, in dem es hieß:

»Die Ideologieplaner und ihre intellektuellen Helfer befinden sich freilich bei ihrem Versuch, konservatives Gedankengut zu reaktivieren, in einer mißlichen Situation. Die Nazis haben diese Traditionen so gründlich diskreditiert, daß es in der Bundesrepublik . . . einen ›authentischen Konservativismus‹ nicht mehr geben konnte. Statt dessen sind die ersten zweieinhalb Nachkriegsjahrzehnte eine Periode gewesen, in der es in Deutschland zum erstenmal gelungen ist, die ohnehin verstümmelte und immer wieder verdrängte Tradition der Aufklärung von Lessing bis Marx in ganzer Breite zur Geltung zu bringen, das heißt zum Medium geistiger Produktivität und zum Anknüpfungspunkt des politischen Selbstverständnisses zu machen. Ein Augenblick Jugendrevolte war dann genug, um Jahre der Reaktion einzuleiten, einer Reaktion, die anscheinend jetzt die Stunde gekommen sieht, zwei Fliegen mit einer Klappe zu schlagen: den Konservatismus vom Makel seiner Verfilzung mit dem bürokratischen Terror reinzuwaschen und radikale Aufklärung durch eine denunziatorische Verbindung mit dem individuellen Terror der RAF in eben die moralische Diskreditierung hineinzupeitschen.« (KPS 386) Gegen die gesellschaftlich hervorgerufene Entfremdung der Menschen und gegen die Unterstützung dieses Prozesses von rechts kennt Habermas nur ein bewährtes und nach seiner Ansicht einzig politisch wirksames Mittel: »Wir werden für die Positionen der Aufklärung in unserem Lande kämpfen.« (KPS 386 f.)

Schon zwei Jahre nach dem »Deutschen Herbst« gibt Habermas mit der verlegerisch denkwürdigen Nummer 1000 der »edition suhrkamp« die Aufsatzsammlung mit dem Titel »Stichworte zur ›Geistischen Situation der Zeit‹« heraus. Diese Aufsätze sollen an die kritische Zeitanalyse von Karl Jaspers aus dem Jahre 1931 unter dem Titel »Die geistige Situation der Zeit« anschließen und Diagnosen der heutigen Zeit stellen. Die Autoren sollten ihre Identität erst – wie Habermas – nach Kriegsende ausgebildet haben. Die Autoren sind also erst in der Zeit geboren, in der Jaspers seine Analyse veröffentlichte.

Weiter sollten die Autoren auf die intellektuelle Entwicklung der Bundesrepublik einen gewissen Einfluß gehabt haben. Zudem sollten sie in der Tradition der edition suhrkamp stehen, womit Habermas den »dezidierten Anschluß an Aufklärung, Humanismus, bürgerlich radikales Denken, an die Avantgarden des 19. Jahrhunderts« (KPS 412) meint. Diese Tradition sei im letzten halben Jahrzehnt verschüttet worden, ihre Repräsentanten seien kleinlaut geworden gegenüber konservativer Militanz. Nun sollten sie in diesem Band wieder lautstark auftreten können.

War es schon erfreulich, daß Habermas sich selbst aus seiner Zurückgezogenheit herausmachte und wieder im Getümmel des tagespolitischen Kampfplatzes erschien, so war es um so erfreulicher, daß er auch seine Gesinnungsgenossen dorthin holte oder ihnen zu einem offensiven Start dorthin verhalf. So unterschiedlich die einzelnen Autoren Stellung nehmen, verwandt sind sie alle in dieser beschriebenen Geisteshaltung.

Das ist der Grund für die von Habermas vorgenommene Grobeinteilung: »Beide Themen, die Verteidigung der Republik und die Erkundung zeitsymptomatischer Erscheinungen, ziehen sich durch fast alle Beiträge hindurch, auch wenn das eine Thema im ersten Halbband, das andere im zweiten ein stärkeres Gewicht erhält.« (KPS 429)

Im ersten Halbband knüpft Claus Offe konsequent an Habermassche Positionen an und macht die krisenhafte gesellschaftliche Situation bewußt. Er zeigt, daß der ökonomische Gesellschaftsbereich in die Krise geraten ist und mit ihm das an Zweckrationalität orientierte Denken. Aber nicht nur dieser

Bereich sei krisenhaft geworden, sondern der Bereich der Lebenswelt ebenfalls, so daß praktisch moralische Orientierungen ihre Gültigkeit verloren hätten. Offe zeigt, daß der theoretische Streit, ob die Systemtheorie oder die Handlungstheorie die triftigere Gesellschaftsanalyse liefern könne, ein naturgetreues Abbild gesellschaftlicher Problematik ist. Sowohl auf systemischer Ebene (ökonomisch-administrative) wie auf Handlungsebene (Lebenswelt) bestehen gleichermaßen tiefgreifende Krisen. Krisenlösungsversuche, die auf beiden Ebenen veranstaltet werden, »durchkreuzen und paralysieren sich gegenseitig« (Stichworte 1, 315), ebenso seien System- und Handlungstheorie unvereinbar. Stabilisierung des Systems bedeutet die Zurückdrängung und weitere Beschneidung und Vereinnahmung freien Denkens und Handelns. Lebenswelt oder Normen und Werte werden zurechtgestutzt auf systemische Bedürfnisse und Zwänge. Dies stabilisiere zwar die Systeme, verschärfe aber die Krise im lebensweltlichen Bereich. Andererseits gefährdeten Veränderungen zugunsten einer neuen Moral die Stabilität der Systeme. So aussichtslos wie für Offe ist für Habermas die Kombination von System- und Handlungstheorie – wie gesehen – nicht. Auch in der Realität gibt Habermas dem ausgewogenen Miteinander von Systemen und öffentlicher Kommunikation eine gewisse Chance, denn Krisen können immer zugleich Startpunkte für einen problemlösenden Neuanfang sein. So jedenfalls argumentiert Habermas hier wie auch in der »Theorie des kommunikativen Handelns«: Hier wie dort setzt er die Hoffnung auf die Alternativbewegungen, die bei Konflikten entstehen, die sich »an den Nahtstellen zwischen System und Lebenswelt« bilden (vgl. TkH 2, 581): »Die Alternativbewegung hat die lebensreformerischen Ansätze immerhin schon aus dem großbürgerlichen Elitismus und der Enge des Monte Verità herausgeführt (KPS 437). . . Die ›materialistischen‹ Werte des Wohlstandes, der wirtschaftlichen Stabilität und der Sicherheit, im Innern und nach außen, ebenfalls die klassischen bürgerlichen Tugenden der Karriere- und Wettbewerbsorientierung, des Leistungsstrebens, der Disziplin, des Fleißes usw. werden zurückgedrängt von den ›postmaterialistischen‹ Werten der Selbstverwirklichung, Solidarität und Meinungsfreiheit, Partizipation, der Erhaltung der kulturellen und der natürlichen Substanz, ersetzt durch ›nachbürgerliche‹, nicht mehr von Instrumentalismus und Privatismus geprägte Tugenden.« (KPS 431) Habermas prognostizier hier, daß sich das Blatt zugunsten der Lebenswelt wenden wird.

Seit dieser Zeit hat Habermas die Entwicklung in der Bundesrepublik mit kritischer Aufmerksamkeit verfolgt und die Kontinuität der gesellschaftlichen Entwicklung in der Bundesrepublik wird deutlich an der Kontinuität der Habermasschen Analysen. Das Bindeglied zwischen den »Stichworten«, den Äußerungen zum »Deutschen Herbst« und den Schriften »Der philosophische Diskurs der Moderne« (1985), »Eine Art Schadensabwicklung« (1987) und »Die nachholende Revolution« (1990) stellt ein Aufsatz aus dem Jahre 1982 dar – ebenfalls im »Merkur« veröffentlicht – mit dem Titel »Die Kulturkritik der Neokonservativen in den USA und in der Bundesrepublik«, der auch in die Aufsatzsammlung »Die Neue Unübersichtlichkeit« von 1985 übernommen wurde. Kennzeichnend für die Neokonservativen sei ihre affirmative Einstellung zur gesellschaftlichen Moderne und die Abwertung der kulturellen Moderne. Sie unterstützten die Modernisierung auf ökonomischem und technischem Felde, wollten aber gleichzeitig nicht zu der kulturellen Tradition der Aufklärung stehen, die bei uns ohnehin erst nach 1945 in ganzer Breite wahrgenommen wurde (vgl. DNR 12). Sähe man sich die Theorien der Neokonservativen, als deren Lehrer Habermas Joachim Ritter, Ernst Forsthoff und Arnold Gehlen namentlich nennt, an, dann kann klar werden, »daß die in den sechziger Jahren verwandelte Szene – mit der Erneuerung einer militanten Gesellschaftskritik und einer auf ganzer Breite mobil gemachten Aufklärungstradition, mit einer antiautoritären Bewegung, mit einem neuen Aufbruch der Avantgarde in der bildenden Kunst und einer ästhetisch inspirierten Gegenkultur – alles zum Leben erweckte, was die konservativen Theoretiker totgeglaubt hatten . . . Sie konnten sich aus dem Argumentationspotential ihrer Lehrer die Munition holen, um das, was deren *Theorie* widersprach, als die Machenschaften eines inneren Feindes *praktisch* zu bekämpfen. Für jene unliebsamen Erscheinungen, die die Grundlagen des behaupteten Kompromisses zu erschüttern schienen, brauchten sie nur die Agenten namhaft zu machen, die eine Kulturrevolution vom Zaume gebrochen hatten.« (DNU 44) So war es ein Leichtes für Strauß, die Intellektuellen für die Krise des Systems als Verantwortliche ausfindig zu machen, was für Habermas seinerseits Anlaß für seinen Spiegel-Essay war und für den Beginn seiner neuerlichen politischen Einmischung. Die Gesellschaftskritik der Neokonservativen wendete sich praktisch-politisch für diese positiv mit der Regierungsübernahme durch die CDU/CSU und FDP von 1982. Daß die FDP diese Wende mitmachte, war für Habermas kein historischer Zufall, denn dem politischen Liberalismus in Deutschland habe schon Bismarck das Rückgrat gebrochen (vgl. DNU 54). Ähnlich wie Kohl zu dieser Zeit fand Bismarck seinerzeit bei den Liberalen parlamentarische Stützung, was Habermas in einem offenen Brief an die Gräfin Dönhoff zu folgender Äußerung veranlaßte: »Anscheinend muß man in diesem Lande Sozialist sein, um für liberale Prinzipien zu kämpfen. Das soll ja in den letzten hundert Jahren schon öfter vorgekommen sein.« (KPS 333)

Nicht nur die politischen Speerspitzen des Neokonservatismus wie Strauß und Dregger, die Habermas in seinem Spiegel-Essay namentlich nennt, haben die Wende mit Unterstützung der Liberalen maßgeblich betrieben, sondern auch die Theoretiker des Neokonservativismus wie Günther Rohrmoser, Hermann Lübbe und Helmut Schelsky. Sie hätten einen »fatalen Zusammenhang zwischen Gesellschaftskritik, Bildungsreform und Linksterrorismus« hergestellt (DNU 46 f.). Sie hätten die Erschöpfung der kulturellen Moderne angekündigt. »Neokonservativ ist freilich nicht diese Klage, sondern die Reaktion darauf – die programmatische Verabschiedung der Moderne, die Ausrufung der ›Postmoderne‹.« (DNU 49) Die Theorie der Postmoderne wolle überdeutlich zeigen, daß in der Kultur keine Entwicklungstendenzen mehr auszumachen seien, im Gegensatz zu den Entwicklungstendenzen, die in Wirtschaft und Technik immer noch steckten. Sie könnten – so die These der neokonservativen Theoretiker – durch die von Ernst Forsthoff beschworene Staatssouveränität in die richtigen Bahnen gelenkt werden, solange eine »feindselige Kultur« diese Harmonie nicht störe.

Das Resümee von Habermas ist: »Die Neokonservativen vertauschen Ursache und Wirkung. An die Stelle der ökonomischen und der administrativen Imperative, der sogenannten Sachzwänge, die immer weitere Lebensbereiche monetarisieren und bürokratisieren, immer weitere Beziehungen in Waren und in Objekten der Verwaltung verwandeln – an die Stelle dieser wirklichen Krisenherde der Gesellschaft rücken sie das Gespenst einer subversiv überbordenden Kultur.« (DNU 53) Von der Kultur der Aufklärung wenden sich die deutschen Neokonservativen ab und »schöpfen aus anderen Quellen. Sie greifen auf einen deutsche Konstitutionalismus zurück, der von der Demokratie nicht viel mehr als den Rechtsstaat übrigbehalten hat; auf Motive des lutherischen Staatskirchentums, das in einer pessimistischen Anthropologie verwurzelt ist [. . .] Hätte die

Moderne nichts anderes als die Anpreisung der neokonservativen Apologetik zu bieten, es wäre zu verstehen, warum Teile der intellektuellen Jugend (über Derrida und Heidegger) zu Nietzsche zurückkehren, um in den bedeutungsschwangeren Stimmungen eines kultisch erneuerten, eines noch nicht von Kompromissen entstellten Jungkonservatismus ihr Heil zu suchen.« (DNU 54) Ein Großteil der intellektuellen Jugend, die in der Tat nur noch die neokonservative Apologetik und das Jammern über die Erschöpfung der kulturellen Moderne gehört hat, ist diesen Weg über die Französischen Philosophen und Heidegger zu Nietzsche gegangen. Die von den jungen Intellektuellen vertretene Vernunftkritik stellt für Habermas das komplementäre Gegenstück zum Neokonservatismus dar (vgl. DNU 119). Diese dunkle Vernunftkritik wurde Gegenstand einer ausführlichen Kritik in »Der philosophische Diskurs der Moderne«.

Mit ihrer Kritik an der Kultur der Aufklärung ging bei den Neokonservativen eine Besinnung auf eine für sie positive deutsche Vergangenheit einher, deren herausragende Größen Friedrich, Bismarck und Adenauer seien. Die Besinnung auf die nationalsozialistische Herrschaft dagegen wurde von Rohrmoser als Zeichen einer »universal gewordenen Herrschaft der Sophistik« abgetan (DNU 52). Diese Tendenz war Gegenstand der Kritik in dem Buch »Eine Art Schadensabwicklung« von 1987.

Zunächst zu dem Buch »Der philosophische Diskurs der Moderne«. Dort geht Habermas auf die Philosophen ein, die die intellektuelle Jugend beeinflußt haben. Dort heißt es: »Die an den Rechtshegelianismus anschließende Partei der Neukonservativen überläßt sich unkritisch der forttreibenden Dynamik der gesellschaftlichen Moderne, indem sie das moderne Zeitbewußtsein trivialisiert und Vernunft auf Verstand, Rationalität auf Zweckrationalität zurückschneidet. Neben der szientistisch verselbständigten Wissenschaft verliert für sie die kulturelle Moderne jede Verbindlichkeit. Die an Nietzsche anschließende Partei der Jungkonservativen überbietet die dialektische Zeitkritik, indem sie das moderne Zeitbewußtsein radikalisiert und die Vernunft als verabsolutierte Zweckrationalität, als Form depersonalisierter Machtausübung entlarvt.« (PDM 57 f.) Diese verkürzte Auffassung von Vernunft hat Habermas immer auch schon an Max Weber kritisiert. Und amerikanische Neokonservative wie Daniel Bell knüpfen an Max Weber an, wie Habermas zeigt: »Bell knüpft an Max Webers Behauptung an, die kapitalistische Entwicklung zehre mit der Protestantischen Ethik ihre eigenen motivationalen Bestandsvoraussetzungen auf. Bell führt das selbstdestruktive Muster dieser Entwicklung auf einen Bruch zwischen Kultur und Gesellschaft zurück.« (DNU 35) Die Weiterführung dieser These durch die Neokonservativen hat Habermas in dem eben besprochenen Aufsatz aus dem Jahre 1982 ausgeführt (DNU 30 ff.). Im Anschluß an die vorgetragene Kritik geht es ihm in der Publikation »Der philosophische Diskurs der Moderne« auch darum, die positiven Gehalte der kulturellen Moderne aufzuzeigen, die seine Lehrer Adorno und Horkheimer allerdings nicht sähen: »Die Dialektik der Aufklärung wird dem vernünftigen Gehalt der kulturellen Moderne, der in den bürgerlichen Idealen festgehalten (und mit ihnen auch instrumentalisiert) worden ist, nicht gerecht. Ich meine die theoretische Eigendynamik, die die Wissenschaften, auch die Selbstreflexion der Wissenschaften, über die Erzeugung technisch verwertbaren Wissens immer wieder hinaustreibt; ich meine ferner die universalistischen Grundlagen von Recht und Moral, die in den Institutionen der Verfassungsstaaten, in Formen demokratischer Willensbildung, in individualistischen Mustern der Identitätsbildung auch eine (wie immer verzerrte und unvollkommene) Verkörperung gefunden haben; ich meine schließlich die Produktivität und die sprengende Kraft ästhetischer Grunderfahrungen, die eine von Imperativen der Zwecktätigkeit und von Konventionen der alltäglichen Wahrnehmung freigesetzten Subjektivität ihrer eigenen Dezentrierung abgewinnt.« (PDM 137 f.)

Habermas hat über seine Kritik an den Vernunftkritikern hinaus also ein starkes Interesse daran, die noch nicht erschöpften Gehalte der kulturellen Moderne sichtbar zu machen, denn der schick gewordene Antirationalismus kritisiere nur einen Teil der Vernunft, nämlich den theoretischen. Die positiven Gehalte der praktischen Vernunft seien nicht bewußt geworden oder die Vernunftkritiker würden ihm nicht gerecht. »Was nämlich in diesen Kreisen als ›Vernunft‹ denunziert wird, ist lediglich die zum Ganzen aufgeplusterte Zweckrationalität, eine auf Selbstbehauptung sich versteifenden Subjektivität. Manchmal reibt man sich die Augen – als sei die ehrwürdige Unterscheidung zwischen Verstand und Vernunft ganz umsonst gewesen.« (DNR 84 f.). Dies ist übrigens ein Vorwurf, den Habermas nicht nur Horkheimer und Adorno macht, sondern auch Heidegger – wie wir uns erinnern. Darum hat nicht ein »Zuviel an Vernunft« (die Vernunftkritiker meinen freilich die theoretische Vernunft), sondern ein »Zuwenig an Vernunft«

(Habermas meint freilich die praktische Vernunft) unsere westliche Kultur in Mißkredit gebracht (PDM 361). Das betonte Habermas in einer Rede, die er auf Einladung des Präsidenten des spanischen Parlaments 1984 gehalten hat. Diese Rede ist ebenfalls in »Die Neue Unübersichtlichkeit« abgedruckt. Dort vertritt er wieder die in seiner Untersuchung der neokonservativen Strömungen vertretene These, daß die Ansicht sehr verbreitet sei, daß die utopischen Energien aufgezehrt seien. Diese Sichtweise entspringe negativen Alltagserfahrungen, aber auch solchen Theorien, die er in »Die Kulturkritik der Neokonservativen« und im »Philosophischen Diskurs der Moderne« benannt habe. Entgegen solchen Theorien liest Habermas aus der gesellschaftlichen Situation heraus: »Es ist keineswegs nur Realismus, wenn eine forsch akzeptierte Ratlosigkeit mehr und mehr an die Stelle von zukunftsgerichteten Orientierungsversuchen tritt. Die Lage mag objektiv unübersichtlich sein. Unübersichtlichkeit ist indessen auch eine Funktion der Handlungsbereitschaft, die sich eine Gesellschaft zutraut. Es geht um das Vertrauen der westlichen Kultur in sich selbst.« (DNU 143)

Habermas verkennt die Probleme, die aus einem erfolgreichen Sozialstaat selbst herauswachsen, nicht. Dennoch – meint er – müsse man mit ihm leben, denn es gäbe zu Gesellschaften unseres Typs keine erkennbaren Alternativen (DNU 152). Um Möglichkeiten zu entwickeln, die Probleme des Sozialstaats zu bewältigen und zukunftsweisende Utopien zu entwickeln, geht Habermas zunächst auf die arbeitsgesellschaftliche Utopie ein. Sie sei aufgezehrt. »Diese hatte sich am Kontrast der lebendigen mit der toten Arbeit, an der Idee der Selbsttätigkeit orientiert. Dabei mußte sie freilich die subkulturellen Lebensformen der Industriearbeiter als eine Quelle von Solidarität voraussetzen. Sie mußte voraussetzen, daß Kooperationsbeziehungen in der Fabrik die naturwüchsig eingespielte Solidarität der Arbeitersubkulturen sogar verstärken würden. Diese sind aber inzwischen weitgehend zerfallen. Und ob deren solidaritätsstiftende Kraft am Arbeitsplatz regeneriert werden kann, ist einigermaßen zweifelhaft.« (DNU 160)

Der Paradigmenwechsel von der Arbeits- zur Kommunikationsgesellschaft ändert nun allerdings die Art der Anknüpfung an Utopietraditionen. Die treffende Gesellschaftsanalyse auf der Folie der alles strukturierenden Kommunikation eröffnet laut Habermas neue utopische Perspektiven, die die Utopien der Arbeitsgesellschaft ablösen: »Was sich normativ auszeichnen läßt, sind notwendige, aber allgemeine Bedingungen für

eine kommunikative Alltagspraxis und für ein Verfahren der
diskursiven Willensbildung, welche die Beteiligten selbst in die
Lage versetzen könnten, konkrete Möglichkeiten eines besseren und weniger gefährdeten Lebens nach eigenen Bedürfnissen
und Einsichten aus eigener Initiative zu verwirklichen.« (DNU
161 f.)

Zwei Jahre nach der Veröffentlichung des Bandes »Die neue
Unübersichtlichkeit« boten die politischen Ereignisse Habermas reichlich Gelegenheit dazu, erneut einen Band mit politischen Stellungnahmen vorzulegen. Es handelt sich um das 1987
erschienene Buch »Eine Art Schadensabwicklung«. Habermas
versammelt hier eine Reihe politischer Aufsätze, Reden und Interviews zu verschiedenen Anlässen der letzten zwei Jahre.

Hervorgehoben sind in dieser Zusammenstellung seine Stellungnahmen zum sogenannten Historikerstreit, in dem es um
die oben schon angesprochene Haltung neokonservativer Intel-
lektueller zur nationalsozialistischen Herrschaft geht. Die Historiker, die die Wendeideologie wissenschaftlich untermauern
sollten, sind angetreten mit der Absicht, den bundesrepublikanischen Deutschen eine neue Identität zu geben. Soll sie als eine
historisch gewachsene gelten, stört die Zeit des Faschismus er-
heblich. Diesen Willen zu einer neuen Identität nennt Habemas
»eine Art Schadensabwicklung«, was nicht mehr bedeutet als
daß versucht wird, dem einzelnen, der als »Sozialmolekül« in
der versachtlichten Industriegesellschaft eine unvermeidliche
Entfremdung erfährt, einen identitätsstiftenden Sinn anzubie-
ten; gewissermaßen als Entschädigung. Augenfällig wird dieses
Angebot in den vergangenen Jahren durch Jahrhundertfeiern
deutscher Städte und Institutionen oder großer deutscher
Staatsmänner: Wir alle sind nicht nur die Enkel Adenauers, sondern natürlich auch Bismarcks und Friedrichs.

Den Historikern, mit denen Habermas sich auseinander-
setzt, ist nun allerhand eingefallen, um den Nationalsozialismus
auf einen Unfall oder eine Kleinigkeit hinunterzunivellieren.
Denn bei der Schaffung »höherer Sinnstiftung« (Michael Stürmer) stört die Zeit des Nationalsozialismus. Vergleichsweise
milde ist noch die Interpretation, daß der Nationalsozialismus
ein den Deutschen aufgezwungenes Willkürregime gewesen sei
oder daß die Deutschen den Verführungskünsten eines dämoni-
schen Hitler zum Opfer fielen. Nicht mehr tragbar in einer Demokratie sind hingegen Äußerungen eines Ernst Nolte, von
dem Habermas sagt, er sei alles andere als ein »betulich-konser-
vativer Erzähler« (EAS 129). Wie – fragt man sich – kann es je-

mandem einfallen, die Gaskammern von Auschwitz auf »den technischen Vorgang der Vergasung« zu reduzieren? Nur darin unterscheide sich Auschwitz von den Grausamkeiten des russischen Bürgerkrieges, der im übrigen ursprünglicher gewesen sei als Auschwitz, verkündet Nolte. Habermas dazu: »Die Nazi-Verbrechen verlieren ihre Singularität dadurch, daß sie als Antwort auf (heute fortdauernde) bolschewistische Vernichtungsdrohungen mindestens verständlich gemacht werden. Auschwitz schrumpft auf das Format einer technischen Innovation und erklärt sich aus der ›asiatischen‹ Bedrohung durch einen Feind, der immer noch vor unseren Toren steht.« (EAS 131) Mit dieser Rechtfertigung wird Hitler verteidigt, und er könnte zur Not auch wieder anderes verteidigen. Nolte ist kein Einzelfall! Es gibt weitere Historiker, die so oder ähnlich denken, wie man bei Habermas nachlesen kann.

Ich glaube, wir sind uns nicht genug bewußt, was in diesem Lande zur Zeit wieder gesagt und geschrieben werden kann, welches Klima vorbereitet wird. Es war wichtig genug, daß Habermas uns darauf aufmerksam machte.

Habermas repliziert: »Nach wie vor gibt es die einfache Tatsache, daß auch die Nachgeborenen in einer Lebensform aufgewachsen sind, in der *das* möglich war. Mit jenem Lebenszusammenhang, in dem Auschwitz möglich war, ist unser eigenes Leben nicht etwa durch kontingente Umstände, sondern innerlich verknüpft. Unsere Lebensform ist mit der Lebensform unserer Eltern und Großeltern verbunden durch ein schwer entwirrbares Geflecht von familialen, örtlichen, politischen, auch intellektuellen Überlieferungen – durch ein geschichtliches Milieu also, das uns erst zu dem gemacht hat, was und wer wir heute sind. Niemand von uns kann sich aus diesem Milieu heraussteh len, weil mit ihm unsere Identität, sowohl als Individuen wie als Deutsche unauflöslich verwoben ist.« (EAS 140)

Wir müssen zu dieser Tradition stehen. Sie gehört zu unserer nationalen Identität. Und mit ihr müssen wir uns auseinandersetzen, wenn wir nicht verlogen ideologisch sein wollen oder unlogisch dumm. Führt man nämlich die von Habermas angestrebte Auseinandersetzung nicht, verhält man sich wie ein Innenminister, der den Demonstranten die Schuld an den Gefahren gab, die vom Atommüll ausgingen. Dieser Innenminister argumentierte so: Der Atommüll sei deshalb so gefährlich, weil er zu lange auf den Straßen verweile. Die Demonstranten blockierten den Abtransport, wenn sie sich vor die Laster setzten. Diese Unlogik der Umkehrung von Ursache und Wirkung (vgl.

DNU 53) kann man auch noch einmal mit Habermas' Worten deutlich machen: »Man verhält sich zur nationalen Vergangenheit wie zu einem Atomkraftwerk, für dessen strahlenverseuchten Müll noch keine Endlagerung gefunden sei«. (EAS 12) Statt über das Atomkraftwerk als Ursache zu sprechen, wird nur noch über das Müllbeseitigungsproblem gesprochen. So auch nach den revolutionären Umwälzungen in Osteuropa und in der DDR. Für einen Marxisten wie Habermas stellte sich nach diesen Ereignissen allererst die Frage, ob der Sozialismus kein Ziel mehr sei. Das ist die Leitfrage für seine Betrachtungen in der Aufsatz- und Interviewsammlung mit dem Titel »Die nachholende Revolution« von 1990. Die Antwort lautet kurz und knapp: Der Sozialismus sei weiterhin das Ziel, aber nicht der romatisch dekorierte, wie wir ihn von Marx kennen. Habermas kritisiert den frühen Marx der »Pariser Manuskripte«, auf den sich die kritische Linke – vor allem auch während der Zeit der Studentenbewegung – bezog. Dort hatte Marx gesagt, daß die Abschaffung des Privateigentums das »aufgelöste Rätsel der Geschichte« bedeute. »Die Aufhebung des Privateigentums bedeutet dem romantischen Sozialismus die vollständige Emanzipation aller menschlichen Sinne und Eigenschaften – die wahre Resurrektion der Natur und den durchgeführten Naturalismus des Menschen, die Auflösung des Widerstreits zwischen Vergegenständlichung und Selbstbetätigung, zwischen Freiheit und Notwendigkeit, zwischen Individuum und Gattung [. . .] die Idee einer freien Assoziation von Produzenten war von Anbeginn mit sehnsüchtigen Bildern aus den familialen, nachbarschaftlichen und kooperativen Vergemeinschaftungen einer bäuerlich-handwerklichen Welt besetzt worden [. . .] Unter den Arbeitsbedingungen und in den neuen Verkehrsformen des Frühindustrialismus sollten die sozialintegrativen Kräfte der versinkenden Welt transformiert und gerettet werden.« (DNR 194 f.)

Habermas versteht Sozialismus anders. Für ihn muß sich die Idee stets an der Wirklichkeit messen. Der Sozialismus hätte sich schon an der frühindustriellen Wirklichkeit messen müssen, um nicht im Romantischen die Flucht zu suchen vor der harten Wirklichkeit. So wie im romantischen Sozialismus könne eine Idee dazu führen, daß sie dogmatisch erstarrte und blind gegen alle Wirklichkeit durchgesetzt wurde und »zur Legitimationsideologie einer schlechthin unmenschlichen Praxis – eines ›großangelegten Tierexperiments an lebendigen Menschen‹ (Biermann) verkommen konnte« (DNR 191). Gegen eine Theorietradition dieser Ausprägung führt Habermas einen pragmatisch geläuterten Sozialismus ins Feld, dem die Theorie »bestenfalls notwendige Bedingungen für emanzipierte Lebensformen angeben kann, über deren konkrete Ausgestaltung sich die Beteiligten selbst zu verständigen hätten.« (DNR 191) Diese Konsequenz zieht Habermas aus seiner Verbindung der »Einsichten von Kant, Hegel und Marx mit den Einsichten von Thomas Paine, von Peirce, Mead und Dewey« (DNR 33). Für einen pragmatisch geläuterten Sozialismus erübrige sich deshalb auch die Frage nach einem dritten Weg zwischen Sozialismus und Marktwirtschaft. Die einzige Möglichkeit der Überprüfung des Gelingens eines solchen Weges wäre die Praxis gewesen. Gegen eine solche Überprüfung habe sich aber die Masse der Bevölkerung in der DDR entschieden. »Nach dem vierzigjährigen Desaster kann man die Gründe verstehen.« (DNR 184) Nun helfe kein Wehklagen der Nichtbetroffenen, sondern man müsse diese Entscheidung akzeptieren und fragen, wie lange eine Idee der Wirklichkeit standhalte; das bedeute für diesen konkreten Fall, die Idee eines dritten Weges aufzugeben.

Die kritische Linke habe keinen Anlaß, das Ziel Sozialismus aufzugeben. Sie habe »keinen Grund, in Sack und Asche zu gehen, aber sie kann auch nicht so tun, als sei gar nichts passiert« (DNR 188). Sie müsse nun das, was passiert sei, entschlossen zur Kenntnis nehmen und die »Perspektive festlegen, aus der die Wirklichkeit kritisch betrachtet und analysiert wird« (DNR 189). Zur Kenntnis nehmen muß man den artikulierten Wunsch der Revolutionäre in Osteuropa, »verfassungspolitisch an das Erbe der bürgerlichen Revolution und gesellschaftspolitisch an die Verkehrs- und Lebensformen des entwickelten Kapitalismus, insbesondere an die Europäische Gemeinschaft, Anschluß zu finden. Im Falle der DDR gewinnt ›Anschluß‹ einen buchstäblichen Sinn; denn für sie bietet die Bundesrepublik beides zugleich: eine demokratisch verfaßte Wohlstandsgesellschaft westlichen Typs.« (DNR 180 f.) Somit zeigt sich für Habermas an den revolutionären Ereignissen in Osteuropas im Gegensatz zu postmodernen Interpreten, daß »sich im revolutionären Zusammenbruch des bürokratischen Sozialismus ein Ausgreifen der Moderne ankündigt – der Geist des Okzident holt den Osten ein, nicht nur mit der technischen Zivilisation, sondern auch mit seiner demokratischen Tradition.« (DNR 185) Die Lehre, die aus diesen revolutionären Veränderung zu ziehen sei, ist die, daß die über Märkte regulierte Wirtschaft intakt bleiben müsse, und daß eine rechtsstaatlich verfaßte administrative

Macht nicht ignoriert werden dürfe. Beide müßten aber von einer demokratischen Öffentlichkeit kontrolliert werden können. Habermas spricht auch hier wieder von der neuen Gewaltenteilung zwischen Geld, Macht und Solidarität (DNR 199). In der Zukunft können nur Gesellschaften Bestand haben mit einer ausgeprägten Kommunikationskultur, die dogmatischen Verhärtungen entgegenzuwirken vermag und die Wirklichkeit nicht fundamentalistischen Ideen unterordnet. »Die Herausforderungen des 21. Jahrhunderts werden nach Typus und Größenordnung von den westlichen Gesellschaften Antworten verlangen, die ohne eine interessenverallgemeinernde radikal demokratische Meinungs- und Willensbildung wohl kaum gefunden und implementiert werden können. In dieser Arena findet die sozialistische Linke ihren Platz und ihre politische Rolle. Sie kann das Ferment bilden für politische Kommunikationen, die den institutionellen Rahmen des demokratischen Rechtsstaates davor bewahren, auszutrocknen. Die nicht-kommunistische Linke hat keinen Grund zur Depression. Es mag sein, daß sich manche Intellektuelle in der DDR erst umstellen müssen auf eine Situation, in der sich die westeuropäische Linke seit Jahrzehnten befindet – die sozialistischen Ideen umsetzen zu müssen in die radikalreformistische Selbstkritik einer kapitalistischen Gesellschaft, die in den Formen einer rechts- und sozialstaatlichen Massendemokratie gleichzeitig mit ihren Schwächen auch ihre Stärken entfaltet hat. Nach dem Bankrott des Staatssozialismus ist diese Kritik das einzige Nadelöhr, durch das alles hindurch muß.« (DNR 202 f.).

X. Sigeln und Abkürzungen

Abkürzungen oder Sigeln der im Text fortlaufend zitierten Schriften. Die Zahl hinter Sigel oder Abkürzung ist die Seitenzahl in der hier angegebenen Ausgabe.

1. Schriften von Habermas

DNR	Die nachholende Revolution, Ffm 1990
DNU	Die Neue Übersichtlichkeit, Ffm 1985
EAS	Eine Art Schadensabwicklung, Ffm 1987
EI	Erkenntnis und Interesse. Mit einem neuen Nachwort, Ffm 1973
Entgegnung	Entgegnung, in: Axel Honneth/Hans Joas (Hg.), Kommunikatives Handeln. Beiträge zu Jürgen Habermas' »Theorie des kommunikativen Handelns«, Ffm 1986
Farias	Heidegger – Werk und Weltanschauung, in: Victor Farias, Heidegger und der Nationalsozialismus, Ffm 1989
GS	Jürgen Habermas/Niklas Luhmann, Theorie der Gesellschaft oder Sozialtechnologie, Ffm 1971
KPS	Kleine Politische Schriften I–IV, Ffm 1981
KuK	Kultur und Kritik, Ffm 1971
LP	Legitimationsprobleme im Spätkapitalismus, Ffm 1973
LS	Zur Logik der Sozialwissenschaften, 5. erweiterte Auflage, Ffm 1982
MB	Moralbewußtsein und kommunikatives Handeln, Ffm 1983
MuS	Moral und Sittlichkeit, in: Merkur 442, Dez. 1985
PDM	Der philosophische Diskurs der Moderne, Ffm 1985
Profile	Philosophisch-politische Profile. Erweiterte Ausgabe, Ffm 1981
PuH	Protestbewegung und Hochschulreform, Ffm 1969
RHM	Zur Rekonstruktion des Historischen Materialismus, Ffm 1976
Stichworte	Stichworte zur ›Geistigen Situation der Zeit‹, 2 Bände, Ffm 1979
SÖ	Strukturwandel der Öffentlichkeit, Neuwied/Berlin 1962

TkH	Theorie des kommunikativen Handelns, 2 Bände, Ffm 1981
TuP	Theorie und Praxis. Neuausgabe, Ffm 1971
TWI	Technik und Wissenschaft als ›Ideologie‹, Ffm 1968
Vorstudien	Vorstudien und Ergänzungen zur Theorie des kommunikativen Handelns, Ffm 1984

2. Andere Schriften

Apel 1973	Karl-Otto Apel, Transformation der Philosophie, Band 2, Ffm 1973
Apel 1980	Studienbegleitbrief 2 des Funkkollegs Praktische Philosophie/Ethik, Weinheim/Basel 1980
Apel 1988	Karl-Otto Apel, Diskurs und Verantwortung, Ffm 1988
Böhme	Gernot Böhme, Der Typ Sokrates, Ffm 1988
Brecht	Bertolt Brecht, Gesammelte Werke in 20 Bänden, Band 12, Ffm 1967
Dahrendorf	Ralf Dahrendorf, Zeitgenosse Habermas, in: Merkur 484, Juni 1989
Dewey	John Dewey, Die Erneuerung der Philosophie, Hamburg 1989
Fichte	Johann Gottlieb Fichte, Erste Einleitung in die Wissenschaftslehre
Gadamer	Hans-Georg Gadamer, Gesammelte Werke, Band 2, Tübingen 1986
HI	Hermeneutik und Ideologiekritik, Mit Beiträgen von Karl-Otto Apel u. a., Ffm 1971
Horster 1989a	Detlef Horster, Die Wirklichkeit der Freiheit, in: Archiv für Rechts- und Sozialphilosophie, Heft 2/1989
Horster 1989b	Detlef Horster, Sokratische Gespräche in der Erwachsenenbildung, in: Dieter Krohn u. a. (Hg.), Das Sokratische Gespräch – Ein Symposion, Hamburg 1989
Humboldt	Wilhelm von Humboldt, Gesammelte Schriften in 17 Bänden, Berlin 1903–1936
Husserl	Edmund Husserl, Die Krisis der europäischen Wissenschaften und die transzendentale Phänomenologie, Haag 1976 (Husserliana VI)
James	William James, Der Pragmatismus, Hamburg 1977
Kamlah/Lorenzen	Wilhelm Kamlah/Paul Lorenzen, Logische Propädeutik, Mannheim 1973
Kaupen	Wolfgang Kaupen, Die Hüter von Recht und Ordnung, Neuwied/Berlin 1969
Kopperschmidt	Josef Kopperschmidt, Methodik der Argumentationsanalyse, Stuttgart-Bad Cannstatt 1989

127

Lorenz — Kuno Lorenz, Der dialogische Wahrheitsbegriff, in: Neue Hefte für Philosophie, Heft 2/3, 1972

Lorenzen — Paul Lorenzen, Theorie der technischen und politischen Vernunft, Stuttgart 1978

Löwith 1953 — Karl Löwith , Heidegger – Denker in dürftiger Zeit, Ffm 1953

Löwith — Karl Löwith, Mein Leben in Deutschland vor und nach 1933, Stuttgart 1986

Luhmann — Niklas Luhmann, Soziale Systeme, Ffm 1984

Martens — Ekkehard Martens (Hg.), Texte der Philosophie des Pragmatismus, Stuttgart 1975

McCarthy — Thomas McCarthy, Kritik der Verständigungsverhältnisse, Ffm 1980

Mead — George H. Mead, Geist, Identität und Gesellschaft, Ffm 1968

Mecacci — Luciano Mecacci, Das einzigartige Gehirn, Ffm 1988

MEW — Marx-Engels-Werke, Berlin 1957 ff.

Negt 1968 — Oskar Negt u. a., Die Linke antwortet Jürgen Habermas, Ffm 1968

Negt 1972 — Oskar Negt, Nachwort in: Ernst Bloch, Vom Hasard zur Katastrophe, Ffm 1972

Negt 1984 — Oskar Negt, Zur prekären Situation der politischen Kultur in Deutschland, in: tageszeitung vom 28. 5. 1984

Negt 1988 — Oskar Negt, Modernisierung im Zeichen des Drachen, Ffm 1988

Peirce — Charles S. Peirce, Schriften zum Pragmatismus und Pragmatizismus, Ffm 1976

Rorty 1978 — Richard Rorty, Epistemological Behaviorism and the De-Transcendentalization of Analytic Philosophy, in: Neue Hefte für Philosophie Nr. 14, 1978

Rorty 1981: — Richard Rorty, Der Spiegel der Natur, Ffm 1981

Rorty 1988 — Richard Rorty, Solidarität oder Objektivität?, Stuttgart 1988

Rorty 1989 — Richard Rorty, Kontingenz, Ironie und Solidarität, Ffm 1989

Schiller — Der Briefwechsel zwischen Friedrich Schiller und Wilhelm von Humboldt, hg. von Siegfried Seidel, 2 Bände, Berlin 1962

Schnädelbach 1985 — Herbert Schnädelbach, Philosophische Argumentation, in: Ekkehard Martens/Herbert Schnädelbach (Hg.), Philosophie – Ein Grundkurs, Reinbek 1985

Schnädelbach 1987 — Vernunft und Geschichte, Ffm 1987

Toulmin   Stephen Toulmin, Der Gebrauch von Argumen-
                   ten, Kronberg 1975
Tugendhat/Wolf   Ernst Tugendhat/Ursula Wolf, Logisch-semanti-
                   sche Propädeutik, Stuttgart 1983
Volkmann-Schluck   Karl-Heinz Volkmann-Schluck, Freiheit, Men-
                   schenwürde, Menschenrechte. Zum Ethos der mo-
                   dernen Demokratie in der Sicht Kants, in: Johan-
                   nes Schwardtländer (Hg.), Menschenrechte und
                   Demokratie, Kehl-Straßburg 1981
Weber   Max Weber, Wirtschaft und Gesellschaft, 5. revi-
                   dierte Auflage, Tübingen 1976
Z   Axel Honneth/Thomas McCarthy/Claus Offe/
                   Albrecht Wellmer (Hg.), Zwischenbetrachtungen
                   – Im Prozeß der Aufklärung, Ffm 1989
Zimmermann 1970   Jörg Zimmermann, Sprachanalytische Ästhetik,
                   Stuttgart-Bad Cannstatt 1970
Zimmermann 1984   Jörg Zimmermann, Zur kritischen Funktion ästhe-
                   tischer Rationalität, in: Ästhetik – Akten des 8. in-
                   ternationalen Wittgenstein Symposiums 15. bis 21.
                   August 1983, Kirchberg/Weichsel, Teil 1, Wien
                   1984

René Görtzen
HABERMAS: WERK UND
INTERNATIONALE WIRKUNG*

Die vorliegende Literaturübersicht besteht aus drei Teilen. In Teil IA und IB sind die deutsch- und englischsprachigen Bücher von Habermas aufgenommen.

In Teil II sind ca. 350 deutsch- und englischsprachige Publikationen über Habermas unter 19 Stichworte subsumiert. Dabei sind besonders die Publikationen aufgeführt, die nach meiner 1982 erschienenen Bibliographie veröffentlicht wurden.

Teil III gibt einen kurzen Überblick über die internationalen Rezeption Habermas' anhand einer Auswahl der Sekundärliteratur, die z.Z. mehr als 4000 Titel umfaßt.

Inhalt:

I   Deutsch- und englischsprachige Primärliteratur
A. Deutschsprachige Werke
B. Englischsprachige Werke

II Deutsch- und englischsprachige Sekundärliteratur
a. Monographien / Sammelbände
b. Arbeit und Interaktion
c. Erkenntnis und Interesse
d. Erziehung / Bildung
e. Ethik / Moralentwicklung
f. Hermeneutik / Gadamer
g. Historikerstreit
h. Kommunikativen Handelns, Theorie des
i. Konsensustheorie der Wahrheit
j. Legitimationskrise
k. Marx / Marxismus
l. Moderne – Postmoderne
m. Nachmetaphysisches Denken
n. Positivismusstreit / Sozialwissenschaften

---

* Görtzen, René: *Jürgen Habermas: Eine Bibliographie seiner Schriften und der Sekundärliteratur 1952–1981.* Frankfurt/Main: Suhrkamp 1982, 230 S. Aktualisierungen: a: »Bibliographie zur *Theorie des kommunikativen Handelns*«, in: A. Honneth und H. Joas (Hrsg.), *Kommunikatives Handeln. Beiträge zu Jürgen Habermas'* ›*Theorie des kommunikativen Handelns*‹. Frankfurt/Main: Suhrkampf 1986, S. 406–416. b. »Jürgen Habermas: A Bibliography«, in D. M. Rasmussen, *Reading Habermas.* Oxford, Cambridge/MA: Basil Blackwell 1990, S. 114–140. c. »Habermas in Nederland. Een geannoteerd literatuuroverzicht«, in: Willem van Reijen, *Habermas leidraad.* Utrecht: ISOR 1990, S. 83–123. Eine stark erweiterte Neuausgabe der Bibliographie wird Ende 1992 im Suhrkamp Verlag erscheinen.

o. Protestbewegung und Hochschulreform
p. Psychoanalyse / Freud
q. Religion / Theologie
r. Strukturwandel der Öffentlichkeit
s. Theorie der Gesellschaft oder Sozialtechnologie / Luhmann
III Internationale Wirkung: Sekundärliteratur
1. Frankreich / Kanada (franz.)
2. Italien
3. Skandinavien
4. Spanien / Süd-Amerika

I Deutsch- und englischsprachige Primärliteratur

A. Deutschsprachige Werke von Habermas

1954 *Das Absolute und die Geschichte. Von der Zwiespältigkeit in Schellings Denken.* Inaugural-Dissertation Philsphie. Bonn, 424 S.
1961 *Student und Politik. Eine soziologische Untersuchung zum politischen Bewußtsein Frankfurter Studenten.* Ko-Autoren: Ludwig von Friedeburg, Christoph Oehler, Friedrich Weltz. Neuwied / Berlin: Luchterhand, 359 S.
1962 *Strukturwandel der Öffentlichkeit. Untersuchungen zu einer Kategorie der bürgerlichen Gesellschaft.* Neuwied / Berlin: Luchterhand, 291 S.
1963 *Theorie und Praxis. Sozialphilosophische Studien.* Neuwied / Berlin: Luchterhand, 379 S. (c.f.: 1971)
1967 *Zur Logik der Sozialwissenschaften,* in: *Philosophische Rundschau* 14, Beiheft 5, 195 S. (c.f.: 1970)
1968 *Technik und Wissenschaft als ›Ideologie‹.* Frankfurt/Main: Suhrkamp, 167 S.
1968 *Erkenntnis und Interesse.* Frankfurt/Main: Suhrkamp, 364 S.
1968 *Antworten auf Herbert Marcuse.* Hrsg. und eingeleitet von J. Habermas. Frankfurt/Main: Suhrkamp, 161 S.
1969 *Protestbewegung und Hochschulreform.* Frankfurt/Main: Suhrkamp, 275 S.
1970 *Zur Logik der Sozialwissenschaften.* Frankfurt/Main: Suhrkamp, 329 S. (Erweiterte Ausgabe; c.f. auch: 1982)
1970 *Arbeit-Erkenntnis-Fortschritt. Aufsätze 1954-1979.* Amsterdam: de Munter, 470 S. (= Raubdruck)
1971 *Philosophisch-politische Profile.* Frankfurt/Main: Suhrkamp, 254 S. (c.f.: 1981)
1971 *Theorie der Gesellschaft oder Sozialtechnologie. Was leistet die Systemforschung.* Ko-Autor: Niklas Luhmann. Frankfurt/Main: Suhrkamp, 405 S.

131

1971 *Theorie und Praxis.* Frankfurt/Main: Suhrkamp, 466 S. Vierte durchgesehene, erweiterte und neu eingeleitete Auflage.

1973 *Legitimationsprobleme im Spätkapitalismus.* Frankfurt/Main: Suhrkamp, 196 S.

1973 *Kultur und Kritik. Verstreute Aufsätze.* Frankfurt/Main: Suhrkamp, 401 S.

1973 *Arbeit-Freizeit-Konsum. Frühe Aufsätze.* 's Gravenhage: Eversdijck, 80 S. (= Raubdruck)

1974 *Zwei Reden.* Aus Anlaß der Verleihung des Hegel-Preises 1973 der Stadt Stuttgart an Jürgen Habermas am 19. Januar 1974. Ko-Autor: Dieter Henrich. Frankfurt/Main: Suhrkamp, 84 S.

1976 *Zur Rekonstruktion des Historischen Materialismus.* Frankfurt/Main: Suhrkamp, 346 S.

1978 *Politik, Kunst, Religion. Essays über zeitgenössische Philosophen.* Stuttgart: Reclam, 151 S.

1979 *Das Erbe Hegels.* Zwei Reden aus Anlass der Verleihung des Hegel-Preises 1979 der Stadt Stuttgart an Hans-Georg Gadamer am 13. Juni 1979. Ko-Autor: Hans-Georg Gadamer. Frankfurt/Main, 94 S.

1979 *Stichworte zur ›Geistigen Situation der Zeit‹.* Hrsg. von J. Habermas. 1. Band: *Nation und Republik*, 440 S. / 2. Band: *Politik und Kultur*, S.441-861. Frankfurt/Main: Suhrkamp.

1981 *Philosophische-politische Profile.* Frankfurt/Main: Suhrkamp, 479 S. Dritte, erweiterte Auflage.

1981 *Kleine Politische Schriften (I-IV).* Frankfurt/Main: Suhrkamp, 535 S.

1981 *Theorie des kommunikativen Handelns. Band 1: Handlungsrationalität und gesellschaftliche Rationalisierung. Band 2: Zur Kritik der funktionalistische Vernunft.* Frankfurt am Main: Suhrkamp, 1167 S.

1982 *Zur Logik der Sozialwissenschaften.* Frankfurt/Main: Suhrkamp, 607 S. Fünfte, erweiterte Auflage. (C.f.: 1970)

1983 *Moralbewußtsein und kommunikatives Handeln.* Frankfurt/Main: Suhrkamp, 208 S.

1983 *Adorno-Konferenz 1983.* Hrsg. von Ludwig von Friedeburg und Jürgen Habermas. Frankfurt/Main: Suhrkamp, 471 S.

1984 *Vorstudien und Ergänzungen zur Theorie des kommunikativen Handelns.* Frankfurt/Main: Suhrkamp, 607 S.

1984 *Soziale Interaktion und soziales Verstehen. Beiträge zur Entwicklung der Interaktionskompetenz.* Hrsg. von Wolfgang Edelstein und Jürgen Habermas. Frankfurt/Main: Suhrkamp, 384 S.

1985 *Der philosophische Diskurs der Moderne.* Zwölf Vorlesungen. Frankfurt/Main: Suhrkamp, 450 S.

1985 *Die Neue Unübersichtlichkeit. Kleine Politische Schriften V.* Frankfurt/Main: Suhrkamp, 269 S.

1987 *Eine Art Schadensabwicklung. Kleine Politische Schriften VI.* Frankfurt/Main: Suhrkamp, 180 S.

1988 *Nachmetaphysisches Denken. Philosophische Aufsätze.* Frank furt/Main: Suhrkamp, 286 S.
1989 *Die nachholende Revolution. Kleine Politische Schriften VII.* Frankfurt/Main: Suhrkamp, 225 S.
1990 *Die Moderne – ein unvollendetes Projekt. Philosophisch-politische Aufsätze 1977-1990.* Leipzig: Reclam, 256 S.

B. Englischsprachige Werke von Habermas

1971 *Knowlegde and Human Interests.* Boston: Beacon Press / London: Heinemann, 356 S. Übersetzt von Jeremy J. Shapiro. [= *Erkenntnis und Interesse*].
1971 *Toward a Rational Society. Student Protest, Science and Politics.* Boston: Beacon Press / London: Heinemann, 132 S. Übersetzt von Jeremy J. Shapiro. [= 6 Texte, wovon 3 aus: *Technik und Wissenschaft als ›Ideologie‹* und 3 aus: *Protestbewegung und Hochschulreform*].
1974 *Theory and Practice.* Boston: Beacon Press / London: Heinemann, 310 S. Übersetzt von John Viertel. [= 6 Texte aus: *Theorie und Praxis*, und: »Arbeit und Interaktion« (1967)].
1975 *Legitimation Crisis.* Boston: Beacon Press 1975 / London: Heinemann 1976, 176 S. Vorwort und übersetzt von Thomas McCarthy. [= *Legitimationsprobleme im Spätkapitalismus*].
1979 *Communication and the Evolution of Society.* Boston: Beacon Press / London: Heinemann, 239 S. Vorwort und übersetzt von Thomas McCarthy. [= 5 Texte, wovon 4 aus: *Zur Rekonstruktion des Historischen Materialismus* und der Beitrag: »Was heißt Universalpragmatik?« (1976)].
1983 *Philosophical-Political Profiles.* Cambridge, MA: The MIT Press / London: Heinemann, 211 S. Übersetzt von Frederick G. Lawrence. [= 13 Texte aus: *Philosophisch-politische Profile* (1981)].
1984 *Theory of Communicative Action.* Vol.1: *Reason and the Rationalization of Society.* Boston: Beacon Press / Cambridge/UK: Polity Press in association with Basil Blackwell, Oxford, 465 S. Übersetzt von Thomas McCarthy. [= *Theorie des kommunikativen Handelns*, Bd.1].
1986 *Autonomy and Solidarity. Interviews.* Hrsg. und eingeführt von Peter Dews. London: Verso, 219 S.
1987 *The Philosophical Discourse of Modernity. Twelve Lectures.* Cambridge MA: The MIT Press, 430 S. Vorwort von Thomas McCarthy. Übersetzt von Frederick Lawrence. [= *Der philosophische Diskurs der Moderne*].
1987 *The Theory of Communicative Action.* Vol.2: *Lifeworld and System: A Critique of Functionalist Reason.* Boston: Beacon Press / Cambridge/UK: Polity Press in association with Basil Blackwell,

133

Oxford, 457 S. Übersetzt von Thomas McCarthy. [= *Theorie des kommunikativen Handelns*, Bd.2].

1988 *On the Logic of the Social Sciences*. Cambridge, MA: The MIT Press / Cambridge, UK: Polity Press in association with Basil Blackwell, 220 S. Vorwort von Thomas McCarthy und übersetzt von Shierry Weber Nicholsen und Jerry A. Stark. [= *Zur Logik der Sozialwissenschaften*].

1989 *The Structural Transformation of the Public Sphere. An Inquiry into a Category of Bourgeois Society*. Cambridge, MA: The MIT Press, 301 S. Übersetzt von Thomas Burger mit Hilfe von Frederick Lawrence. [= *Strukturwandel der Öffentlichkeit*].

1989 *On Society and Politics. A Reader*. Hrsg. und eingeführt von Steven Seidman. Boston: Beacon Press, 324 S. [= 13 Texte, u.a. aus: *Theorie und Praxis* (1971), *Knowledge and Human Interests*, *Communication and the Evolution of Society*, *The Theory of Communicative Action*, Bd.1 und 2].

1989 *The New Conservatism. Cultural Criticism and the Historian's Debate*. Cambridge, MA: The MIT Press / Cambridge, UK: Polity Press, in association with Basil Blackwell, Oxford, 270 S. Hrsg. und übersetzt von Shierry Weber Nicholsen und eingeführt von Richard Wolin.

1990 *Moral Consciousness and Communicative Action*. Cambridge / MA: The MIT Press, 225 S. Einleitung von Thomas McCarthy. Übersetzt von Christian Lenhardt und Shierry Weber Nicholsen. [= *Moralbewußtsein und kommunikatives Handeln* und »Moral und Sittlichkeit« (1985)].

II Deutsch- und englischsprachige Sekundärliteratur

a. Monographien und Sammelbände

Die insgesamt 31 Bücher und Sammelbände über Habermas, die vor Mitte 1981 publiziert wurden, sind in meine 1982 erschiene Habermas-Bibliographie aufgenommen. Sie werden – von einigen Ausnahmen abgesehen – hier nicht wieder aufgeführt.

Alford, C. Fred: *Science and the Revenge of Nature: Marcuse & Habermas*. Tampa: University of South Florida Press / Gainesville: University of Florida Press 1985, 226 S.

Arens, Edmund (Hrsg.), *Habermas und die Theologie. Beiträge zur theologischen Rezeption, Diskussion und Kritik der Theorie kommunikativen Handelns*. Düsseldorf: Patmos Verlag 1989, 270 S.

Bauer, Karl: *Der Denkweg von Jürgen Habermas zur Theorie des kommunikativen Handelns. Grundlagen einer neuen Fundamentaltheologie?* Regensburg: S.Roderer Verlag 1987, 455 S.

Bernstein, Richard J.(Hrsg.): *Habermas and Modernity*. Cambrigde: Polity Press / Oxford: Basis Blackwell 1985, 243 S.

Bolte, Gerhard (Hrsg.), *Unkritische Theorie. Gegen Habermas*. Lüneburg: Dietrich zu Klampen 1989, 145 S.

Brand, Arie: *The Force of Reason. An Introduction to the Work of Jürgen Habermas*. Sydney, London: Allen & Unwin 1989, 144 S.

Bühner, Bernd und Achim Birnmeyer: *Ideologie und Diskurs. Zur Theorie von Jürgen Habermas und ihrer Rezeption in der Pädagogik*. Frankfurt/Main: Haag + Herchen 1982, 317 S.

Créau, Anne: *Kommunikative Vernunft als ›entmystifiziertes Schicksal‹. Denkmotive des frühen Hegel in der Theorie J. Habermas'*. Frankfurt: Athenäum 1990.

Danielzyk, Rainer und Fritz Rüdiger (Hrsg.). *Vernunft der Moderne? Zu Habermas' Theorie des kommunikativen Handelns*. Münster: edition liberación 1986, 157 S.

DeHaven-Smit, Lance: *Philosophical Critiques of Policy Analysis: Lindblom, Habermas, and the Great Society*. Gainesville: University of Florida Press 1988, 156 S.

Ealy, Steven D.: *Communication, Speech amd Politics: Habermas and Political Analysis*. Washington, D.C.: University Press of America 1981, 245 S.

Forester, John (Hrsg.), *Critical Theory and Public Life*. Cambridge, MA. / London: The MIT Press 1985, 337 S.

Frank, Manfred: *Die Grenzen der Verständigung. Ein Geistergespräch zwischen Lyotard und Habermas*. Frankfurt/Main: Suhrkamp 1988, 103 S.

Gamm, Gerhard: *Eindimensionale Kommunikation. Vernunft und Rhetorik in Jürgen Habermas' Deutung der Moderne*. Würzburg: Königshausen + Neumann 1987, 84 S.

Geiss, Imanuel: *Die Habermas-Kontroverse. Ein deutscher Streit*. Berlin: Siedler Verlag 1988, 207 S.

Gelder, Frederik van: *Habermas' Begriff des historischen Materialismus*. Frankfurt/Main, Bern, New York, Paris: Peter Lang 1990, 261 S.

Geuss, Raymond: *The Idea of a Critical Theory. Habermas and the Frankfurt School*. Cambridge etc.: Cambridge University Press 1981, 100 S. Dt.: *Die Idee einer Kritischen Theorie*. Königstein/Ts.: Hain 1983, 117 S.

Gripp, Helga: *Jürgen Habermas. Und es gibt sie doch – Zur kommunikationstheoretischen Begründung von Vernunft bei Jürgen Habermas*. Paderborn etc.: F. Schöningh 1984, 153 S.

Heidorn, Joachim: *Legitimität und Regierbarkeit. Studien zu den Legitimitätstheorien von Max Weber, Niklas Luhmann, Jürgen Habermas und der Unregierbarkeitsforschung*. Berlin: Duncker & Humblot 1982, 295 S.

Höhn, Hans-Joachim: *Kirche und kommunikatives Handeln. Studien zur Theologie und Praxis der Kirche in der Auseinandersetzung mit den Sozialtheorien Niklas Luhmann und Jürgen Habermas.* Frankfurt/Main: Josef Knecht 1985, 298 S.

Holzer, Horst: *Kommunikation oder gesellschaftliche Arbeit. Zur Theorie des kommunikativen Handelns von Jürgen Habermas.* Berlin-Ost: Akademie-Verlag 1987, 130 S.

Honneth, Axel: *Kritik der Macht. Reflexionsstufen einer kritischen Gesellschaftstheorie.* Frankfurt/Main: Suhrkamp 1985, 382 S.

Honneth, Axel und Hans Joas (Hrsg.): *Kommunikatives Handeln. Beiträge zu Jürgen Habermas' ›Theorie des kommunikativen Handelns‹.* Frankfurt/Main: Suhrkamp 1986, 420 S. Englisch: A.H/H.J. (Hrsg.), *Communicative Action. Essays on Jürgen Habermas's ›The Theory of Communicative Action‹.* Cambridge/UK: Polity Press, in association with Basil Blackwell/Oxford, 1991, 301 S. [Teils.].

Honneth, Axel, Thomas McCarthy, Claus Offe und Albrecht Wellmer (Hrsg.), *Zwischenbetrachtungen. Im Prozeß der Aufklärung. Jürgen Habermas zum 60. Geburtstag.* Frankfurt/Main: Suhrkamp 1989, 839 S.

Horster, Detlef: *Habermas zur Einführung.* Hannover: SOAK 1980, 124 S. Neuausgabe Hamburg: Junius 1988, 157 S.

Ingram, David: *Habermas and the Dialectic of Reason.* New Haven und Londen: Yale University Press 1987, 263 S.

Jakob, Samuel: *Zwischen Gespräch und Diskurs. Untersuchungen zur sozialhermeneutischen Begründung der Agogik anhand einer Gegenüberstellung von Hans-Georg Gadamer und Jürgen Habermas.* Bern, Stuttgart: Paul Haupt 1985, 312 S.

Keat, Russell: *The Politics of Social Theory. Habermas, Freud and the Critique of Positivism.* Chicago: University of Chicago Press / Oxford: Basil Blackwell 1981, 245 S.

Kessler, Alfred: *Identität und Kritik. Zu Habermas' Interpretation des psychoanalytischen Prozesses.* Würzburg: Königshausen + Neumann 1983, 97 S.

Kimmerle, Gerd: *Verwerfungen. Vergleichende Studien zu Adorno und Habermas.* Tübingen: edition diskord im Konkursbuchverlag 1986, 219 S.

Kiss, Gábor: *Paradigmawechsel in der Kritischen Theorie: Jürgen Habermas' intersubjektiver Ansatz.* Stuttgart: Enke 1987, 122 S.

Koch, Friedhelm: *Jürgen Habermas' Theorie des kommunikativen Handelns als Kritik von Geschichtsphilosophie.* Frankfurt am Main, Bern, New York: Peter Lang 1985, 272 S.

Kortian, Garbis: *Metacritique. The Philosophical Argument of Jürgen Habermas.* Cambridge etc.: Cambridge University Press 1980, 135 S.

Krüger, Hans-Peter: *Kritik der kommmunikativen Vernunft. Kommunikationsorientierte Wissenschaftsforschung im Streit mit Sohn Rethel, Toulmin und Habermas.* Berlin: Akademie-Verlag, 1990, 530 S.

Künzler, Jan: *Medien und Gesellschaftstheorie. Die Medienkonzepte von Talcott Parsons, Jürgen Habermas und Niklas Luhmann.* Stuttgart: Ferdinand Enke 1989, 141 S.

Langner, Phillip: *Wahrhaft Wahr. Die kritische Theorie von Jürgen Habermas.* Bielefeld: Colleg Verlag 1983, 52 S.

Lieth, Winfried: *Martin Buber und Jürgen Habermas. Krise, Dialog und Kommunikation.* Konstanz: Hartung-Gorre 1988, 209 S.

Linkenbach, Antje: *Opake Gestalten des Denkens. Jürgen Habermas und die Rationalität fremder Lebensformen.* München: Wilhelm Fink 1986, 313 S.

Lövenich, Friedhelm: *Paradigmenwechsel. Über die Dialektik der Aufklärung in der revidierten Kritischen Theorie.* Würzburg: Königshausen und Neumann 1990, 290 S.

McCarthy, Thomas A.: *The Critical Theory of Jürgen Habermas.* Cambridge, Mass./London: The MIT Press 1978, 466 S. Dt.: *Kritik der Verständigungsverhältnisse. Zur Theorie von Jürgen Habermas.* Frankfurt/Main: Suhrkamp 1980, 551 S. 1989 erschienen als stw 782, 643 S.

Matthiesen, Ulf: *Das Dickicht der Lebenswelt und die Theorie des kommunikativen Handelns.* München: W. Fink (1983/84), 186 S.

Nacke, Bernhard: *Normenbegründung und politische Praxis. Orientierungshilfe durch herrschaftsfreien Diskurs bei Jürgen Habermas und philosophischen Diskurs bei Willi Oelmüller?* Essen: Die Blaue Eule 1986, 140 S.

Nagl, Ludwig: *Gesellschaft und Autonomie. Historisch-systematische Studien zur Entwicklung der Sozialtheorie von Hegel bis Habermas.* Wien: Verlag der Österreichische Akademie der Wissenschaften 1983, 351 S.

Negt, Oskar, Detlef Horster [u.a.], *Theorie und Praxis heute. Ein Kolloquium zur Theorie und politischen Wirksamkeit von Jürgen Habermas.* Frankfurt, Hannover: Materialis Verlag, 1990, 73 S.

New German Critique, H.35 (1985), Spring-Summer: *Special Issue on Jürgen Habermas,* 186 S.

Pauly, Wolfgang: *Wahrheit und Konsens. Die Erkenntnistheorie von Jürgen Habermas und ihre theologische Relevanz.* Frankfurt/Main, Bern, New York, Paris: Peter Lang 1989, 385 S.

Pojana, Manfred: *Zum Konzept der kommunikativen Rationalität bei Jürgen Habermas.* Essen: Die Blaue Eule 1985, 132 S.

Pusey, Michael: *Jürgen Habermas.* Chichester: Ellis Horwood / London, New York: Tavistock 1987, 128 S.

Rasmussen, David M.: *Reading Habermas.* Cambridge, MA / Oxford: Basil Blackwell 1990, 146 S.

Reese-Schafer, Walter: *Jürgen Habermas.* Frankfurt/New York: Campus, 1991, 144 S.

Reijen, Willem van und Karl-Otto Apel (Hrsg.): *Rationales Handeln und Gesellschaftstheorie.* Bochum: Germinal Verlag 1984, 240 S.

Rockmore, Tom: *Habermas on Historical Materialism.* Bloomington and Indianapolis: Indiana University Press 1989, 202 S.

Roderick, Rick: *Habermas and the Foundations of Critical Theory*. Basingstoke, London: Macmillan 1986, 194 S. Dt.: *Habermas und das Problem der Rationalität. Eine Werkmonographie*. Hamburg: Argument-Verlag 1989, 210 S.

Rüddenklau, Eberhard: *Gesellschaftliche Arbeit oder Arbeit und Interaktion? Zum Stellenwert des Arbeitsbegriffes bei Habermas, Marx und Hegel*. Frankfurt/Main, Bern: Peter Lang 1982, 422 S.

Saussure, Gmelin: *Das Geschlecht Gottes. Zur Demontage von Jürgen Habermas*. Reutlingen: Ifez-Edition (o.J.), 72 S.

Siebert, Rudolf J.: *The Critical Theory of Religion. The Franfurt School. From Universal Pragmatic to Political Theology*. Berlin, New York, Amsterdam: Mouton 1985, 722 S.

Siebert, Rudolf J.: *From Critical Theory to Communicative Political Theology. Universal Solidarity*. New York, Bern, Frankfurt/Main: Peter Lang 1989, 305 S.

Thompson, John B.: *Critical Hermeneutics. A Study in the Thought of Paul Ricoeur and Jürgen Habermas*. Cambridge, London etc.: Cambridge University Press 1981, 257 S.

Thompson, John B. und David Held (Hrsg.): *Habermas. Critical Debates*. London, Basingstoke: Macmillan 1982, 324 S.

Warsitz, Rolf Peter: *Zwischen Verstehen und Erklären. Die widerständige Erfahrung der Psychoanalyse bei Karl Jaspers, Jürgen Habermas und Jacques Lacan*. Würzburg: Königshausen und Neumann 1990, 354 S.

Wellmer, Albrecht: *Ethik und Dialog. Elemente des moralischen Urteils bei Kant und in der Diskursethik*. Frankfurt/Main: Suhrkamp 1986, 224 S.

White, Stephen: *The Recent Work of Jürgen Habermas. Reason, Justice and Modernity*. Cambridge etc.: Cambridge University Press 1988, 190 S.

Wissinger, Jochen: *Schule als Lebenswelt. Eine handlungstheoretische Untersuchung über die Entstehung von Schulschwierigkeiten*. Frankfurt, New York: Campus, 1988, 147 S.

Young, Robert: *A Critical Theory of Education. Habermas and Our Children's Future*. New York, London: Teacher's College Press / New York etc.: Harvester Wheatsheaf 1990, 174 S.

Zimmermann, Rolf: *Utopie – Rationalität – Politik. Zu Kritik, Rekonstruktion und Systematik einer emanzipatorischen Gesellschaftstheorie bei Marx und Habermas*. Freiburg, München: Karl Alber 1985, 461 S.

Die Zukunft der Vernunft. Eine Auseinandersetzung. Teilnehmer: Wolfgang Bonß, Helmut Dubiel u.a. Tübingen: edition diskord im Konkursbuchverlag 1985, 149 S.

b. Arbeit und Interaktion

Agger, Ben: »Work and Authority in Marcuse and Habermas«, in: *Human Studies*, Jg.2 (1979), H.3, S.191-208.

Eickelpasch, Rolf: »Arbeit-Interaktion-Diskurs. Zur anthropologischen Begründung der Gesellschaftskritik bei Jürgen Habermas«, in: *Zeitschrift für Soziologie*, Jg.5 (1976), H.3, S.201-214.

Eyerman, Ron und David Shipway: »Habermas on Work and Culture«, in: *Theory and Society*, Jg.10 (1981), H.4, S.547-566.

Feig, Gottfried: »Der Dualismus von ›Arbeit‹ und ›Interaktion‹ in einer ›kolonialisierten Praxis‹: Jürgen Habermas«, in: ders., *Wissenschafts- und Praxisorientierung. Eine Analyse und Konzeption für die Arbeitslehre*. Frankfurt/Main, Bern, New York: Peter Lang 1983, S.61-69.

Holtkamp, Rolf: »Habermas: Arbeit als instrumentales Handeln«, in: ders., *Wissenschaftstheorie zwischen gesellschaftlicher Totalität und positiver Einzelwissenschaft*. Lollar: Achenbach 1977, S.58-65.

Honneth, Axel: »Arbeit und instrumentales Handeln. – Kategoriale Probleme einer kritischen Gesellschaftstheorie«, in: ders. und Urs Jaeggi (Hrsg.), *Arbeit, Handlung, Normativität. Theorien des Historischen Materialismus (2)*. Frankfurt/Main: Suhrkamp 1980, S.185-233.

Keane, John: »On Tools and Language: Habermas on Work and Interaction«, in: *New German Critique*, H.6 (1975), Fall, S.82-100.

Keane, John: »Work and Interaction«, in: *Arena*, H.38 (1975), S.51-68.

Krüger, Marlis: »Notes on a Materialistic Theory of Interaction«, in: *The Cornell Journal of Social Relations* (Ithaca, New York), Jg.11 (1976), H.1, S.97-104.

Ottomeyer, Klaus: »Kritik der Verhältnisse von Arbeit und Interaktion bei Jürgen Habermas«, in: ders., *Soziales Verhalten und Ökonomie im Kapitalismus*. Gießen: Focus 1976, S.19-42.

Winfield, Richard: »The Dilemma of Labor«, in: *Telos*, H.24 (1975), Summer, S.115-128.

c. Erkenntnis und Interesse

Apel, Karl-Otto: »Types of Social Science in the Light of Human Interests of Knowlegde«, in: *Social Research*, Jg.44 (1977), H.3, S.425-470.

Artus, Helmut M.: »Erkenntnis und Interesse«, in: ders., *Integrale Soziologie. Voraussetzungen und Grundzüge ihrer wissenschaftstheoretischen Einheit*. München: W.Fink 1979, S.137-155.

Böhler, Dietrich: »Das Problem des ›emanzipatorischen Interesses‹ und seiner gesellschaftlichen Wahrnemung«, in: *Man and World*, Jg.3 (1970), H.2, S.26-53.

Bubner, Rüdiger: »Was ist Kritische Theorie?«, in: *Philosophische Rundschau*, Jg.16 (1969), H.3-4, S.213-249. Wiederveröffentlichung in: K.-O Apel u.a., *Hermeneutik und Ideologiekritik*. Frankfurt am Main: Suhrkamp 1971, S.160-209.

Dallmayr, Winfried (Hrsg.): *Materialien zu Habermas' ›Erkenntnis und Interesse‹*. Frankfurt/Main: Suhrkamp 1974, 434 S.

Overend, Tronn: »Enquiry and Ideology: Habermas' Trichotomous Conception of Science«, in: *Philosophy of the Social Sciences*, Jg.8 (1978), H.1, S.1-13.

Ruddick, Sara: »Habermas (J.), Knowledge and Human Interests«, in: *Canadian Journal of Philosophy* (Alberta), Jg.2 (1973, H.4, S.545-569.

Wisman, Jon D.: »Toward a Humanist Reconstruction of Economic Science«, in: *Journal of Economic Issues*, Jg.13 (1979), H.1, S.19-48.

d. Erziehung / Bildung

Bärenz, Helmut: »Diskursbegriff und kritische Erziehungswissenschaft«, in: *Pädagogische Rundschau*, Jg. 32 (1978), H.2, S.91-111.

Fellsches, Josef: *Moralische Erziehung als politische Bildung*. Heidelberg: Quelle und Meyer 1977, 240 S. Über Habermas: Kritik der Rollentheorie, S.92-98; Die Diskurstheorie, S.99-107.

Feuerstein, Thomas: *Emanzipation und Rationalität einer kritischen Erziehungswissenschaft. Methodologische Grundlagen im Anschluß an Habermas*. München: Kösel 1973, 143 S.

Groothoff, Hans-Hermann: »Zur Bedeutung der Diskursethik von Jürgen Habermas für die Pädagogik«, in: *Pädagogische Rundschau*, Jg.39 (1985), H.3, S.275-298.

Lassahn, Rudolf: »Kritische Erziehungswissenschaft. – Die implizite Bildungstheorie bei J. Habermas«, in: ders., *Einführung in die Pädagogik*. Heidelberg: Quelle und Meyer 1974. 2., durchgesehene Auflage 1976, S.125-143.

Mezirow, Jack: »Concept and Action in Adult Education«, in: *Adult Education Quarterly* (Washington), Jg.35 (1985), H.3, S.142-151.

Oelkers, Jürgen: »Pädagogische Anmerkungen zu Habermas' Theorie des kommunikativen Handelns«, in: *Zeitschrift für Pädagogik*, Jg.30 (1983), H.2, S.271-280.

Peukert, Helmut: »Kritische Theorie und Pädagogik«, in: *Zeitschrift für Pädagogik*, Jg.30 (1983), H.2, S.195-217.

Reimann, Bruno W.: »Die Pädagogik des Diskurses in soziologischer Perspektive«, in: *Neue Sammlung*, Jg.19 (1979), H.4, S.379-400.

Schäfer, Arnold: *Kritische Kommunikation und gefährdete Identität. Zur anthropo-soziologischen Grundlegung einer kritischen Erziehungstheorie*. Stuttgart: Klett-Cotta 1978, 516 S. Über Habermas besonders: Kooperative Kritik an der Gesellschaft und kritische Kommunikation, S.194-433.

Siljander, Pauli: »Education as a Communicative Action: Aspects of Critical-Emancipatoric Pedagogy«, in: *Scandinavian Journal of Educational Research*, Jg.33 (1989), H.2, S.111-121.

Skovsmose, Ole: »Mathematical Education versus Critical Education«, in: *Educational Studies in Mathematics*, Jg.16 (1985), S.337-354.

Svi Shapiro, H.: »Habermas, O'Connor, and Wolfe, and the Crisis of the Welfare-Capitalist State: Conservative Politics and the Roots of Educational Policy in the 1980s'«, in: *Educational Theory*, Jg.33 (1983), H.3-4, S.135-147.

Young, R.E.: »Critical Teaching and Learning«, in: *Educational Theory*, Jg.38 (1988), H.1, S.47-59.

Young, R.E.: »Moral Development, Ego Autonomy, and Questions of Practicality in the Critical Theory of Schooling«, in: *Educational Theory*, Jg.38 (1988), H.4, S.391-404.

Wulf, Christoph: »Kritische Erziehungswissenschaft«, in: ders., *Theorien und Konzepte der Erziehungswissenschaft*. München: Juventa 1977, S.137-207.

e. Ethik / Moralentwicklung

Apel, Karl-Otto: »Sprechakttheorie und Begründung ethischer Normen. J.R. Searles Versuch einer Ableitung des Sollens aus dem Sein im Lichte einer transzendentalen Sprachpragmatik«, in: K. Lorenz (Hrsg.), *Konstruktionen versus Positionen. Beiträge zur Diskussion um die konstruktive Wissenschaftstheorie*. Berlin, New York: W. de Gruyter. Teil II: *Allgemeine Wissenschaftstheorie* 1978, S.37-106. Über Habermas: S.65ff, S.70-73 und S.98-103.

Apel, Karl-Otto: »Grenzen der Diskursethik? Versuch einer Zwischenbalanz«, in: *Zeitschrift für philosophische Forschung*, Jg.40 (1986), H.1, S.3-31.

Baynes, Kenneth: »The Liberal / Communitarian Controversy and Communicative Ethics«, in: *Philosophy & Social Criticism*, Jg.14 (1988), H.3-4, S.293-313.

Benhabib, Seyla: »Toward a Communicative Ethics and Autonomy«, in: ders., *Critique, Norm, and Utopia. A Study of the Foundations of Critical Theory*. New York: Columbia University Press 1986, S.279-353. Hier auch über Habermas: The Critique of Functionalist Reason, S.224-278.

Burger, Rudolf: »Lob der Niedertracht – Probleme in der Universalethik von Habermas und Apel«, in: *Leviathan*, Jg.16 (1988), H.4, S.443-456.

Döbert, Rainer: »Against the Neglect of ›Content‹ in the Moral Theories of Kohlberg and Habermas: Implications for the Relativism-Universalism Controversy«, in: Thomas E. Wren (Hrsg.), *The Moral Domain. Essays in the Ongoing Disussion between Philosophy and the*

141

Social Sciences. Cambridge, MA / London: The MIT Press 1990, S.71-108. [Hier auch Beiträge von D.R. Boyd, G. Nunner-Winkler u.a. über Habermas].

Ferrara, Alessandro: »A Critique of Habermas' *Diskursethik*«, in: *Telos*, H.64 (1985), Summer, S.45-74.

Honneth, Axel: »Diskursethik und implizites Gerechtigkeitskonzept. Eine Diskussionsbemerkung«, in: Emil Angehrn und Georg Lohmann (Hrsg.), *Ethik und Marx*. Moralkritik und normative Grundlagen der Marxschen Theorie. Königstein/Ts.: Hain Verlag bei Athenäum 1986, S.268-274.

Honneth, Axel und Hans Joas: »Moral Evolution and Domination of Nature. Jürgen Habermas's Theory of Socio-cultural Evolution«, in: diesn, *Social Action and Human Nature*. Cambridge, New York etc.: Cambridge University Press 1988, S.151-167

Ingram, David: »The Possibility of a Communication Ethic Reconsidered: Habermas, Gadamer, and Bourdieu on Discourse«, in: *Man and World*, Jg.15 (1982), H.2, S.149-161.

Kelly, Michael: »The Gadamer / Habermas Debate Revisited: The Question of Ethics«, in: *Philosophy & Social Criticism*, Jg.14 (1988), H.3-4, S.369-389.

Kern, Lucian: »Praktischer Diskurs und Vertragsmodell im entscheidungslogischen Vergleich«, in: Lucian Kern und Hans-Peter Müller (Hrsg.), *Gerechtigkeit, Diskurs oder Markt? Die neuen Ansätze in der Vertragstheorie.* Opladen: Westdeutscher Verlag 1986, S.83-95.

Kitschelt, Herbert: »Moralisches Argumentieren und Sozialtheorie. Prozedurale Ethik bei John Rawls und Jürgen Habermas«, in: *Archiv für Rechts- und Sozialphilosophie*, Jg.66 (1980), H.3, S.391-429.

Koreng, Christine: *Norm und Interaktion bei Jürgen Habermas.* Düsseldorf: Patmos 1979, 136 S.

Mara, Gerald M.: »After Virtue, Autonomy: Jürgen Habermas and Greek Political Theory«, in: *Journal of Politics*, Jg.47 (1985), H.4, S.1036-1061.

Moon, J.Donald: »Political Ethics and Critical Theory«, in: Daniel R. Sabia, Jr. und Jerald Wallulis (Hrsg.), *Changing Social Science. Critical Theory and other Critical Perspectives.* Albany: State University of New York 1983, S.171-188.

Reid, Herbert G. und Ernest J. Yanarella: »Critical Political Theory and Moral Development. On Kohlberg, Hampden-Turner and Habermas«, in: *Theory and Society*, Jg.4 (1977), H.4, S.505-541.

Saiedi, Nader: »A Critique of Habermas' Theory of Practical Rationality«, in: *Studies in Soviet Thought*, Jg.33 (1987), H.3, S.251-265.

Smith, A. Anthony: »Ethics and Politics in the Work of Jürgen Habermas«, in: *Interpretation*, Jg.11 (1983), H.3, S.333-351.

Thomassen, Niels: »Habermas' Discourse Ethics«, in: *Danish Year Book of Philosophy*, Jg.24 (1987), S.77-96.

Torpey, John: »Ethics and Critical Theory: From Horkheimer to Habermas«, in: *Telos*, H.69 (1986), Fall, S.68-84.

Welch, Sharon D.: »A Genealogy of the Logic of Deterrence: Habermas, Foucault and a Feminist Ethic or Risk«, in: *Union Seminary Quarterly Review* (New York), H.2 (1987), S.13-32.

Weisshaupt, Brigitte: »Überlegungen zur Diskursethik von Jürgen Habermas«, in: *Studia Philosophica* (Bern/Stuttgart), Jg.44 (1985), S.78-88.

White, Stephen K.: »Habermas on the Foundation of Ethics and Political Theory«, in: Daniel R. Sabia, Jr. und Jerald Wallulis (Hrsg.), *Changing Social Science. Critical Theory and other Critical Perspectives*. Albany: State University of New York 1983, S.157-170.

White, Stephen K.: »Habermas Communicative Ethics and the Development of Moral Consciousness«, in: *Philosophy & Social Criticism*, Jg.10 (1984), H.2, S.25-47.

Wiggins, Osborne S. und Michael Alan Schwartz: »Techniques and Persons: Habermasian Reflections on Medical Ethics«, in: *Human Studies*, Jg.9 (1986), H.4, S.365-377.

f. Hermeneutik / Gadamer

Davey, Nicholas: »Habermas's Contribution to Hermeneutic Theory«, in: *Journal of the British Society for Phenemenology*, Jg.16 (1985), H.2, S.109-131.

Depew, David J.: »The Habermas-Gadamer Debate in Hegelian Perspective«, in: *Philosophy & Social Criticism*, Jg.8 (1981), Winter, S.425-446.

Gadamer, Hans-Georg: »Rhetorik, Hermeneutik und Ideologiekritik. Metakritische Erörterungen zu ›Wahrheit und Methode‹«, in: ders., *Kleine Schriften*, Bd.1. Tübingen: J.C.B.Mohr 1967, S.113-130. Auch in: K.-O. Apel u.a., *Hermeneutik und Ideologiekritik*. Frankfurt/Main: Suhrkamp 1971, S.57-82. Hier auch von Gadamer eine ›Replik‹, S.283-317.

Gadamer, Hans-Georg: »Hermeneutics and Social Science«, in: *Cultural Hermeneutics*, Jg.2 (1975), H.4, S.307-330.

Giddens, Anthony: »Habermas' Critique of Hermeneutics«, in: ders., *Studies in Social and Political Theory*. London: Hutchinson 1977, S.135-164.

Giurlanda, Paul: »Habermas' Critique of Gadamer: Does it Stand Up?«, in: *International Philosophical Quarterly*, Jg.27, (1987), H.1, S.33-41.

How, Alan R.: »Dialogue as Productive Limitation in Social Theory: The Habermas-Gadamer Debate«, in: *Journal of the British Society for Phenomenology*, Jg.11 (1980), H.2, S.131-143.

How, Alan R.: »A Case of Creative Misreading: Habermas's Evalua-
tion of Gadamer's Hermeneutics«, in: *Journal of the British Society
for Phenomenology*, Jg.16 (1985), H.2, S.132-144.

Ingram, David: »The Historical Genesis of the Gadamer-Habermas
Controversy«, in: *Auslegung. A Journal of Philosophy*, Jg.10 (1983),
H.1-2, S.86-151.

Jay, Martin: »Should Intellectual History Take a Linguistic Turn? Reflections on the Habermas-Gadamer Debate«, in: Dominick LaCa-
pra und Steven L. Kaplan (Hrsg.), *Modern European Intellectuel
History. Reappraisals and New Perspectives*. Ithaca and London:
Cornell University Press 1982, S.86-110. Wiederabdruck in: M. Jay,
Fin-de-siècle Socialism and other Essays. New York & London: Routledge, Chapman and Hall 1988, S.17-36 (hier auch: Habermas
and Modernism, S.123-136. Habermas and Postmodernism, S.137-
148).

Ricoeur, Paul: »Ethics and Culture. Habermas and Gadamer in Dialogue«, in: *Philosophy Today*, Jg.2 (1973), H.4, S.153-165.

g. Historikerstreit

Diner, Dan (Hrsg.), *Ist der Nationalsozialismus Geschichte? Zu Histo-
risierung und Historikerstreit.* Frankfurt/Main: Fischer Taschenbuch
Verlag 1987, 309 S.

Erler, Gernot, Rolf-Dieter Müller (u.a.), *Geschichtswende? Entsor-
gungsversuche zur Deutschen Geschichte.* Freiburg i.Br.: Dreisam-
Verlag 1987, 172 S.

Gerstenberger, Heide und Dorothea Schmidt (Hrsg.), *Normalität oder
Normalisierung? Geschichtswerkstätten und Faschismusanalyse.*
Münster: Westfälisches Dampfboot 1987, 222 S.(Hier u.a.: Barbara
Hahn und Peter Schöttler, »Jürgen Habermas und das ›ungetrübte
Bewußtsein des Bruchs‹«, S.170-177).

Hennig, Eike: *Zum Historikerstreit. Was heißt und zu welchem Ende
studiert man Faschismus?* Frankfurt/Main: Athenäum 1988, 229 S.

Hesse, Reinhard: »Weder Revisionismus noch Entmündigung. Einige
Anmerkungen zur neureren Diskussion um die deutsche Identität«,
in: *L' 80. Zeitschrift für Politik und Literatur*, H.43 (1987), August,
S.55-63.

›Historikerstreit‹. *Die Dokumentation der Kontroverse um die Einzig-
artigkeit der nationalsozialistischen Judenvernichtung.* Texte von Rudolf Augstein [usw.]. München, Zürich: Piper 1987, 397 S.

Hoffmann, Hilmar (Hrsg.), *Gegen den Versuch, Vergangenheit zu ver-
biegen. Eine Diskussion um politische Kultur in der Bundesrepublik
aus Anlaß der Frankfurter Römergespräche 1986.* Frankfurt/Main:
Athenäum Verlag 1987, 180 S.

Kühnl, Reinhard (Hrsg.), *Streit ums Geschichtsbild. Die >Historiker-Debatte<. Darstellung, Dokumentation, Kritik.* Köln: Pahl-Rugenstein 1987, 330 S.

Pulzer, Peter: »Germany: whose history?«, in: *Times Literary Supplement*, 2-8 October 1987, S.1076 und S.1088.

Senfft, Heinrich: *Kein Abschied von Hitler. Ein Blick hinter die Fassaden des >Historikerstreits<.* Köln: Hamburger Stiftung für Sozialgeschichte des 20. Jahrhunderts, 1990, 145 S.

Torpey, John: »Introduction: Habermas and the Historians'«, in: *New German Critique*, H.44 (1988), Spring/Summer, S.5-24.

Wehler, Hans-Ulrich: *Entsorgung der deutschen Vergangenheit? Ein polemischer Essay zum >Historikerstreit<.* München: Verlag C.H. Beck 1988, 249 S.(Hier u.a.: »Die Gegenwehr. Die Kritik beginnt: Jürgen Habermas«, S.79-87).

h. Kommunikatives Handeln, Theorie des

Alexander, Jeffrey C.: »Review Essay: Habermas' New Critical Theory: Its Promise and Problems«, in: *American Journal of Sociology*, Jg.91 (1985), H.2, S.400-424.

Baxter, Hugh: »System and Life-World in Habermas's *Theory of Communicative Action*«, in: *Theory and Society*, Jg.16 (1987), H.1, S.39-86.

Berger, Johannes: »Die Versprachlichung des Sakralen und die Entsprachlichung der Ökonomie«, in: *Zeitschrift für Soziologie*, Jg.11 (1982), H.4, S.353-365.

Bogen, David E.: »A Reappraisal of Habermas's *Theory of Communicative Action* in the Light of detailed Investigations of Social Praxis«, in: *Journal for the Theory of Social Behavior*, Jg.19 (1989), H.1 (March), S.47-77.

Bohman, James F.: »Formal Pragmatics and Social Criticism: The Philosophy of Language and the Critique of Ideology in Habermas's Theory of Communicative Action«, in: *Philosophy & Social Criticism*, Jg.11 (1986), H.4, S.331-353.

Breuer, Stefan: »Die Depotenzierung der Kritischen Theorie. Über Jürgen Habermas' >Theorie des kommunikativen Handelns<«, in: *Leviathan*, Jg.10 (1982), H.1, S.132-146.

Brunkhorst, Hauke: »Kommunikative Vernunft und rächende Gewalt«, in: *Sozialwissenschaftliche Literatur Rundschau*, Jg.6 (1983), H.8-9, S.7-34.

Bubner, Rüdiger: »Rationalität als Lebensform. Zu Jürgen Habermas' >Theorie des kommunikativen Handelns<«, in: *Merkur*, Jg.36 (1982), H.4, S.341-355.

Christoph, Klaus: »Am Anfang war das Wort. Zur Gesellschaftstheorie von Jürgen Habermas«, in: *Leviathan*, Jg.13 (1985), H.4, S.334-356.

Dallmayr, Fred R.: »Life-World and Communicative Action«, in: ders., *Polis and Praxis. Exercises in Contemporary Political Theory.* Cambridge, Mass. / London: The MIT Press 1984, S.224-253. (Hier auch: Is Critical Theory a Humanism?, S.133-165).

Dorschel, Andreas: »Handlungstypen und Kriterien. Zu Habermas' ›Theorie des kommunikativen Handelns‹«, in: *Zeitschrift für philosophische Forschung*, Jg.44 (1990), H.2, S.220-252.

Freitag, Barbara: »Theorie des kommunikativen Handelns und Genetische Psychologie. Ein Dialog zwischen Jürgen Habermas und Jean Piaget«, in: *Kölner Zeitschrift für Soziologie und Sozialpsychologie*, Jg. 35 (1983), H.3, S.555-576.

Furth, Hans: »A Developmental Perspective on the Societal Theory of Habermas«, in: *Human Development*, Jg.26 (1983), H.4, S.181-197.

Giddens, Anthony: »Reason without Revolution? Habermas' *Theorie des kommunikativen Handelns*«, in: *Praxis International*, Jg.2 (1982), H.3, S.318-338.

Groh, Dieter: »Spuren der Vernunft in der Geschichte. Der Weg von Jürgen Habermas zur ›Theorie de kommunikativen Handelns‹ im Schatten Max Webers«, in: *Geschichte und Gesellschaft* (Göttingen), Jg.12 (1986), H.4, S.443-476.

Hesse, Heidrun: »Widersprüche der Moderne. Einwände gegen Habermas' Konzept kommunikativer Rationalität«, in: Gerhard Gamm (Hrsg.), *Angesichts objektiver Verblendung. Über die Paradoxien kritischer Theorie.* Tübingen: edition im Konkursbuchverlag 1985, S.252-281.

Honneth, Axel, »Adorno und Habermas. Zur kommunikationstheoretischen Wende kritischer Sozialphilosophie«, in: *Merkur*, Jg.33 (1979), H.7, S.648-665. Englisch in *Telos*, H.39 (1979), Spring, S.45-61.

Kissling, Christian: »Die Theorie des kommunikativen Handelns in Diskussion«, in: *Freiburger Zeitschrift für Philosophie und Theologie*, Jg.37 (1990), H.1-2, S.233-252.

Knips, Ignaz: »Kommunikative Rationalität. Probleme eines diskurstheoretischen Zuganges zur Moderne (Technologiediskussion), in: *Widerspruch.* Münchner Zeitschrift für Philosophie, Jg.6 (1986), H.1, S.49-60.

Knips, Ignaz: »Symbolische Formen und Akteure. Zur Frage einer Individualität des Theoretikers und Autors (S.Bourdieu und J. Habermas)«, in: *Widerspruch.* Münchner Zeitschrift für Philosophie, Jg.9 (1989), H.16-17, S.63-75.

Kochinke, Jürgen: »Versuch, Habermas kritisch zu lesen«, in: *Leviathan*, Jg.16 (1988), H.1, S.44-76.

Luhmann, Niklas: »Autopoiesis, Handlung und kommunikative Verständigung«, in: *Zeitschrift für Soziologie*, Jg.11 (1982), H.4, S.366-379.

Misgeld, Dieter: »Communication and societal Rationalization: A Review Essay of Jürgen Habermas' *Theorie des kommunikativen Handelns*« in: *The Canadian Journal of Sociology*, Jg.8 (1983), H.4, S.433-453.

Münch, Richard: »Von der Rationalisierung zur Verdinglichung der Lebenswelt?«, in: *Soziologische Revue*, Jg.5 (1982), H.4, S.390-397.

Nielsen, Donald A.: »A Theory of Communicative Action or a Sociology of Civilizations? A Critique of Jürgen Habermas«, in: *International Journal of Politics, Culture, and Society*, Jg.1 (1987), H.1 (Fall), S.159-188.

Nolte, Paul: »Soziologische Theorie und Geschichte. Was können Historiker von Jürgen Habermas' ›Theorie des kommunikativen Handelns‹ lernen?«, in: *Geschichte und Gesellschaft* (Göttingen), Jg.12 (1986), H.4, S.530-547.

Nusser, Karl-Heinz: »Totalität ohne subjekt. Zu Habermas' Theorie des kommunikativen Handelns«, in: *Zeitschrift für philosophische Forschung*, Jg.39 (1985), H.4, S.590-600.

Rasmussen, David M.: »›Communicative Action and Philosophy: Reflections on Habermas‹ *Theorie des kommunikativen Handelns*«, in: *Philosophy & Social Criticism*, Jg.9 (1982), H.1, S.2-28.

Rochberg-Halton, Eugene: »Jürgen Habermas's Theory of Communicative Etherealization«, in: *Symbolic Interaction*, Jg.12 (1989), H.2, S.333-353.

Schmidt, James: »Jürgen Habermas and the Difficulties of Enlightenment«, in: *Social Research*, Jg.49 (1982), H.1, S.181-208.

Skjei, Erling: »A Comment on Performative, Subject, and Proposition in Habermas' Theory of Communication«, in: *Inquiry*, Jg.28 (1985), H.1, S.87-105 (hier auch von Habermas: »Reply to Skjei«, S.105-113).

Smith, A. Anthony: »Habermas and History: The Institutionalization of Discourse as Historical Project«, in: Bernard S.Dauenhauer (Hrsg.), *At the Nexus of Philosophy and History*. Athens/Georgia und London: The University of Georgia Press 1987, S.201-222.

Tugendhat, Ernst: »Habermas on Communicative Action«, in: Gottfried Seebass und Raimo Tuomela (Hrsg.), *Social Action*. Dordrecht, Boston, Lancaster: D. Reidel 1985, S.179-186. (Hier auch Beiträge von Michael Baurmann, S.187-196 und Hans Haferkamp, S.197-205 über Habermas' *Theorie des kommunikativen Handelns*).

Wagner, Gerhard und Heinz Zipprian: »Macht und Geltung. Bemerkungen zu Jürgen Habermas' sprachtheoretischer Grundlegung der Theorie des kommunikativen Handelns«, in: *Leviathan*, Jg.16 (1988), H.3, S.395-405.

Wellmer, Albrecht: »Reason, Utopia, and the Dialectic of Enlightenment«, in: *Praxis International*, Jg.3 (1983), H.2, S.83-107.

Zimmerli, Walther Ch.: »Kommunikation und Metaphysik. Zu den Anfangsgründen von Habermas' ›Theorie des kommunikativen Handelns‹«, in: Willi Oelmüller (Hrsg.), *Metaphysik heute?* Paderborn, München etc.: F. Schöningh 1987 S.97-111.

i. Konsensustheorie der Wahrheit

Alexy, Robert: »Habermas' Konsensustheorie der Wahrheit«, in: ders., *Theorie der juristischen Argumentation. Die Theorie des rationalen Diskurses als Theorie der juristischen Begründung.* Frankfurt/Main: Suhrkamp 1978, S.134-177.

Apel, Karl-Otto: »Fallibilismus, Konsenstheorie der Wahrheit und Letztbegründung«, in: Forum für Philosophie Bad Homburg (Hrsg.), *Philosophie und Begründung.* Frankfurt am Main: Suhrkamp 1987, S.116-211. Hier besonders: Die transzendentalpragmatische Konsens-Theorie der Wahrheit als methodologische Implikation einer fallibilistischen Erkenntnis- bzw. Wissenschaftstheorie: Ihr Verhältnis zur Konsens- bzw. Diskurs-Theorie der Wahrheit von Jürgen Habermas, S.151-163.

Barley, Delbert: »Konsensustheorie der Wahrheit bei Jürgen Habermas«, in: ders., *Wissenschaft und Lebenswahrheit.* Zwei Bereiche der Wirklichkeitserfahrung. Stuttgart: Klett-Cotta 1980, S.105-133.

Beckermann, Ansgar: »Die realistischen Voraussetzungen der Konsenstheorie von J. Habermas«, in: *Zeitschrift für allgemeine Wissenschaftstheorie*, Jg.3 (1972), H.1, S.63-80.

Ferrara, Alessandro: »A Critique of Habermas's Consensus Theory of Truth«, in: *Philosophy & Social Criticism*, Jg.13 (1987), H.1, S.39-67.

Freundlieb, Dieter: »Zur Problematik einer Diskurstheorie der Wahrheit«, in: *Zeitschrift für allgemeine Wissenschaftstheorie*, Jg.6 (1975), H.1, S.82-107.

Früchtl, Josef: »Radikalität und Konsequenz in der Wahrheitstheorie. Nietzsche als Heausforderung für Adorno und Habermas«, in: *Nietzsche Studien*, Band 19 (1990), S.431-461.

Gerber, Monika: »Zur Korrespondenz- und Konsenstheorie der Wahrheit«, in: *Zeitschrift für allgemeine Wissenschaftstheorie*, Jg.7 (1976), H.1, S.39-57.

Healy, Paul: »Is Habermas's Consensus Theory a Theory of Truth?«, in: *Irish Philosophical Journal* (Belfast), Jg.4 (1987, S.145-152).

Hesse, Mary: »Habermas' Consensus Theory of Truth« in: dies., *Revolutions and Reconstructions in the Philosophy of Science.* Brighton/ Sussex: The Harvester Press 1980, S. 206-231.

Höffe, Otfried: »Kritische Überlegungen zur Konsensustheorie der Wahrheit (Habermas)« in: *Philosophisches Jahrbuch* (Freiburg /Br.), Jg.83 (1976), H. 2, S.314-332.

Ilting, Karl-Heinz: »Geltung als Konsens«, in: *Neue Hefte für Philosophie*, H.10 (1976), S.20-50.

Keuth, Herbert: »Erkenntnis oder Entscheidung? Die Konsenstheorien der Wahrheit und der Richtigkeit von Jürgen Habermas«, in: *Zeitschrift für allgemeine Wissenschaftstheorie*, Jg.10 (1979), H.2, S.375-393.

Martens, Ekkehard: »Der Zwang der Wahrheit. Zum Dezisionismusproblem bei Jürgen Habermas«, in: *Philosophisches Jahrbuch* (Freiburg/Br.), Jg.83 (1976), H.2, S.392-401.

Scheit, Herbert: *Wahrheit – Diskurs – Demokratie. Studien zur ›Konsensustheorie der Wahrheit‹*. Freiburg / München: Karl Alber 1987, 493 S. (Hier u.a.: Rekonstruktion der ›Konsensustheorie der Wahrheit‹: Jürgen Habermas, S.86-108).

j. Legitimationskrise

Fach, Wolfgang / Jürgen Habermas: »Kontroverse über ›Herrschaft und Legitimität‹«, in: *Soziale Welt*, Jg.26 (1975), H.1, S.110-121. C.f.: Friedrich W. Stallberg, »Legitimation und Diskurs. – Zur Habermas-Analyse Wolfgang Fachs«, in: *Zeitschrift für Soziologie*, Jg.4 (1975), H. 1, S.96-98, und die Replik von Fach: »Anmerkungen zu Friedrich W. Stallbergs Habermas-Verteidigung«, S.99.

Girndt, Helmut: »Drei kritische Thesen zur Legitimationstheorie von Jürgen Habermas«, in: *Politische Vierteljahresschrift*, Jg.17 (1976), Sonderheft H.7, S.62-71. Hier auch von Eberhard Simons, »Drei kritische Zusatz-Thesen zur Legitimationstheorie von Jürgen Habermas«, S.72-75.

Held, David: »Habermas' Theory of Crisis in Late Capitalism«, in: *Radical Philosopher's Newsjournal*, Jg.6 (1976), S.1-19.

Hennis, Wilhelm: »Legitimität. Zu einer Kategorie der bürgerlichen Gesellschaft«, in: ders., *Politik und praktische Philosophie. Schriften zur politischen Theorie*. Stuttgart: Klett-Cotta 1977, S.198-243.

Holton, R.J.: »The Idea of Crisis in Modern Society«, in: *The British Journal of Sociology*, Jg.38 (1987), H.4, S.502-520.

Japp, Klaus Peter: *Krisentheorien und Konfliktpotentiale*. Frankfurt/ Main, New York: Campus 1975, 139 S. Über Habermas: S.26 ff. und: »Krisentheorie des Legitimationssystems und Resümee«, S.63-76.

Kopp, Manfred: »Die normativ-praktische Herrschafts- und Legitimitätskonzeption: Jürgen Habermas«, in: ders. und H.-S. Müller, *Herrschaft und Legitimität in modernen Industriegesellschaften. Eine Untersuchung der Ansätze von Max Weber, Niklas Luhmann, Claus Offe, Jürgen Habermas*. München: tuduv-Verlagsgesellschaft 1980, S.167-218.

Löwenthal, Richard: »Gesellschaftliche Transformation und demoratische Legitimität. Zu Jürgen Habermas' Analyse der Krisentendenzen im ›Spätkapitalismus‹«, in: ders., *Gesellschaftswandel und Kultur-krise. Zukunftsprobleme der westlichen Demokratien*. Frankfurt/Main: Fischer 1979, S.58-84. Englisch: »Social Transformation and Democratic Legitimacy«, in: *Social Research*, Jg.43 (1975), H.2, S.246-275.

Miller, James: »Jürgen Habermas, *Legitimation Crisis*«, in: *Telos*, H.25 (1975), Fall, S.210-220.

Pfeufer Kahn, Robbie: »The Problem of Power in Habermas«, in: *Human Studies*, Jg.11 (1988), H.4, S.361-387.

Plant, Raymond, »Jürgen Habermas and the Idea of Legitimation Crisis«, in: *European Journal of Political Research*, Jg.10 (1982), H.4, S.341-352.

Rasmussen, David M: »Advanced Capitalism and Social Theory: Habermas on the Problem of Legitimation«, in: *Cultural Hermeneutics*«, Jg.3 (1976), H.4, S.349-366.

Riedmüller, Barbara: »Crisis as Crisis of Legitimation: A Critique of Jürgen Habermas's Concept of a Political Crisis Theory«, in: *International Journal of Politics*, Jg.7 (1977), H.2, S.83-117.

Sumner, Colin S.: »Law, Legitimation and The Advanced Capitalist State: The Jurisprudence and Social Theory of Jürgen Habermas«, in: David Sugarman (Hrsg.), *Legality, Ideology and The State*. London, New York etc.: Academic Press 1983, S.119-158.

Thome, Helmut: »Legitimitätstheorien: Der normativ-kritische Ansatz von Jürgen Habermas«, in: ders., *Legitimitätstheorien und die Dynamik kollektiver Einstellungen. Probleme der Verknüpfung von Theorie und Empirie*. Opladen: Westdeutscher Verlag 1981, S.29-43.

Utz, Arthur F.: »Legitimität und Regierbarkeit«, in: *Archiv für Rechts- und Sozialphilosophie*, Jg.72 (1986), H.4, S.523-530.

k. Marx / Marxismus

Arnason, Jóhann S.: »Marx und Habermas«, in: Axel Honneth und Urs Jaeggi (Hrsg.), *Arbeit, Handlung, Normativität Theorien des Historischen Materialismus (2)*. Frankfurt/Main: Suhrkamp 1980, S.137-184.

Aronowitz, Stanley: »Habermas: The Retreat from the Critique«, in: ders, *Science as Power. Discourse and Ideology in Modern Society*. USA: The University of Minnesota Press / Basingstoke, Hampshire: Macmillan Press 1988, S.146-168.

Brinkmann, Dörte: *Das Theorie-Praxis-Problem bei Marx und Habermas*. Hamburg: Presseverlag Knut Reim 1976, 247 S.

Cerutti, Furio: »Habermas and Marx«, in: *Leviathan*, Jg.11 (1983), H.2, S.352-375.

Fleming, Marie: »Habermas, Marx and the Question of Ethics«, in: Axel Honneth, Albrecht Wellmer (Hrsg.), *Die Frankfurter Schule und die Folgen.* Berlin, New York: Walter de Gruyter 1986, S.139-150.

Flood, Tony: »Jürgen Habermas's Critique of Marxism«, in: *Science and Society* (New York), Jg.41 (1978), H.4, S.448-464.

Jay, Martin: »Jürgen Habermas and the Reconstruction of Marxist Holism«, in: ders, *Marxism and Totality. The Adventures of a Concept from Lukács to Habermas.* Berkeley: University of California Press / Cambridge: Polity Press, in association with Basil Blackwell, Oxford 1984, S.462-509.

Kerber, Harald: »Gesellschaftstheorie als Erkenntniskritik? Zur Kritik der Marx-Rezeption durch Habermas«, in: W. Kunstmann und E. Sander (Hrsg.), ›*Kritische Theorie*‹ *zwischen Theologie und Evolutionstheorie. Beiträge zur Auseinandersetzung mit der* ›*Frankfurter Schule*‹. München: W.Fink 1981, S.124-213.

Kimmel, Bruce: »Althusser and Habermas«, in: *The Human Factor* (New York), Jg.13 (1975), H.1, S.90-106.

Kogge, Peter: »Habermas' Marx-Kritik und sein Verständnis des Marxschen Arbeitsbegriffs«, in: ders., *Der Marxsche Begriff vom* ›*menschlichen Wesen*‹*. Seine Bedeutung für die Erschließung von Perspektiven in der heutigen Pädagogik.* Frankfurt/Main: Haag + Herchen 1980, S.236-267.

Oetzel, Klaus-Dieter, »Vernunft und Parteilichkeit. Zu Habermas' Strategie einer Rekonstruktion des historischen Materialismus«, in: *Leviathan* (Berlin), Jg.5 (1977), H.4, S.552-577.

Rockmore, Tom: »Habermas and the Reconstruction of Historical Materialism«, in: *The Journal of Value Inquiry* (The Hague), Jg.13 (1979), Fall, S.195-206.

Rockmore, Tom: »Bemerkungen zum Neo-Marxismus: Sartre und Habermas«, in: *Zeitschrift für philosophische Forschung*, Jg.36 (1982), H.2, S.234-251.

Sensat Jr., Julius: *Habermas and Marxism. An Appraisal.* Beverly Hills, London: Sage 1979, 176 S.

Sensat Jr, Julius: »Recasting Marxism: Habermas's Proposals«, in: Piotr Buczkowski und Andrzej Klawiter (Hrsg.), *Theories of Ideology and Ideology of Theories.* Amsterdam: Rodopi 1986, S.123-146.

Zimmermann, Rolf: »Das Problem einer politischen Theorie der Emanzipation bei Marx und Habermas und die Frage nach ihrer ethischen Fundierung«, in: Emil Angehrn und Georg Lohmann (Hrsg.), *Ethik und Marx.* Moralkritik und normative Grundlagen der Marxschen Theorie. Königstein/Ts.: Hain bei Athenäum 1986, S.239-267.

l. Moderne – Postmoderne

Benhabib, Seyla: »Epistemologies of Postmodernism: A Rejoinder to Jean-François Lyotard«, in: *New German Critique*), H.33 (1984), Fall, S.103-126.

Bové, Paul A.: »The Function of the Literary Critic in the Postmodern World«, in: Joseph A. Buttigieg (Hrsg.), *Criticism without Boundaries. Directions and Crosscurrents in Postmodern Critical Theory*. Notre Dame, Indiana: University of Notre Dame Press 1987, S.23-50.

Dumm, T.L.: »The Trial of Postmodernism. The Politics of Postmodern Aesthetics. – Habermas contra Foucault«, in: *Political Theory*, Jg.16 (1988), H.2, S.209-228.

Gasché, Rodolphe: »Postmodernism and Rationality«, in: *The Journal of Philosophy*, Jg.85 (1988), H.10, S.525-538.

Giddens, Anthony: »Modernism and Postmodernism«, in: *New German Critique*, H.22 (1981), Winter, S.15-18.

Hoesterey, Ingeborg: »Die Moderne am Ende? Zu den ästhetischen Positionen von Jürgen Habermas und Clement Greenberg«, in: *Zeitschrift für Ästhetik und allgemeine Kunstwissenschaft* (Bonn), Jg.29 (1984), H.1, S.19-32.

Kimmerle, Heinz: »Ist Derridas Denken Ursprungsphilosophie? Zu Habermas' Deutung der philosophischen ›Postmoderne‹«, in: Manfred Frank, Gérard Raulet und Willem van Reijen (Hrsg.), *Die Frage nach dem Subjekt*. Frankfurt/Main: Suhrkamp 1988, S.267-282.

Margolis, Joseph: »Postscript on Modernism and Postmodernism, Both«, in: *Theory, Culture & Society*, Jg.6 (1989), H.1, S.5-30.

Müller, Ulrich: »Hermeneutik als Modernitätskritik. Kritische Bemerkungen zur Postmodernismus-Debatte aus Anlaß zweier neuer Bücher«, in: *Philosophisches Jahrbuch* (Freiburg/München), Jg.94 (1987), S.209-221.

Nagl, Ludwig: »Zeigt die Habermassche Kommunikationstheorie einen ›Ausweg aus der Subjektphilosophie‹? Erwägungen zur Studie *Der philosophische Diskurs der Moderne*«, in: Manfred Frank, Gérard Raulet und Willem van Reijen (Hrsg.), *Die Frage nach dem Subjekt*. Frankfurt/Main: Suhrkamp 1988, S.346-372.

Poster, Mark: »The Modern versus the Postmodern«, in: ders., *Critical Theory and Poststructuralism. In Search of a Context*. Ithaca. London: Cornell University Press 1989, S.12-33.

Reijen, Willem van: »Miss Marx, Terminals und Grands Récits oder, Kratzt Habermas, wo es nicht juckt?«, in: Dietmar Kamper und Willem van Reijen (Hrsg.), *Die unvollendete Vernunft: Moderne versus Postmoderne*. Frankfurt/Main: Suhrkamp 1987, S.536-569.

Slaughter, Richard A.: »Cultural reconstruction in the postmodern world«, in: *Journal of Curriculum Studies*, Jg.21 (1989), H.3, S.255-270.

Watson, Stephen: »Jürgen Habermas and Jean-François Lyotard: Postmodernism and the Crisis of Rationality«, in: *Philosophy & Social Criticism*, Jg.10 (1984), H.2, S.1-24.

Wellbery, D.B.: »Nietzsche – Art – Postmodernism. – A Reply to Habermas, Jürgen«, in: *Stanford Italian Review*, Jg.6 (1986), H.1-2, S.77-104.

Welsch, Wolfgang: *Unsere postmoderne Moderne.* Weinheim: VCH, Acta Humaniora 1987, 344 S. (Hier über Habermas, S.159-165 und S.270 ff.)
Wolin, Richard: »Modernism vs. Postmodernism«, in: *Telos,* H.62 (1984-1985), Winter, S.9-29.

m. Nachmetaphysisches Denken

Gerhardt, Volker: »Metaphysik und ihre Kritik. Zur Methapysikdebatte zwischen Jürgen Habermas und Dieter Henrich«, in: *Zeitschrift für philosophische Forschung,* Jg.42 (1988), H.1, S.45-70.
Henrich, Dieter: »Was ist Metaphysik, was Moderne? Thesen gegen Jürgen Habermas«, in: *Merkur* Nr.448, Jg.40 (1986), H.6 (Juni), S.494-508. Wiederveröffentlichung in: ders., *Konzepte. Essays zur Philosophie in der Zeit.* Frankfurt am Main 1987, S.11-43 (erweiterte Fassung).
Ollig, Hans-Ludwig: »Das unerledigte Metaphysikproblem. Anmerkungen zur jüngsten Metaphysikdiskussion im deutschen Sprachraum«, in: *Theologie und Philosophie* (Freiburg, Basel, Wien), Jg.65 (1990), H.1, S.31-68. (Über Habermas: Nachmetaphysisches Denken, S.32-41).
Fallschessel, Helmut in: *Das Argument,* Nr.173, Jg.31 (1989), H.1 (Januar/Februar), S.117-119. [= Rez.]
Schaefer, Alfred in: *Philosophischer Literaturanzeiger,* Jg.42 (1989), H.2 (April-Juni), S.315-317. [= Rez.]
Wiggershaus, Rolf in: *Die Neue Gesellschaft / Frankfurter Hefte,* Jg.36 (1989), H.3 (März). [= Rez]

n. Positivismusstreit / Sozialwissenschaften

Adorno, Theodor W. (u.a.): *Der Positivismusstreit in der deutschen Soziologie.* Neuwied, Berlin: Luchterhand 1969. Englisch: *The Positivist Dispute in German Sociology.* London etc.: Heinemann 1976.
Albrecht, Johann: »Scientific Discourse and Practical Dialogue«, in: ders., *Planning as Social Process. The Use of Critical Theory.* Frankfurt/Main, Bern, New York: Peter Lang 1985, S.53-84.
Alford, Fred C.: »Is Jürgen Habermas Reconstructive Science really Science?«, in: *Theory and Society,* Jg.14 (1985), H.3, S.321-340.
Apel, Karl-Otto: »Wissenschaft als Emanzipation? Eine kritische Würdigung der Wissenschaftskonzeption der ›Kritischen Theorie‹«, in: *Zeitschrift für allgemeine Wissenschaftstheorie,* Jg.1 (1970), S.173-195.
Baier, Horst: »Soziologie und Geschichte. Überlegungen zur Kontroverse zwischen dialektischer und neupositivistischer Soziologie«, in: *Archiv für Rechts- und Sozialphilosophie,* Jg.52 (1966), H.1, S.67-91.

Bonß, Wolfgang: »Kritische Theorie als empirische Wissenschaft. Zur Methodologie ›postkonventioneller‹ Sozialforschung«, in: *Soziale Welt*, Jg.34 (1983), H.1, S.57-89.

Brand, Arie: »Interests and the Growth of Knowledge. A Comparison of Weber, Popper and Habermas«, in: *The Netherland's Journal of Sociology*, Jg.13 (1977), H.1, S.1-20.

Eisele, Volker: »Theory and Praxis: The View from Frankfurt«, in: *Berkeley Journal of Sociology*, Jg.16 (1971), S.94-105.

Esser H., K. Klenovits und H. Zehnpfennig: *Wissenschaftstheorie. Teil 2: Funktionsanalyse und hermeneutisch-dialektische Ansätze*. Stuttgart: B.G.Teubner 1977. (Über Habermas S.176-216).

Factor, Regis A. und Stephen S.Turner: »The Critique of Positivist Social Science in Leo Strauss and Jürgen Habermas«, in: *Sociological Analysis and Theory*, Jg.7 (1977), H.3, S.185-206.

Franzen, Winfried: »Die Geisteswissenschaften und die Praxis. Kritische Überlegungen zu einem Aspekt der wissenschaftstheoretischen Konzeption von Jürgen Habermas«, in: *Studia Philosophica* (Basel), Jg.36 (1976), S.52-83.

Keuth, Herbert: »Zum Positivismusstreit«, in: ders, *Wissenschaft und Werturteil. Zu Werturteilsdiskussion und Positivismusstreit*. Tübingen: J.C.B. Mohr (Paul Siebeck) 1989, S.93-190.

Komesaroff, Paul A.: »Habermas and the Positivism Dispute; Science and Interests«, in: ders., *Objectivity, Science and Society. Interpreting Nature and Society in the Age of the Crisis of Science*. London, New York: Routledge & Kegan Paul 1986, S.76-92.

Ley, Hermann und Thomas Müller: *Kritische Vernunft und Revolution. Zur Kontroverse zwischen Hans Albert und Jürgen Habermas*. Köln: Pahl-Rugenstein 1971, 267 S.

Meyer, Thomas: *Zwischen Spekulation und Erfahrung. Einige Bemerkungen zur Wissenschaftstheorie von Jürgen Habermas*. Frankfurt/ Main: Makol 1972, 72 S.

Misgeld, Dieter: »Modernity and Social Science: Habermas and Rorty«, in: *Philosophy & Social Criticism*, Jg. 11 (1986)), H.3, S.355-370.

Münch, Richard: »Realismus und transzendentale Erkenntniskritik. Zur Kontroverse zwischen Kritischem Rationalismus und Dialektik«, in: *Zeitschrift fur allgemeine Wissenschaftstheorie*, Jg.4 (1973), H.1, S.98-107.

Sabia Jr., Daniel R. und Jerald Wallulis: »The Idea of a Critical Social Science«, in: diesn. (Hrsg.), *Changing Social Science. Critical Theory and other Critical Perspectives*. Albany: State University of New York 1983, S.3-30.

Schnädelbach, Herbert: »Über den Realismus. Ein Nachtrag zum Positivismusstreit in der deutschen Soziologie«, in: *Zeitschrift für allgemeine Wissenschaftstheorie*, Jg.3 (1972), H.1, S.88-112.

Segerstråle, Ullica: »The (Re)Colonization of Science by the Life-World: Problems and Prospects«, in: Hans Haferkamp (Hrsg.), *Social Structure and Culture*. Berlin, New York: Walter de Gruyter 1989, S.245-268.
Vogel, Steven: »Habermas and Science«, in: *Praxis International,* Jg.8 (1988), H.3, S.329-349.

o. Protestbewegung und Hochschulreform

Abendroth, Wolfgang: »Bemerkungen zu den Differenzen zwischen den studentischen Oppositionen und Jürgen Habermas«, in: *Marxistische Blätter,* Jg.6 (1968), H.6, S.77-83.
Bauss, Gerhard: *Die Studentenbewegung der sechziger Jahre in der Bundesrepublik und Westberlin.* Köln: Pahl-Rugenstein 1977, 353 S. (Über Habermas: Der Kongreß von Hannover: ›Hochschule und Demokratie‹, S.61-64; Karl-Marx-Universität in Frankfurt/Main, S.266-270).
Grossner, Claus: *Verfall der Philosophie. Politik deutscher Philosophen.* Reinbek bei Hamburg: Christian Wegner 1971. Zweite Auflage: München: Nymphenburger Verlag 1981. (Hier ca. 40 S. über Habermas). Hornung, Klaus: »Protestbewegung und Hochschulreform«, in: Der Staat, Jg.10 (1971), H.3, S.357-382.
Negt, Oskar (Hrsg.): *Die Linke antwortet Jürgen Habermas.* Frankfurt/Main: Europäische Verlagsanstalt 1968, 211 S.
Vossberg, Henning: »Zur Kritik und Selbstkritik der antiautoritären Bewegung«, in: ders., *Studentenrevolte und Marxismus. Zur Marxrezeption in der Studentenbewegung auf Grundlage ihrer politischen Sozialisationsgeschichte.* München: Minerva 1979, S.273-319.
Wolff, Frank und Eberhard Windaus (Hrsg.): *Studentenbewegung 1967-69.* Protokolle und Materialien. Frankfurt/Main: Roter Stern 1977, 253 S.

p. Psychoanalyse / Freud

Alford, C.Fred: »Habermas, Post-Freudian Psychoanalysis, and the End of Individual«, in: *Theory, Culture & Society,* Jg.4 (1987), H.1, S.3-29.
Flynn, Bernard Charles: »Reading Habermas Reading Freud«, in: *Human Studies,* Jg.8 (1985), H.1, S.57-76.
Grünbaum, Adolf: »Critique of Habermas's Philosophy of Psychoanalysis«, in: ders., *The Foundations of Psychoanalysis. A Philosophical Critique.* Berkeley, Los Angeles, London: University of California Press 1984, S.9-42.

Grünbaum, Adolf: »Die Epistemologie der Psychoanalyse bei Habermas«, in: ders, *Psychoanalyse in wissenschaftstheoretischer Sicht. Zum Werk Sigmund Freuds und seiner Rezeption.* Konstanz: Universitätsverlag 1987, S.29-51.

Lorenzer, Alfred: *Über den Gegenstand der Psychoanalyse, oder: Sprache und Interaktion.* Frankfurt/Main: Suhrkamp 1973, 173 S. (Über Habermas: S.134 ff.).

Lorenzer, Alfred: *Die Wahrheit der psychoanalytischen Erkenntnis. Ein historisch-materialistischer Entwurf.* Frankfurt/Main: Imago-Druck 1974, 319 S. (Über Habermas: S.60-80).

McIntosh, Donald: »Habermas on Freud«, in: *Social Research,* Jg.44 (1977), H.3, S.562-598.

Nägele, Rainer: »Freud, Habermas und die Dialektik der Aufklärung. Über reale und ideale Diskurse«, in: *Der Wunderblock. Zeitschrift für Psychoanalyse,* Jg.9 (1982), S.35-60. Englisch in: *New German Critique,* H.22 (1981), Winter, S.41-62.

Nichols, Christopher: »Science or Reflection: Habermas on Freud«, in: *Philosophy of the Social Sciences,* Jg.2 (1972), H.3, S.261-270.

q. Religion / Theologie

Brown, David: »Doctrine of Salvation. The social context: Salvation: Marx to Habermas«, in: ders, *Continental Philosophy and Modern Theology. An Engagement.* Oxford, New York: Basil Blackwell 1987, S.139-150.

Gottwald, Franz-Theo: »Religion oder Diskurs? Zur Kritik des Habermasschen Religionsverständnisses«, in: *Zeitschrift für Religions- und Geistesgeschichte* (Köln), Jg.37 (1985), H.3, S.193-202.

Höhn, Hans-Joachim: »Glaube im Diskurs. Notizen zur diskursiven Verantwortung christlicher Glaubensvermittlung«, in: *Theologie und Philosophie,* Jg.60 (1985), H.2, S.213-238.

Kodalle, Klaus-M.: »Versprachlichung des Sakralen? Zur religionsphilosophischen Auseinandersetzung mit Jürgen Habermas' ›Theorie des kommunikativen Handelns‹«, in: *Allgemeine Zeitschrift für Philosophie,* Jg.12 (1987), H.1, S.39-66.

McCann, Dennis S.: »Habermas and the Theologians«, in: *Religious Studies Review,* Jg.7 (1981), H.1, S.14-21.

Rothberg, Donald Jay: »Rationality and Religion in Habermas' recent Work: Some Remarks on the Relation between Critical Theory and the Phenomenology of Religion«, in: *Philosophy & Social Criticism,* Jg.11 (1986), H.3, S.221-243.

Siebert, Rudolf: »Communication without Domination«, in: G.Baum, A. Greeley (Hrsg.), *Communication in the Church.* New York: Seabury Press 1978, S.81-94.

Sölle, Dorothee, Jürgen Habermas u.a.: *Religionsgespräche. Zur gesell-schaftlichen Rolle der Religion.* Darmstadt, Neuwied: Luchterhand 1975. (Hier: Legitimationsprobleme der Religion, S.9-30).

Soosten, Joachim von: »Zur theologischen Rezeption von Jürgen Habermas' ›Theorie des kommunikativen Handelns‹«, in: *Zeitschrift für Evangelische Ethik* (Güthersloh), Jg.34 (1990), H.2 (April-Juni), S.129-143.

r. Strukturwandel der Öffentlichkeit

Arndt, Hans-Joachim: »Strukturwandel der Öffentlichkeit«, in: *Der Staat* (Berlin), Jg.3 (1964), H.3, S.335-345.

Hohendahl, Peter Uwe: »Kritische Theorie, Öffentlichkeit und Kultur. Anmerkungen zu Jürgen Habermas und seinen Kritikern«, in: *Basis. Jahrbuch für deutsche Gegenwartsliteratur*, Jg.8 (1978), S.60-90. Englisch in: *New German Critique*, H.16 (1979), Winter, S.89-118.

Jäger, Wolfgang: *Öffentlichkeit und Parlamentarismus. Eine Kritik an Jürgen Habermas.* Stuttgart etc.: W.Kohlhammer 1973, 107 S.

Kean, John: »Elements of a Radical Theory of Public Life: From Tönnies to Habermas and beyond«, in: *Canadian Journal of Political and Social Theory*, Jg.6 (1982,), H.3, S.11-49.

Kemp, R. und S.Cooke: »Repoliticising the ›Public Sphere‹: A Reconsideration of Habermas«, in: *Social Praxis*, Jg.8 (1981), H.3-4, S.125-142.

Rodger, John J.: »On the Degeneration of The Public Sphere«, in: *Political Studies*, Jg.33 (1985), H.2, S.203-217.

s. Theorie der Gesellschaft oder Sozialtechnologie / Luhmann

Blass, Josef L.: »Bildung als Reduktion von Komplexität. – Nietzsche, Luhmann, Habermas«, in: *Pädagogische Rundschau*, Jg.35 (1981), H.1, S.23-38.

Brückmeier, Karl: *Kritik der Organisationsgesellschaft. Wege der systemtheoretischen Auflösung der Gesellschaft von M. Weber, Parsons, Luhmann und Habermas.* Münster: Verlag Westfälisches Dampfboot 1988, 304 S.

Fritscher, Wolfgang: *Differenzierung, Verdinglichung und Abstarktion. Über einige Beiträge, die eine autopoietische Systemtheorie zu einer kritischen Theorie moderner Rationalität leisten kann.* Frankfurt am Main, Bern, New York, Paris: Peter Lang 1989, 192 S.

Gerhards, Jürgen: »Kritische Einwände«, in: ders., *Wahrheit und Ideologie. Eine kritische Einführung in die Systemtheorie von Niklas Luhmann.* Köln: Janus Presse 1984, S.70-94.

Giegel, Hans-Joachim: *System und Krise.* Kritik der Luhmannschen Gesellschaftstheorie. Beitrag zur Habermas-Luhmann-Diskussion. Supplement III. Frankfurt/Main: Suhrkamp 1975, 193 S.

Greven, Michael Th.: »Power and Communication in Habermas and Luhmann: A Critique of Communicative Reductionism«, in: Bhiku Parakh & Thomas Pantham (Hrsg.), *Political Discourse. Explorations in Indian and Western Political Thought.* New Delhi, Newbury Park, Beverly Hills, London: Sage 1987, S.179-193.

Luhmann, Niklas: »Systemtheoretische Argumentationen. Eine Entgegnung auf Jürgen Habermas«, in: J. Habermas, N. Luhmann, *Theorie der Gesellschaft oder Sozialtechnologie. Was leistet die Systemforschung?* Frankfurt am Main: Suhrkamp 1971, S.291-405.

Luhmann, Niklas: »Die Richtigkeit soziologischer Theorie«, in: *Merkur,* Nr.455, Jg.41 (1987), H.1 (Januar), S.36-49. (Hier: »Und Habermas«, S.48-49).

Maciejewski, Franz (Hrsg.): *Theorie der Gesellschaft oder Sozialtechnologie. Beiträge zur Habermas-Luhmann-Diskussion.* Supplement I. Frankfurt/Main: Suhkamp 1973, 211 S.

Maciejewski, Franz (Hrsg.): *Theorie der Gesellschaft oder Sozialtechnologie. Neue Beiträge zur Habermas-Luhmann-Diskussion.* Supplement II. Frankfurt/Main: Suhrkamp 1974, 236 S.

Schöfthaler, Traugott: »Soziologie als ›interaktionsfreie Kommunikation‹. Niklas Luhmanns leidenschaftlicher Antihumanismus«, in: *Das Argument,* Jg.27 (1985), H.151, S.372-383.

Schöfthaler, Traugott: »The Social Foundation of Morality: Durkheimian Problems and the Vicissitudes of Niklas Luhmann's Systems Theories of Religion, Morality and Personality«, in: *Social Compass,* Jg.31 (1984), H.2-3, S.185-197. (Hier: Contemporary German Sociology of Morality: Habermas and Luhmann, S.190ff.]

Sixel, Friedrich W.: »The Problem of Sense: Habermas v. Luhmann«, in: John O'Neill (Hrsg), *On Critical Theory.* New York: The Seabury Press 1976 und London: Heinemann 1977, S.184-204.

Rendtorff, Trutz: *Gesellschaft ohne Religion? Theologische Aspekte einer sozialtheoretischen Kontroverse (Luhmann/Habermas).* München: R. Piper & Co. Verlag 1975, 101 S.

Weihe, Ulrich: *Diskurs und Komplexität. Eine Auseinandersetzung mit dem Handlungsbezug der Gesellschaftslehren von Habermas und Luhmann.* Stuttgart: HochschulVerlag 1979, 211 S.

III Internationale Wirkung

Viele Bücher und Aufsätze von Habermas sind in mehr als zwanzig Sprachen übersetzt worden. Die meisten Bücher erschienen in den folgenden Sprachen: Englisch (15; siehe oben); Französisch (12), Italie-

nisch (18), Japanisch (12), Niederländisch (5), Polnisch (1), Portugiesisch (10), Rumänisch (1), Skandinavisch (9), Spanisch (21), Serbokroatisch (4) und Ungarisch (1). Von Habermas erschienen weiterhin Publikationen auf Arabisch, Bulgarisch, Griechisch, Koreanisch, Tschechisch usw.
In diesem Teil beschränke ich mich auf ausgewählte Sekundärliteratur aus Frankreich, Italien, Skandinavien und Spanien/Süd-Amerika.

1. Frankreich

Assoun, Paul-Laurent und Gérard Raulet: *Marxisme et théorie critique*. Paris: Payot 1978, 248 S.
Assoun, Paul-Laurent: *L'École de Francfort*. Paris: Presses Universitaires de France 1987, 127 S.
Besnier, Jean-Michel: »Le marxisme au passé«, in: *Revue de Métaphysique et de Morale*, Jg.85 (1980), H.3, S.387-411. Constantineau, Philippe: »L'Ethique par-delà la sémantique et la pragmatique'«, in: *Critique*, Jg.42 (1986), H.475, S.1210-1224.
De Simone, Antonio: »Les potentialités de crise du capitalisme tardif«, in: *Actuel Marx* (Paris), H.3 (1988), S.130-143.
Deroche, Lilyane: [Morale et communication], in: *L'année sociologique* (Paris), Jg.38 (1988), S.362-373.
Devant l'Histoire. Les documents de la controverse sur la singularité de l'extermination des juifs par le régime nazi. Paris: Hrsg. du Cerf 1988, 358 S.
Ferry, Jean-Marc: *Habermas, l'éthique de la communication*. Paris: Presses Universitaires de France 1987, 587 S.
Grondin, Jean: »Rationalité et agir communicationnel chez Habermas«, in: *Critique* (Paris), H.464-465 (1986), S.40-59.
Grondin, Jean: »La réification de Lukács à Habermas. L'impact de *Geschichte und Klassenbewußtsein* sur la théorie critique«, in: *Archives de Philosophie*, Jg.51 (1988), H.4 (Oktober-Dezember), S.627-646.
Guibentif, Pierre: »Et Habermas? Le droit dans l'oeuvre de Jürgen Habermas. Eléments d'orientation«, in: *Droit et Société. Revue internationale de theorie du droit et de sociologie juridique* (Paris), H.11-12 (1989), S.159-190.
Habermas. L'activité communicationelle. Textes de C. Bouchindhomme, J.-M. Ferry, J. Habermas, R. Rochlitz. Lille: Université de Lille III 1987, 100 S. [= *Les Cahiers de Philosophie*, H.3]
Kortian, Garbis: *Métacritique*. Paris: Les Editions de Minuit 1979, 132 S.
Maesschalck, Marc: »Habermas interprète de Schelling«, in: *Archives de Philosophie*, Jg.52 (1989), H.4 (Oktober-Dezember), S.639-658.

Meschonnic, Henri: »Le langage chez Habermas«, in: H. Meschonnic (Hrsg), *Critique de la Théorie Critique. Langage et histoire.* Paris: Presses Universitaires de Vincennes 1985, S. 153-200.

Morrow, Raymond: »Théorie critique et matérialisme historique: Jürgen Habermas«, in: *Sociologie et Sociétés,* Jg.14 (1982), H.2, S.97-111.

Nielsen, Greg Marc: »Communication et esthétique culturelle dans deux sociologies critiques: J. Habermas et M. Rioux«, in: *Sociologie et sociétés* (Montréal), Jg.17 (1985), H.2, S.13-26.

Piché, Claude: »Entre la philosophie et la science: le reconstructionnisme herméneutique de J. Habermas«, in: *Dialogue* (Kanada), Jg.25 1986, H.1, S.119-142.

Prado jr., Plinio W.: »Jeux de langage et théorie de la communication. Notes sur Wittgenstein et Habermas«, in: *Hermes. Cognition, Communication, Politique.* Paris: Centre National de la Recherche Scientifique 1988, S.143-159.

Raulet, Gérard: »Jürgen Habermas et le discours philosophique de la postmodernité«, in: *Allemagnes d'aujourd'hui* (Paris), H.94-95 (1986), März, S.73-97.

Rochlitz, Rainer: »Esthétique et rationalité. D'Adorno à Habermas«, in: *Revue d'Esthétique* (Toulouse), H.8 (1985), S.59-67.

Vincent, Jean-Marie: »Action et communication«, in: *L'Année sociologique* (Paris), Jg.34 (1984), S.241-253.

2. Italien

Belardinelli, Sergio: *Scienza e filosofia pratica. Saggio su Jürgen Habermas.*Pergola: La Nottola 1983, 158 S.

Calcaterra, Rosa Maria: *Ideologia e razionalità. Saggio su Jürgen Habermas.* Rom: G.Gangemi 1984, 149 S.

Cunico, Gerardo: *Critica e ragione utopica. A confronto con Habermas e Bloch.* Genua: Casa Editrice Marietti 1988, 344 S.

De Simone, Antonio: *Habermas. Le metamorfosi della razionalità e il paradosso della razionalizzazione.* Lecce: Milella 1988, 203 S.

Giacometti, Maria: *Lavoro. Interazione. Ideologia. Un saggio su Jürgen Habermas.* Mailand: Franco Angeli 1982, 129 S.

Jürgen Habermas. Comunicazione, prassi e società. [Thema-Heft von:] *Fenomenlogia en Società,* Jg.7 (1984), H.4. Mailand, Franco Angeli 1985, 154 S.

Protti, Mauro (Hrsg.), *Dopo la Scuola di Francoforte. Studi su J. Habermas.* Mailand: Edizione Unicopli 1984, 210 S.

Protti, Mauro: *L'itinerario critico. Tre studi su Jürgen Habermas.* Mailand: Angeli 1984, 143 S.

Ragione emancipativa. Studi sul pensiero di Jürgen Habermas. Prefazione di Emilio Agazzi. Palermo: Italo-Latino-Americana Palma 1983, 251 S.

Sica, Giuseppe: *Habermas e il metodo della sociologia critica*. Pisa: ETS 1982, 129 S.
Studi sulla teoria dell'agire comunicativo di Jürgen Habermas. [= Habermas-Heft von:] *Cenobio*. Rivista trimestrale di cultura, Jg.38 (1989), H.3 (Luglio-September), S.195-276.
La svolta comunicativa. Studi sul pensiero dell'ultimo Habermas. [= Habermas-Heft von:] *Fenomenologia e Società* (Mailand), Jg.7 (1984), H.2, 163 S.
Vuoso, G.: *Prassi pedagogica o tecnica sociale. Saggio su Habermas*. Rom 1984, 136 S.

3. Skandinavien

Andersen, Jørn Erslev, Hans-Jørgen Schanz und Per Stounbjerg (Hrsg), *Det moderne - en bog om Jürgen Habermas*. Århus: Modtryk 1983, 142 S.
Dagler, Stefan: »Jürgen Habermas«, in: ders., *Sociologins metodintresse*. Göteborg: Göteborgs Universitet 1974, S.114-152.
Glebe-Møller, Jens: *Om moralem, dens betydning, grundlag, anvendelse*. Kopenhagen: E.C. Gad 1980, 184 S. [Hier Teil I über Habermas und Apel]
Hellesnes, Jon: »Filosofiens stormlaup mot seg sjølv. Den lingvistiske filosofen og Jürgen Habermas«, in: ders. und Knut Erik E. Tranøy, *Filosofi i vår tid. Tverrsnitt og perspektiv* (Zeitgenössische Philosophie). Oslo: Pax Forlag 1968, S.127-162.
Iversen, Jens Jørgen und Egon H. Madsen: *Kritisk teori*. Århus 1979, 54 S.
Jørgensen, Torben Beck: *En introduktion til Habermas: Borgerlig offentlighed*. Kobenhavn 176, III-32 S. [= Publikation vom »Institut for organisation og arbejdssociologi«]
Madsen, Peter: »Erkendelse og interesse«, in: Jürgen Habermas, Samtalens fornuft. *Historie bevidsthed og posttraditionel identitet. Efter metafysikken*. Charlottenlund: Forlaget Rosinante 1987, S.63-82.
Marquardt, Ole: *Dannelse til myndighed. Om den herredommefri kommunikation hos Jürgen Habermas*. (Erziehung zur Mündigkeit. Über die herrschaftsfreie Kommunikation bei Jürgen Habermas). Århus: Aarhus Universitetsforlag 1987, 147 S.
Mortensen, John: »Jürgen Habermas (og de tyske pragmatikere). Universalpragmatik og Marxrevision«, in: *Kritik af pragmatikken*. Kopenhagen 1978, S.278-359.
Mylov, P.: »Livsverdenen og den rationelle disposition. Om psykologien hos Jürgen Habermas«, in: *Gløder*, H.4 (1983), S.27-52.
Nikkilä, Juhani: *Kriittisen teorian byrokratiakonseptio. Tutkimus hermeneuttis-dialektisen metodin ja ideologia-kritiikin merkityksestä julkishallinnollisten ongelmien, erityisesti kansalainen-byrokratia-*

suhteen tutkimisen kannalta. Dissertation, mit Zusammenfassung in Englisch, S.263-268. Tampere: Tampereen Yliopisto 1983, 289 S.

Nørager, Troels: »Jürgen Habermas: Socialisation som kommunikativ handlen«, in: ders., *Socialisation og antropologisk normativitet – en religionsfilosofisk analyse.* Århus: FK-TRYK 1982, S.83-166.

Nørager, Troels: *System og livsverden. Jürgen Habermas' konstruktion af det Moderne.* Århus: Anis 1985, 298 S.

Sørensen, Peer E.: »Kritik af Jürgen Habermas' ›Strukturwandel der Öffentlichkeit‹«, in: Hans Jørgen Schanz, Ole Marquardt und Peer E. Sørensen, *Fagtryk 2. Arbejdspapirer fra fagkritisk front.* Aarhus: Fagkritisk front 1975, S.115-170.

Thrysøe, W.: *Marxisme og psykoanalyse.* Roskilde 1983. [Hier: S.1-65 über Habermas]

Wind, H.C.: *Religion og kommunikation. Teologisk hermeneutik.* Århus: Aarhus Universitetsforlag 1987, 168 S.

4. Spanien / Süd-Amerika

Agulla, Juan Carlos: *De la sociología del conocimiento a la Teoría Crítica.* Buenos Aires: Di Tella 1979, 58 S.

Alvarez Gómez, Mariano: »Hermenéutica y racionalidad según las concepciones de Gadamer, Apel y Habermas«, in: *Aporia.* Revista de la actualidad filosófica (Madrid), Jg.4 (1981-1982), H.15-16, S.5-33.

Boladeras Cucurella, Margarita: *Razón crítica y sociedad. De Max Weber a la Escuela de Frankfurt.* Barcelona: Promociones y Publicaciones Universitarias 1985, 345 S.

Cortina Orts, Adela: *Crítica y utopía. La Escuela de Francfort.* Madrid: Cincel 1985, 208 S.

Flórez Miguel, Cirilo: »La noción de crítica y sus formas en Habermas«, in: *Cuadernos Salmantinos de Filosofía* (Univ. Pont de Salamanca), Jg.9 (1982), S.63-78.

Gabás Pallás, Raúl: *J.Habermas: dominio técnico y comunidad lingüística.* Prólogo de Javier Muguerza. Barcelona: Ariel 1980, 289 S.

Guariglia, Osvaldo: »Razón práctica e intereses de la acción«, in: *Dianoia,* 33 (1987), S.53-68.

Herrero, F.X.: »J. Habermas. Teoria crítica da sociedade«, in: *Sintese* (Rio de Janeiro), H.16 (1979), S.11-36.

Hoyos Vásquez, Guillermo: *Los Intereses de la Vida Cotidiana y las Ciencias (Kant, Husserl, Habermas).* Bogotá: Ediciones de la Universidad Nacional de Colombia 1986, 104 S.

Innerarity, Daniel: *Praxis e intersubjetividad. La teoría crítica de Jürgen Habermas.* Pamplona: Ediciones Universidad de Navarra 1985, 276 S.

Jiménez Redondo, Manuel, Juan Manuel Martinez u.a.: *Racionalidad y acción comunicativa en la obra de J. Habermas*. Madrid: Fundación Investigaciones Marxistas 1988, 147 S.

López de la Vieja y de la Torre, M.T.: »J. Habermas: La dialéctica del amo y el esclavo«, in: *Revista de Filosofía* (Madrid), H.2 (1979), Enero-Junio, S.55-74.

Maestre Sánchez, Agapito: »Anotaciones sobre el pensamiento ético de J. Habermas«, in: *Memoria académica* (Madrid), 1983-1984, S.73-92.

Muguerza, Javier: »Habermas en el ›reino de los fines‹. (Variaciones sobre un tema kantiano)«, in: *Diánoia*, H.33 (1987), S.17-52.

Olivé, León: *Estado, legitimación y crisis*. México: Siglo XXI Editores 1985.

Peláez, Jorge Montoya: *Etica discursiva y filosofía del derecho. Las ideas fundamentales de filosofía del derecho de Habermas y sus relaciones con la ética discursiva*. Medellín-Colombia: Departamento de Antioquia 1988, 87 S.

Rocha Cunha, Silvério da: »Legitimidade, Sistema e Munda da Vida. Três fragmentos a partir de Habermas«, in: *Economia e sociologia* (Universidade de Évora), H.44 (1987), S.91-111.

Rodriguez-Ibañez, José Enrique: *Teoría crítica y sociología*. Madrid: Siglo 1979, 192 S.

Sobrevilla, David: »El programa de fundamentación de una ética discursiva de Jürgen Habermas«, in *Ideas y Valores* (Bogotá), H.74-75 (1987), S.99-117.

Ureña, Enrique M.: *La teoría crítica de la sociedad de Habermas. La crisis de la sociedad industrializada*. Madrid: Tecnos 1978, 144 S.

163

Personenregister

Abendroth 108
Adenauer 118, 121
Adorno 1, 9, 37, 40, 93, 106, 119
Anaxagoras 81
Apel 4, 6, 8, 52 f., 62, 82 ff.
Aristoteles 13, 21, 81, 91
Augustinus 87
Austin 66 f., 100

Bakunin 110
Bell 118 f.
Biermann 123
Bismarck 117 f., 121
Bloch 112
Böhme 2
Brecht 39
Breuer 41

Dahrendorf 10, 104
Derrida 118
Descartes 37, 62
Destutt de Tracy 33
Dewey 38, 40, 124
Dilthey 23, 31, 99
Döbert 51
Döhnhoff 117
Dregger 112, 117
Dubiel 40, 93, 97
Durkheim 4
Dutschke 108 f.

Enzensberger 109 f.
Erikson 46 f.

Farias 7, 20
Fichte 18, 23, 85 ff.
Forsthoff 116 f.
Freud 41 f.
Friedeburg 10
Friedrich der Große 118, 121

Gadamer 30 ff., 40, 60, 62 f., 102
Gehlen 116
Gerhardt 89
Goethe 13
Goffman 46

Heidegger 1, 5 ff., 18, 20, 63, 80, 92, 112, 118 f.
Hegel 23, 57 f., 89, 124
Heraklit 81
Hitler 121 f.
Hobbes 14, 20 f.
Höffe 58 f.
Horkheimer 1, 9, 19 f., 40, 43, 85, 93, 106, 119
von Humboldt 55 f., 88
Husserl 37, 62 ff.

James 38 ff., 71
Jaspers 114

Kamlah 70 ff., 75
Kant 4, 9 ff., 15, 57 f., 61 f., 68, 81 ff., 96, 124
Kaupen 14
Kirkegaard 87
Kohl 117
Kohlberg 7, 46, 48 f., 54
Kopperschmidt 95, 107

Lessing 113
Löwith 7, 9, 34, 89
Lorenz 74 f.
Lorenzen 61, 70 ff., 75
Lübbe 117
Luhmann 27 ff., 33, 36, 60, 80, 104
Lukács 9

Machiavelli 20 f.
Mao 110
Marcuse 33 f.
Martens 39
Marx 9, 18, 33 ff., 42 ff., 86, 107,
  109 f., 113, 123 f.
McCarthy 22, 30 f., 35, 38, 60,
  69, 71, 83, 92
Mead 3 f., 19, 30, 46, 54 ff., 59,
  64, 84, 86 ff., 97, 103, 124
Mecacci 65
Morus 20 f.

Negt 13, 83, 108 ff.
Neumann 10
Nietzsche 1, 38, 62, 74, 80, 118
Nolte 121 f.
Nunner-Winkler 51

Oehler 10
Offe 114 f.
Ohnesorg 108

Paine 124
Peirce 38 ff., 71, 124
Piaget 44, 46
Platon 72, 89
Plotin 82
Popper 37

Rabehl 109
Ritter 116

Rohrmoser 117 f.
Rorty 5, 8, 25, 39, 71
Ryle 61

Schelling 9, 19, 23
Schelsky 117
Schiller 13, 55, 57
Schleyer 112
Schnädelbach 61, 83, 88 ff.
Searle 100
Seebohm 6
Seibt 8
Semmler 109
Smith 107
Sokrates 2, 70, 72, 89
Sontheimer 113
Strauß 112 f., 116 f.
Stürmer 121
Sullivan 46

Toulmin 69, 71, 75 ff., 96
Tugendhat 76

Volkmann-Schluck 10

Weber 4, 24, 29, 33 ff., 98, 105,
  118
Weltz 10
Wittgenstein 64, 100
Wolf 76

Zimmermann 96 f.

Sammlung Metzler

SM   1   Raabe *Einführung in die Bücherkunde*
SM   5   Moser *Annalen der deutschen Sprache*
SM   6   Schlawe *Literarische Zeitschriften 1885–1910*
SM   7   Hoffmann *Nibelungenlied*
SM   9   Rosenfeld *Legende*
SM 10   Singer *Der galante Roman*
SM 12   Nagel *Meistersang*
SM 13   Bangen *Die schriftliche Form germanist. Arbeiten*
SM 14   Eis *Mittelalterliche Fachliteratur*
SM 15   Weber/Hoffmann *Gottfried von Straßburg*
SM 16   Lüthi *Märchen*
SM 18   Meetz *Friedrich Hebbel*
SM 24   Schlawe *Literarische Zeitschriften 1910–1933*
SM 25   Anger *Literarisches Rokoko*
SM 26   Wodtke *Gottfried Benn*
SM 28   Frenzel *Stoff-, Motiv- und Symbolforschung*
SM 32   Wisniewski *Kudrun*
SM 33   Soeteman *Deutsche geistliche Dichtung des 11. u. 12. Jh.s*
SM 36   Bumke *Wolfram von Eschenbach*
SM 40   Halbach *Walther von der Vogelweide*
SM 41   Hermand *Literaturwissenschaft und Kunstwissenschaft*
SM 44   Nagel *Hrotsvit von Gandersheim*
SM 46   Hecht *Christian Reuter*
SM 47   Steinmetz *Die Komödie der Aufklärung*
SM 51   Koopmann *Friedrich Schiller II: 1794–1805*
SM 52   Suppan *Volkslied*
SM 53   Hain *Rätsel*
SM 54   Huet *Traité de l'origine des romans. Faksimiledruck*
SM 57   Siegrist *Albrecht von Haller*
SM 59   Behrmann *Einführung in die Analyse von Prosatexten*
SM 60   Fehr *Jeremias Gotthelf*
SM 63   Boeschenstein-Schäfer *Idylle*
SM 64   Hoffmann *Altdeutsche Metrik*
SM 65   Guthke *Gotthold Ephraim Lessing*
SM 66   Leibfried *Fabel*
SM 67   von See *Germanische Verskunst*
SM 68   Kimpel *Der Roman der Aufklärung (1670–1774)*
SM 71   Helmers *Wilhelm Raabe*
SM 72   Düwel *Einführung in die Runenkunde*
SM 74   Raabe/Ruppelt *Quellenrepertorium*
SM 75   Hoefert *Das Drama des Naturalismus*
SM 76   Mannack *Andreas Gryphius*
SM 77   Straßner *Schwank*
SM 78   Schier *Saga*
SM 79   Weber-Kellermann/Bimmer *Einführung in die Volkskunde/Europäische Ethnologie*
SM 80   Kully *Johann Peter Hebel*
SM 81   Jost *Literarischer Jugendstil*
SM 82   Reichmann *Germanistische Lexikologie*
SM 84   Boeschenstein *Gottfried Keller*
SM 85   Boerner *Tagebuch*
SM 87   Sandkühler *Schelling*

SM   90   Winkler *Stefan George*
SM   92   Hein *Ferdinand Raimund*
SM   93   Barth *Literarisches Weimar. 16.–20. Jh.*
SM   94   Könneker *Hans Sachs*
SM   96   van Ingen *Philipp von Zesen*
SM   97   Asmuth *Daniel Casper von Lohenstein*
SM   99   Weydt *H.J. Chr. von Grimmelshausen*
SM 101   Grothe *Anekdote*
SM 102   Fehr *Conrad Ferdinand Meyer*
SM 103   Sowinski *Lehrhafte Dichtung des Mittelalters*
SM 104   Heike *Phonologie*
SM 105   Prangel *Alfred Döblin*
SM 107   Hoefert *Gerhart Hauptmann*
SM 109   Otto *Sprachgesellschaften des 17. Jh.*
SM 110   Winkler *George-Kreis*
SM 112   Schlawe *Neudeutsche Metrik*
SM 113   Bender *Bodmer/Breitinger*
SM 114   Jolles *Theodor Fontane*
SM 115   Foltin *Franz Werfel*
SM 116   Guthke *Das deutsche bürgerliche Trauerspiel*
SM 117   Nägele *J. P. Jacobsen*
SM 118   Schiller *Anthologie auf das Jahr 1782 (Faksimileausgabe)*
SM 119   Hoffmeister *Petrarkistische Lyrik*
SM 121   Hocks/Schmidt *Lit. u. polit. Zeitschriften 1789–1805*
SM 123   Buntz *Die deutsche Alexanderdichtung des Mittelalters*
SM 124   Saas *Georg Trakl*
SM 127   Biesterfeld *Die literarische Utopie*
SM 128   Meid *Barockroman*
SM 129   King *Literarische Zeitschriften 1945–1970*
SM 131   Fischer *Karl Kraus*
SM 133   Koch *Das deutsche Singspiel*
SM 134   Christiansen *Fritz Reuter*
SM 135   Kartschoke *Altdeutsche Bibeldichtung*
SM 138   Dietz *Franz Kafka*
SM 140   Groseclose/Murdoch *Ahd. poetische Denkmäler*
SM 141   Franzen *Martin Heidegger*
SM 142   Ketelsen *Völkisch-nationale und NS-Literatur*
SM 143   Jörgensen *Johann Georg Hamann*
SM 144   Schutte *Lyrik des deutschen Naturalismus (1885–1893)*
SM 145   Hein *Dorfgeschichte*
SM 146   Daus *Zola und der französische Naturalismus*
Sm 147   Daus *Das Theater des Absurden*
SM 148   Grimm u. a. *Einführung in die frz. Lit.wissenschaft*
SM 149   Ludwig *Arbeiterliteratur in Deutschland*
SM 150   Stephan *Literarischer Jakobinismus in Deutschland*
SM 151   Haymes *Das mündliche Epos*
SM 153   Schneider *A. v. Droste-Hülshoff*
SM 154   Röhrich/Mieder *Sprichwort*
SM 155   Tismar *Kunstmärchen*
SM 156   Steiner *Georg Forster*
SM 157   Aust *Literatur des Realismus*
SM 158   Fähnders *Proletarisch-revolutionäre Literatur*
SM 159   Knapp *Georg Büchner*
SM 160   Wiegmann *Geschichte der Poetik*
SM 161   Brockmeier *François Villon*

SM 162 Wetzel *Romanische Novelle*
SM 163 Pape *Wilhelm Busch*
SM 164 Siegel *Die Reportage*
SM 165 Dinse/Liptzin *Jiddische Literatur*
SM 166 Köpf *Märchendichtung*
SM 167 Ebert *Historische Syntax d. Deutschen*
SM 168 Bernstein *Literatur d. deutschen Frühhumanismus*
SM 170 Hoffmeister *Deutsche und europäische Romantik*
SM 171 Peter *Friedrich Schlegel*
SM 172 Würffel *Das deutsche Hörspiel*
SM 173 Petersen *Max Frisch*
SM 174 Wilke *Zeitschriften des 18. Jahrhunderts I: Grundlegung*
SM 175 Wilke *Zeitschriften des 18. Jahrhunderts II: Repertorium*
SM 176 Hausmann *François Rabelais*
SM 177 Schlütter/Borgmeier/Wittschier *Sonett*
SM 178 Paul *August Strindberg*
SM 179 Neuhaus *Günter Grass*
SM 180 Barnouw *Elias Canetti*
SM 181 Kröll *Gruppe 47*
SM 182 Helferich *G. W. Fr. Hegel*
SM 183 Schwenger *Literaturproduktion*
SM 184 Naumann *Literaturtheorie u. Geschichtsphilosophie, Teil I*
SM 185 Paulin *Ludwig Tieck*
SM 186 Naumann *Adalbert Stifter*
SM 187 Ollig *Der Neukantianismus*
SM 188 Asmuth *Dramenanalyse*
SM 189 Haupt *Heinrich Mann*
SM 190 Zima *Textsoziologie*
SM 191 Nusser *Der Kriminalroman*
SM 193 Wolf *Martin Luther*
SM 194 Reese *Literarische Rezeption*
SM 195 Schrimpf *Karl Philipp Moritz*
SM 196 Knapp *Friedrich Dürrenmatt*
SM 197 Schulz *Heiner Müller*
SM 198 Pilz *Phraseologie*
SM 199 Siegel *Sowjetische Literaturtheorie*
SM 200 Freund *Die literarische Parodie*
SM 201 Kaempfer *Ernst Jünger*
SM 202 Bayertz *Wissenschaftstheorie u. Paradigma-Begriff*
SM 203 Korte *Georg Heym*
SM 204 Weissberg *Edgar Allan Poe*
SM 205 Wisniewski *Mittelalterliche Dietrich-Dichtung*
SM 206 Apel *Literarische Übersetzung*
SM 207 Wehdeking *Alfred Andersch*
SM 208 Fricke *Aphorismus*
SM 209 Alexander *Das deutsche Barockdrama*
SM 210 Krull *Prosa des Expressionismus*
SM 211 Hansen *Thomas Mann*
SM 212 Grimm *Molière*
SM 213 Riley *Clemens Brentano*
SM 214 Selbmann *Der deutsche Bildungsroman*
SM 215 Wackwitz *Friedrich Hölderlin*
SM 216 Marx *Die deutsche Kurzgeschichte*
SM 217 Schutte *Einführung in die Literaturinterpretation*
SM 218 Renner *Peter Handke*

SM 219 Lutzeier *Linguistische Semantik*
SM 220 Gmünder *Kritische Theorie*
SM 221 Kretschmer *Christian Morgenstern*
SM 222 Schmidt *Ernst Bloch*
SM 223 Dietschreit/Heinze-Dietschreit *Hans Magnus Enzensberger*
SM 224 Hilzinger *Christa Wolf*
SM 225 Obenaus *Literarische und politische Zeitschriften 1830–1848*
SM 226 Schulz *Science fiction*
SM 227 Meid *Barocklyrik*
SM 229 Obenaus *Literarische und politische Zeitschriften 1848–1880*
SM 230 Vinçon *Frank Wedekind*
SM 231 Lowsky *Karl May*
SM 232 Barton *Dokumentar-Theater*
SM 233 Winter *Jakob Michael Reinholz Lenz*
SM 234 Hoffmeister *Deutsche und europäische Barockliteratur*
SM 235 Paech *Literatur und Film*
SM 237 Mayer *Eduard Mörike*
SM 238 Huß-Michel *Literarische und politische Zeitschriften des Exils 1933–1945*
SM 239 Perlmann *Arthur Schnitzler*
SM 240 Wichmann *Heinrich von Kleist*
SM 241 Mahoney *Roman der Goethezeit*
SM 242 Bartsch *Ingeborg Bachmann*
SM 243 Kaiser *E. T. A. Hoffmann*
SM 244 Schweikle *Minnesang*
SM 245 Dietschreit *Lion Feuchtwanger*
SM 246 Eagleton *Einführung in die Literaturtheorie*
SM 247 Cowen *Das deutsche Drama im 19. Jahrhundert*
SM 248 Hess *Epigramm*
SM 249 Gottzmann *Artusdichtung*
SM 250 Korte *Geschichte der deutschen Lyrik seit 1945*
SM 251 Jung *Georg Lukács*
SM 252 Glück/Sauer *Gegenwartsdeutsch*
SM 253 Schweikle *Neidhart*
SM 254 Späth *Rolf Dieter Brinkmann*
SM 255 Bäumer *Bettina von Arnim*
SM 256 Aust *Novelle*
SM 257 Schmitz *Das Volksstück*
SM 258 Hein *Johann Nestroy*
SM 259 Schönau *Einführung in die psychoanalytische Literaturwissenschaft*
SM 260 Nickisch *Brief*
SM 261 Sammons *Heinrich Heine*
SM 262 Nusser *Trivialliteratur*
SM 263 Sowinski *Einführung in die Stilistik*

J. B. Metzler

Printed in the United States
By Bookmasters